U0618246

高等院校“十三五”贸易经济类课程规划教材

自由贸易区货运代理

Free Trade Zone freight agent

主 编　吴俊英

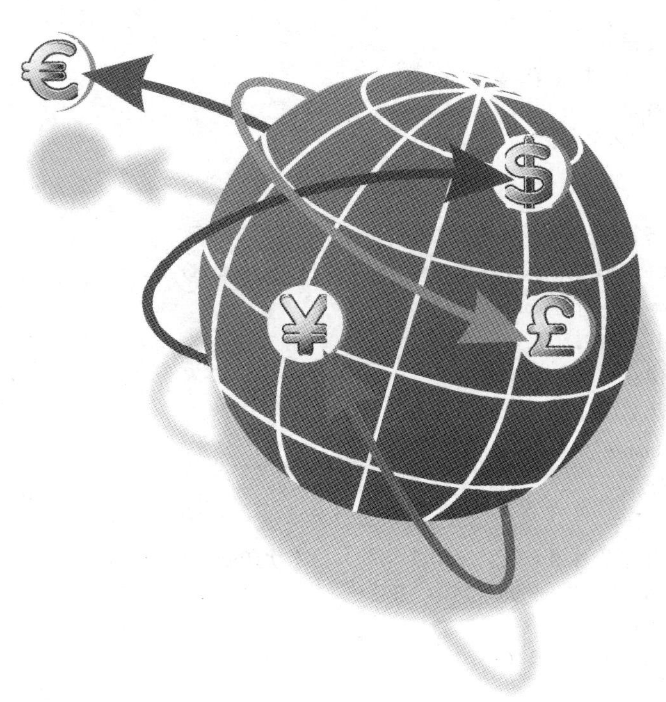

图书在版编目（CIP）数据

自由贸易区货运代理/吴俊英主编．—北京：经济管理出版社，2017.8
ISBN 978－7－5096－4810－0

Ⅰ．①自…　Ⅱ．①吴…　Ⅲ．①自由贸易区—货运代理　Ⅳ．①F511.41

中国版本图书馆 CIP 数据核字(2016)第 311572 号

组稿编辑：王光艳
责任编辑：王光艳　赵亚荣
责任印制：黄章平
责任校对：董杉珊

出版发行：经济管理出版社
（北京市海淀区北蜂窝 8 号中雅大厦 A 座 11 层　100038）
网　　址：www. E－mp. com. cn
电　　话：(010) 51915602
印　　刷：玉田县昊达印刷有限公司
经　　销：新华书店
开　　本：710mm×1000mm/16
印　　张：22
字　　数：395 千字
版　　次：2017 年 8 月第 1 版　　2017 年 8 月第 1 次印刷
书　　号：ISBN 978－7－5096－4810－0
定　　价：68.00 元

前　言

伴随着改革开放蓬勃发展的30多年，中国成为制造业大国，也成为对外贸易出口大国。GDP中比重以出口和投资为主，进出口贸易尤其对外贸易，成为经济支柱型产业，拉动国内经济发展，相应地，国际货运代理行业有了发展的土壤和生机。全球化的发展趋势促使资源和产品的流动成为新的经济动力，国际货运代理在其中充当了重要的桥梁作用。中国顺应时代的发展和全球一体化的需求，以习近平总书记为领导的党中央提出了“一带一路”发展新思路，同时将自由贸易区建设放到了一个新的高度，先后建设了11个自由贸易园区（以下简称自贸区），对于提升区域竞争力，加强对外交流与发展，具有跨时代的意义。

在这样的新时代背景下，教材编写以培养适应新时期要求的实用型人才为宗旨，将专业学科群特色集于其中，满足贸易和物流学科背景下的国际货运代理行业人才知识体系需求，更新观念和知识结构，尤其需要对此学科的教材进行相应的补充和调整，这是新形势、新思路下学科发展和建设的必然结果。

本书主要特色表现如下：

第一，理论为基础。以基本理论为线索，将国际货运代理中重要及核心内容作为框架，全面介绍行业内的基本知识。

第二，特色为导向。体现学科群建设发展的特色，互为呼应和补充。

第三，实用为重点。注重联系实际，尤其加大与国家经济政策和地方发展规划相结合的力度，高度关注行业发展。通过实训环节的知识强化，培养实际操作能力。

基于以上几个方面的考虑，本书主要用于贸易类、物流类、工商管理类专业使用，对于相关企业员工培训及自学也有参考价值。

笔者在教学过程中深感随着环境的变化和行业的进步，需要在大战略和地方发展的前提下，提供给学生更新的信息，对在“一带一路”和自贸区背景下产生出来的新思路、新现象、新方法尽量吸收，使学生跟上时代的步伐。为了体现全书的系统性、统一性，本教材的编写由一人独立承担，但在编写过程中参考和采用了众多研究者的观点，可以说是在行业内诸多颇有造诣的行家撰写的教材中构建了相应的体系，阐释了相关的知识，笔者在教学和编写过程中，认真学习和参阅了一些专家的教材，深受启发，在此向诸位专家学者及企业表示衷心感谢！同时，教材在编写过程中也得到了一些货代企业的指导和帮助，重点强化了实训的能力。

由于笔者水平有限，编写时间仓促，书中难免有疏漏与错误，恳请专家及读者批评指正，特此鸣谢。

吴俊英

2017 年 3 月 1 日于成都师范学院

目　录

第一章
自贸区建设

知识目标

1. 自贸区的特点
2. 世界主要自贸区类型
3. 国际自贸区的分布及运行经验

技能目标

1. 世界几大自贸区推行对经济发展的影响及经验
2. 我国几大自贸区的基本建设情况

自贸区是国际间贸易、开放、运输及物流的一个重要“战场”，在一系列政策的引导和带动下，使得更多的资源得到充分开发和整合，并在原则不变的前提下，获得更多的空间和途径。过去，世界上许多地区和城市建立了自贸区，对国家和区域的经济发展做出了巨大贡献，我国自 2013 年 7 月起在上海开始建立第一个自贸区以来，在不断摸索的过程中，先后建设了 11 个自贸区。随之而来的就是必须将相应的政策、法律法规进行实事求是的研究，使行业发展相应符合具体实践的需求。尤其是“一带一路”的提出，使自贸区成为其重要节点，即将带动整个国际货运行业的发展，国际货代也必须以高效率、高质量来适应这个外部环境的发展。本章从深刻了解自贸区的发展历程以及与“一带一路”结合的意义着手，更新对国际货运代理行业外部环境的认识。

第一节　自贸区的基础知识

一、自贸区的概念、特点、内涵

1. 概念

1973 年的《京都公约》中对“自由贸易区”有着最权威的定义。自由贸易区（Free Trade Zone）是指在一国的部分领土内运入任何货物就进口税及其他各税而言，被认为在关境以外，并免于实施惯常的海关监管制度。

2. 特点

自由贸易区的特点集中表现在两个方面：

（1）自由贸易区的核心是强调实施“境内关外”的经济自由。“境内关外”政策简而言之就是“一线放开，二线管住”。

（2）在自由贸易区实行“一线放开、二线管住”的管理模式。“一线”即指自由贸易园区与国境外的通道口。“一线放开”就是针对境外进入的货物，海关实行备案管理，不查验货，同时检验检疫部门只检疫不检验，并实行区、港一体化运作管理，区内、区港之间的货物允许自由流通。“二线”则指自由贸易园区与海关境内的通道口。“二线管住”通常指货物从自由贸易园区进入国内非自由贸易园区，或货物从国内非自由贸易园区进入自由贸易园区时，海关必须依据本国海关法的规定，征收相应的税收，并且海关对出区的货物实行严格的监管，防止走私。

3. 内涵

自由贸易区一般具有 Free Trade Zone（FTZ）和 Free Trade Area（FTA）两种含义。FTZ 即指在国家或地区的关境以外，划出特定的区域，准许外国商品豁免关税自由进出。FTA 即指国家间通过达成协定取消相互关税的国际经济一体化组织，通过国家、地区之间签订的自由贸易协定，从而让彼此之间的货品（产品）自由流通、不课税，如北美自由贸易区（North American Free Trade Area）、中国—东盟自由贸易区（China - Asian Free Trade Area）、CEPA。上海自贸区属于FTZ，而TPP、TTIP则属于FTA（将FTZ译作“自由贸易园区”更为准确），两者区别见表1-1。本书对两方面都有介绍，尤其在国际运输中的相应流程方面有一些操作层面的细微差别。

表1-1　FTA与FTZ的主要区别

类别	FTA	FTZ
代表	中国—东盟自由贸易区、北美自由贸易区、CEPA	香港自由港、汉堡自由港
设立主体	多个主权国家（或地区）	单个主权国家（或地区）
国际惯例依据	世贸组织WTO的《关税与贸易总协定》	海关组织WCO的《京都公约》
主要内容	自由贸易区成员之间贸易开放，取消关税壁垒、降低关税，降低投资限制，同时又保留各自独立的对外贸易政策	实行特殊监管政策和优惠税收，如海关保税、免税政策、所得税优惠等投资优惠政策
法律依据	双边或多边协议	国内立法
主要功能	对双边进出口贸易有较大的促进作用	对转口贸易、离岸贸易有特别的促进作用，对离岸金融、高端航运服务有积极带动作用，起到重要的全球资源配置作用
驱动因素	区域经济一体化	贸易自由化、经济全球化
相同点	两者都运用了关税优惠（互惠）等政策，旨在降低国际贸易成本，促进对外贸易和国际投资的发展	

知识贴

> ➢保税区　外国商品存入保税区，不必缴纳进口关税，可自由出口，入关境则需缴关税。

> ➢ 出口加工区　加工企业从境外运入区内的生产所需原材料、机器等，入境时暂不征关税，等制成品出境时再予以征税。
> ➢ 保税物流园区　除享受保税区政策外，还叠加了出口加工区的政策，即实现国内货物入区视同出口，实行退税。
> ➢ 保税港区　设立在对外开放的口岸港区和与之相连的特定区域内，享受保税区、出口加工区、保税物流园区相关的税收和外汇管理政策。
> ➢ 综合保税区　集保税区、出口加工区、保税物流区、港口于一身，是目前国内功能最全的海关特殊监管区域。
> ➢ 自由港　是设在一国国境之内、海关管理关卡以外的允许外国货物、资金自由进出的港口区。进出港区的货物免征关税。

二、世界四大自贸区类型

世界自由贸易区的功能设定通常源于区位条件及进出口贸易的流量，也会随着国内外经济形势的发展而调整和发展，一般表现为以下四种类型：

1. 转口集散型

这种类型大多利用优越的自然地理环境从事货物转口及分拨、货物储存、商业性加工等，比较典型的是巴拿马的科隆自由贸易区。科隆自由贸易区处于太平洋和大西洋的最佳通道，也是北美与中南美洲的连接要点，逐渐成为世界航运中转枢纽。科隆自由贸易区的客户既有来自亚洲地区经营批发转口纺织品、手表、电器和首饰等商品的销售商，也有来自中南美地区的采购客户。采购客户在科隆自由贸易区就可对亚洲产品进行比较、选择和采购，可以节约时间和费用，所以吸引了各国货物在科隆自由贸易区集散。科隆自由贸易区因为货物流转量巨大，转口贸易相应成为了主要业务，现在该区从事进出口贸易及转口贸易的企业与世界上 120 多个国家和地区有贸易往来，在沟通东西方商业交流、活跃拉美地区经济和促进本国经济与社会的发展方面都发挥了重要作用，同时极大地带动了资金在自由贸易区的大量流动，促使该区开设了多家外资银行及分支机构。

2. 以贸为主、贸工结合型

这种类型是在发展中国家最为普遍的一类自由贸易区，通常以从事进出口贸易为主，并进行一些简单的加工及装配制造，典型的如阿联酋迪拜港自由港区。迪拜港自由港区始建于1985年，由港口及自由贸易区组成，面积为135平方千米，也是目前世界上最大的自由港区，其主要功能为港口装卸、仓储物流、贸易和加工制造。该区内共有企业5000多家，相关行业比例：贸易物流业74%、加工制造业22%、相关服务业4%。该区作为海关监管区域，在陆地部分设立围网进行封闭管理。其政策主要包括：货物在区内存储、贸易、加工制造都不征收关税和其他税收，要进入阿联酋关税区时再征税。海关对区内货物采取随时抽查的方式来进行监管。外国货物从海上进出该区时必须向海关及港口进行申报。在区内除了中转贸易、加工制造业务以外，其他与之相关的中介服务行业等也可进入，但酒店、医院、银行、法律事务、写字楼、餐饮业等企业均须为阿联酋本国所有，外资企业不得进入。

3. 出口加工型

这种类型是以从事加工为主的自由贸易区，而转口贸易、国际贸易、仓储运输服务则为辅，比较具有代表性的如尼日利亚自由贸易区。尼日利亚于1991年在卡拉巴尔市建立了第一个出口加工区，卡拉巴尔是一个大港口，空中交通发达。它靠近尼日利亚富饶的产油区及东部棕榈种植园，位于尼日利亚东南部的十字河州，总面积为300公顷，后将其改为自由贸易区。当初该自由贸易区由中国台湾帮助规划和兴建，基础设施初步具备。如今已有25家外国企业得到批准在该区建厂，其中有五家已经动工，包括我国投资的一家木材加工厂。外国企业在该区内投资可以享受审批程序、各种税收、原材料供应、土地使用、资金汇兑、劳动力供应、能源供应等方面的优惠政策。尼日利亚还准备在北部最大的商品集散地、第二大商业城市卡诺设立第二个自由贸易区。

4. 保税仓储型

这种类型以荷兰阿姆斯特丹港自由贸易区为代表，此类自由贸易区通常以保税为主，免除外国货物进出口手续，较长时间处于保税状态。阿姆斯特丹港在港口内设有自由贸易区，类似保税仓库，面积为0.65平方千米。商品进入该区后可免缴进口税，储存在仓库的商品可以进行简单包装、样品展示，还可做零件装配，拥有减免关税及提供转口的各种优惠条件，是许多大型商户对欧、亚、非洲各国出口的分销中心。同时，在自由贸易区外设有若干海关监管库，实现自由贸易区的功能和服务的延伸。另外，阿姆斯特丹港与机场空港自由贸易区业务联系紧密，客观上推动了海空两港物流的联动发展。

三、我国自贸区成立的背景

1. 中国在国际分工及国际贸易中处于价值链低端，缺少发展贸易应匹配的金融实力

中国的对外贸易主要因为劳动力成本较低，通过进口零部件进行加工组装，成品出口到欧美国家，长期处于价值链的低端，附加价值也低，面临产业转型升级换代。同时，中国是全球第一贸易大国，但目前中国的贸易结算和其他贸易过程中的金融服务都是由其他国家（如瑞士）负责，结算的货币大多用美元。

2. 美国主导的区域经济一体化将中国排除在外

近些年来，区域经济一体化逐渐取代以 WTO 为代表的国际贸易多边体制，世界经济发展又体现出一些新的特征。由美国推动的区域主义的发展集中表现为推动和开展两个协定：

（1）在亚太地区积极推动实施《跨太平洋伙伴关系协定》（Trans – Pacific Partnership Agreement，TPP），其自由化程度大大高于目前以 WTO 为代表的多边贸易自由化程度。

（2）美国与欧洲已正式开展《跨大西洋贸易与投资伙伴协定》（Transatlantic Trade and Investment Partnership，TTIP），最终目的是建立美欧自由贸易区。

无论 TPP、TTIP 还是 NAFTA（北美自由贸易区），其结果都会形成一个由美国等发达国家为主导、更加开放自由的准多边体制，而 WTO 体制会逐渐被抛弃或被作为最低限度的开放平台。目前，中国并未被邀请加入 TPP。但在美国总统特朗普上任后，他签署了行政命令，宣布退出 TPP，使多边贸易体制开始呈现向双边贸易协定转化的趋势，也使国际间贸易合作产生更多变数。

3. 国际贸易和投资规则升级

目前，贸易规则谈判逐渐被全球投资规则谈判所代替，规则谈判的目标也不同于往常在关境外，而是向关境内转移，从关税等问题谈判转移到国内投资准入等规则的改革上来。

中国为了适应世界经济的运行和贸易发展，推行自贸实验区，逐步参与到全球贸易规则及投资规则的重构中来，探究在自由贸易试验区的基本制度框架中，与国际投资、贸易通行规则相衔接，建设符合中国国情的自贸区。

第二节 国际自贸区的分布及运行经验

一、世界上的自贸区（FTA）介绍（部分）

20 世纪 80 年代末期，伴随着冷战的结束，经济全球化和区域经济一体化发展迅速。向世界贸易组织报告的区域贸易协议截止到 2013 年 1 月时已有 546 个，其中 354 个已经实施。大多数世贸组织成员国都参加了一个或多个自由贸易协议，其中包含经济规模最大的北美自由贸易区、欧盟、中国—东盟自由贸易区等。

1. 北美自由贸易区

美国、加拿大和墨西哥于 1992 年 8 月 12 日就《北美自由贸易协定》（NAFTA）达成一致意见，并在同年 12 月 17 日由三国领导人分别在各自国家正式签署。从 1994 年 1 月 1 日起，协定正式生效，北美自由贸易区因此宣布成立，它是世界上第一个由发达国家和发展中国家组成的经济集团，此贸易区面积覆盖 2158 万平方千米，人口 4.6 亿，三国 GDP 总量为 17.2 万亿美元。

《北美自由贸易协定》的宗旨为：取消贸易壁垒；创造公平的条件，增加投资机会；保护知识产权；建立执行协定和解决贸易争端的有效机制，促进三边和多边合作。但此协定在特朗普上任后提出要重启谈判，产生了较大的不确定性。

2. 欧洲联盟（简称欧盟，EU）

欧盟是由欧洲共同体（European Community，又称欧洲共同市场，简称欧共体）发展而来的，源于1993年《马斯特里赫特条约》的签订，初始成员国有六个：法国、联邦德国、意大利、比利时、荷兰以及卢森堡。其总部设在比利时首都布鲁塞尔，发展主要经历了三个阶段：荷卢比三国经济联盟、欧洲共同体、欧盟。它是一个集政治实体及经济实体于一身、在世界上具有重要影响的区域一体化组织。因英国“脱欧”，欧盟现有27个成员国，主要位于欧洲，欧盟27国总面积432.2万平方千米，人口5亿，GDP为16.106万亿美元。

欧盟的宗旨是：通过建立无内部边界的空间，加强经济、社会的协调发展和建立最终实行统一货币的经济货币联盟，促进成员国经济和社会的均衡发展，通过实行共同外交和安全政策，在国际舞台上弘扬联盟的个性。欧盟的盟旗是蓝色底上的十二星旗，代表的是圣母玛利亚的十二星冠，寓意圣母玛利亚将永远保佑欧洲联盟。

当前，欧盟的经济实力已超过美国居世界第一。随着欧盟的扩大，其经济实力也在进一步加强，更重要的是，欧盟因为新加入国家正处于经济上升阶段而拥有更大的市场规模与市场容量，同时欧盟作为世界上最大的资本输出的国家集团及商品与服务出口的国家集团，加上欧盟相对宽松的对外技术交流与发展合作政策，对世界其他区域的经济发展至关重要。欧盟称得上是个经济“巨人”。

3. 中国—东盟自由贸易区（CAFTA）

它是中国与东盟十国组建的一个自由贸易区，2010年1月1日正式全面启动。此自贸区建成后，东盟和中国的贸易占世界贸易的13%，成为一个涵盖11个国家、19亿人口、GDP达6万亿美元的区域经济体，是当前世界人口最多的自贸区，也成为发展中国家间最大的自贸区。

美国近两年一直在推动泛太平洋伙伴关系协议及欧美自由贸易区谈判。泛太平洋伙伴关系协议包括了美国、澳大利亚、日本、新加坡等12国，GDP占世界35%，美欧自由贸易区拥有世界GDP的40%及约一半的进出口贸易。因此，欧美自由贸易谈判确定的贸易规则很可能成为世界贸易新规则。美国《外交官》杂志称此协议是一种“终结亚洲世纪”的态势。

中日韩贸易区尚在进行首轮谈判，如能建成，将拥有15亿人口，14万亿美

元的 GDP，占世界贸易总量的 1/5。此前三国之间相互贸易总额已经达到 6900 亿美元。

非洲目前共有东非共同体、南部非洲发展共同体、西非国家经济共同体等七个洲内贸易区。非盟第 18 届峰会决定要在 2017 年建立非洲大陆自由贸易区，实现对以上自由贸易区的整合。

二、世界上的自贸区（FTZ）介绍（部分）

世界上诸多成功的自贸区基本都具有交通枢纽的特征，拥有运输优势，如纽约第 49 号自贸区、德国汉堡港自贸区、阿联酋迪拜自贸区、荷兰鹿特丹自贸区等。下面对几个典型自贸区进行介绍：

1. 新加坡

在国际货运代理中，不得不提及的就是新加坡，其依靠天然的地理优势发展成为亚洲发达的资本主义国家，被誉为“亚洲四小龙”之一，其经济模式被称为“国家资本主义”。2014 年全球金融中心指数（GFCI）排名报告显示，新加坡是继纽约、伦敦、香港之后的第四大国际金融中心①，也是亚洲重要的服务和航运中心之一。新加坡是世界最繁忙的港口及亚洲主要转口枢纽之一，根据新加坡海事及港务管理局提供的数据，截至 2014 年底，新加坡港集装箱吞吐量上升至 3390 万 TEU，名列世界第二。新加坡是世界最大燃油供应港口，是世界第一的加油港，2014 年销售的总燃油量达到 4240 万公吨，抵港船舶达到 23.7 亿总吨，创下新纪录。新加坡的樟宜机场多年来连续被评选为世界最佳机场，共有 200 多条航线连接世界 600 多个港口。

新加坡自贸区的管理体制有政府和主管机构两部分：政府主要负责招商、规划，而具体的开发职能则由主管机构负责。其自贸区由三个机构运营：新加坡国际港务集团负责新加坡全岛的主要码头货运、裕廊海港私人有限公司负责裕廊港、民航局主要负责樟宜机场的自贸区。由于转口贸易在新加坡贸易中占比较高，因此将自由贸易区设在码头或机场附近，极大地便利了转口贸易。

新加坡自贸区采用的是“境内关外”的方式，即只提供免税区，便于商家

① http://datanews.caixin.com/2014-03-18/100653019.html.

存放、改装、分拣、展示到再出口。新加坡允许全球大多数货物自由进出，但酒类、石油产品、烟草制品和机动车辆四大类属于应税货物，须按规定缴纳一定税率。若将自由贸易区内的产品投入到新加坡市场，则应税和非应税货物都要征收7%的消费税。

作为世界上最繁忙的港口之一的新加坡港采用了较为先进的技术和设备处理港务，在新加坡西部海岸的维斯达海港运作控制中心，海事和港务管理局的工作人员坐在18个30英寸~56英寸（1英寸=2.54厘米）的监控屏幕前，通过船只交通资讯系统，可以综合雷达扫描、船只自动识别系统以及船舶数据库等各项信息，同时监控一万艘过往航船的航行，确保这一亚太地区最大的转口港的安全顺畅。

由于地理位置优越，东南亚各国运抵的商品通常在新加坡被重新包装、组合，然后再转运到中东及欧洲各地。反之，中东及非洲的许多货物也在这里打包被分销到亚洲各国。每2~3分钟就会有一艘船抵达或离开新加坡港。

2. 科隆

巴拿马运河是连接大西洋和太平洋的著名人工河，它大大缩短了东西方海运的距离，成为世界上最繁忙的水道之一。除了著名的巴拿马运河，这里还拥有美洲最大、世界第二的自贸园区——科隆自贸区。

科隆市距离首都巴拿马城80千米，有高速公路、铁路和运河衔接，虽然人口只有20多万，但却是巴拿马的第二大城市。科隆自贸区地处巴拿马运河大西洋一侧的科隆港始建于1948年。在“二战”时期，由于大批美军舰船、部队以及军需补给等要通过巴拿马运河，因此科隆港异常繁忙，包括许多外国人在内的淘金者纷纷会集到这座城市，为繁忙的运输提供各种配套服务。当时科隆的经济因此获得了迅猛发展。但随着“二战”结束，需求大大降低，科隆的经济随之陷入低谷。为重振经济，巴拿马政府开始进行自贸区可行性研究，最终在1948年6月17日颁布法令正式兴建科隆自贸区。几十年来，凭借得天独厚的优越地理位置，科隆自贸区的占地面积从初期的30余英亩（约合0.12平方千米）、入驻企业20多家，逐步发展到如今面积近3平方千米、会集了3000余家公司。科隆自贸区的发展，拉动了巴拿马大西洋沿岸一带的经济发展，创造了大量就业，因此成为巴拿马经济的主要支柱之一，创造了巴拿马约7.5%的GDP。

自贸区地处科隆市中心地段，用一座高大的围墙隔开。通往自贸区内的大门由保安把守，进出车辆需检查。自贸区内分为了两个区：仓储区及商铺区。自贸区仍然以经营转口贸易为主，所以进口、包装、仓储和再出口是其主要经营范围，也包含部分加工工业。对于前来购物的外国游客，则统一用护照进行登记后才能放行，所购物品可享受免税政策。

3. 巴塞罗那

巴塞罗那自由贸易区是西班牙甚至欧洲重要的自贸区之一，该自贸区不但是进出口货物的集散地，还拥有生产加工能力，含有码头、工业园、海关区、物流区等。同时，因为这里具有良好的服务和基础设施，其在全球贸易中占据重要地位。

巴塞罗那自贸区不是政府直接规划建设的，而是逐步发展成形的。20 世纪 20 年代末，当地政府把巴塞罗那设为自由贸易港，对此港口进出口的商品免税。随着时间的推移，自由港就逐渐演变成为现在的自贸区。

4. 马瑙斯

巴西政府为了发展经济，分别在桑托斯、里约热内卢、累西腓和维多利亚等口岸设立了包括自由港、自由贸易区、保税仓库和转口区等各种形式的自由区，其中以马瑙斯自由贸易区最为著名。它从建立初期的 1 万平方千米，逐渐向周边地区辐射。如今，两轮（摩托）工业、电子工业、钟表业和眼镜业构成了工业区的四部分。该区约有 550 家企业，大部分为跨国企业，如本田、雅马哈、LG、飞利浦、三星以及中国的格力空调、嘉陵摩托车等。现在马瑙斯不但是拉美地区最大的自由贸易区之一，也是巴西参与全球化进程的主要窗口。

该区设有两道关卡，其一是从国外进入特区，其二是从特区进入国内。外国商品从国外进入特区，不受海关管制；商品从特区进入国内市场需要办理进口手续，货物需经海关检查并缴纳进口关税。要进入该区的货物，在其商业发票的提货单上必须注明“马瑙斯自由贸易区”字样，并禁止通过该区任意向巴西其他地区运送进口货物。

同时，在马瑙斯开办项目时环保是需要特别注意的事项。贸易开发区所在的亚马逊州由于拥有独特的气候环境，成为世界关注的环保对象，规定在该地设立投资项目，必须申请环保建设许可证和环保运营许可证，并每年更换证书才可以享受贸易区的优惠条件。

三、世界几大自贸区的推行对经济发展的影响及经验

1. 香港自由港

中国香港是全球自由贸易成功的典范，因为一百多年来坚持自由港政策，最终从一个渔村逐步发展为世界贸易和金融中心。香港连续 19 年位列“全球最自由经济体”榜首（美国传统基金会和《华尔街日报》的联合报告）。香港在以下方面拥有自己的特点：

（1）香港作为自由港，开放度很大。此自由港指在经济上实施对外开放、自由进出政策的地区（通常是港口地区，如直布罗陀和新加坡等）。除了实行自由贸易之外，还有自由开办企业、自由兑换外汇、自由进口黄金、资金等措施。

（2）在香港，除获准豁免的商品之外，无论进口或出口任何商品，均须向香港海关呈报。但在递交报关单的时候，只需缴纳数额很小的从价费（商品总值不超过 4000 港元者征收 2 港元，每超过 1000 港元再加征 0.5 港元），此费用征收并非为了限制商品进出口，而是支付给政府有关部门处理进出口文件的行政费用。香港的进出口贸易手续非常简便，如一般只要在货物进出口 14 天内报关，无须事先批准。报关需要的证件很少。进口商在卸货前不必申报免税商品；如果货物需要检查，通常在卸货前进行。香港仅有的少量贸易管制也是为了履行国际义务及保障本地居民的生活必需品。只有危害公共卫生或安全的商品、战略物资、应纳税商品及受限制商品，还有对某些特定国家的进口或出口，是需要领进出口许可证的，但此项手续也极易办理，除了纺织品出口证要缴纳手续费（每份 15 港元）外，其余全部都免费。香港的无形贸易，包括出入口航运、空运、旅游、外国使用港口、机场和在港消费、保险等，均没有管制。

（3）香港的绝大部分企业是私人经营，私人开办企业需要在行政当局办理注册登记，但手续十分简便，只需缴纳 600 港元注册费即可，每千港元资本另缴费 6 港元。政府对外来的投资没有什么限制，无论本地资本的企业或外来资本的企业，在管理和税收等方面都一视同仁，没有特别优惠或歧视。

（4）企业的经营也非常自由。政府强调“自由竞争、适者生存”的原则，除违禁品（如武器、毒品等）及厌恶性行业外，企业经营的内容和发展方向完全由企业主自己决定，劳动力和生产资料等完全由他们自由选择。政府只对少数

公用事业公司的收费标准及劳务费用进行必要的监督，市场上一般商品的价格及劳务费用的变动均不加干涉。因此商品的销售价格完全受市场供求关系调节，企业的资金、资源以及劳动力的供应和分配也完全在自由竞争的条件下通过价格变动来自发调节。所以市场自发调节机能迫使香港的企业不断提高劳动生产率和降低成本，力求在市场竞争中获胜，香港大多数企业家和工人都养成了一种顽强的拼搏精神及特殊的应变能力。

（5）香港实行低税政策。企业利得税每年按纯利缴纳，按 1992～1993 年新税率规定，非有限公司的税率是 15%，有限公司为 17.5%。个人薪俸则按照累进税率收税，需要扣除本人和家庭的免税额后，对为首的一个 2 万港元征收 2% 的税款，对第二个和第三个 3 万港元，则分别征收 9% 和 17% 的税款。但所缴税款都不超过扣除免税额前薪俸的 15%。

（6）香港也开放金融市场。在香港，金融企业的开办和经营都很自由，本地银行及外资银行享受完全平等的待遇。曾经香港在第二次世界大战后一段时间有两个外汇市场，即有管制的官价外汇市场和自由外汇市场。自由外汇市场汇率较官价市场高，但即使在这种情况下，资金进出实际上仍畅通无阻。1973 年撤销外汇管制后，香港的外汇市场成为完全开放的自由外汇市场，港币和外币在当地都可以自由兑换。1982 年 2 月 15 日前，对所有存款都征收 15% 的利息税。从 1982 年 2 月 25 日起，免除外币存款利息税，港元存款利息税减为 10%。1983 年 10 月，又免除了港元存款利息税。当 1984 年撤销黄金出入口禁令后，在香港黄金可以完全自由进出及买卖，香港迅速发展成为世界重要的黄金市场。如今在香港，外汇、黄金、钻石、硬币可以完全自由买卖和进出，资金来去不受任何限制，筹集资金非常方便，因此，香港被誉为“亚洲的瑞士”。

（7）人员进出自由。外地人到香港无论投资办企业、探亲或旅游，手续都很简单。有 40 多个国家或地区的人员，到香港逗留时间不超过一个月的，都可用护照代替签证。持有英联邦成员国家护照的人进入香港免办签证手续。香港人进出香港十分自由。

香港的自由港政策为来自多国和多方的经济活动提供良好发展的环境，因而香港许多行业的盈利率都很高，如银行业 1988 年的平均回报率高达 13.8%，房地产业回报率平均 10%～12%（房地产业回报率高出邻近地区，如澳大利亚悉尼 6%、新加坡 5%、日本 2%）。根据世界贸易组织公布的数据，2012 年香港是全球第九大贸易经济体，占世界贸易总额的 2.8%。香港已不只在航运上成为国际中心，还是金融、贸易、工业、旅游、信息、仲裁等多项国际中心，商业、房地产业、建筑业和饮食服务等行业也都很发达，香港名副其实地成为一个综合发展的自由港城。

2. 新加坡自由港

因地理位置优越，1819 年英国人莱弗士在新加坡登陆后建立了货物码头，把新加坡开辟成为一个完全自由港，即外国商船自由进出海港、进出口货物免征关税，从而形成了新加坡的国家经济地理雏形。但是除去新加坡的地理优势，其政策对国家发展更是至关重要。

（1）关税低。从 1959 年实行内部自治后，新加坡就开始实行工业化计划，为了保护本国工业，新加坡开始转为有限自由港，政府在保持转口贸易优势的同时也大力发展国际贸易，做出了一个很重要的举措，即应征关税的商品项目被控制在适当范围内，并且厘定的关税税率比周围港口更具竞争力，以此来保持海港的活力。

1960 年起，新加坡除了对烟、酒、汽油征税外，只对肥皂和清洁剂征税。

即使在 1969 年其关税保护的高峰期，新加坡共对 398 种进口商品应征关税，也仅占约 2000 种进口商品项目的 19. 9%。

由于新加坡转向发展出口工业，从 1973 年起逐步取消了一批商品进口关税。

从 20 世纪 80 年代起，为了配合鼓励工业升级，新加坡又解除了对 232 种进口消费品的征税。

（2）简化税制。新加坡自 1983 年起采用简化的关税分类方法，把原来的 5700 种商品分类简化为 2600 种商品分类。如今全球超过 90% 的货物可以自由进出新加坡但不需要缴纳关税，应税货物只包括酒类、烟草产品、石油产品以及车辆四大类。应税货物及非应税货物进口到新加坡均征收 7% 消费税。

与全世界多个国家地区签署了自由贸易协定（FTA），绕开贸易壁垒而获得更多关税利益。

当前新加坡是世界上税制简易且税负最低的国家之一，因此吸引众多跨国投资者落户于此。如新加坡的企业所得税税率远低于上海的 25%，仅为 17%；新加坡个人所得税最高税率为 20%，而上海最高达 45%；新加坡只对进口产品征收 7% 的增值税，但上海的增值税税率为 17%。世界银行、国际金融企业、普华永道发表的环球税务系统调查报告《交税 2008》中数据显示，新加坡在全球 178

个国家中交税简易度排名第二，仅次于马尔代夫。在新加坡，公司每年平均仅需花 49 个小时用于处理税务工作，同时公司只需办理 5 项税务，在最少税务国家排名榜上居前 10 名。

在新加坡经济发展局网站上还显示，新加坡还签署了 50 个避免双重课税协定及 30 项投资保证协议，进行跨国业务的总部公司选择建在新加坡能够享有税务优势。

（3）专项鼓励计划。2001 年 6 月，新加坡为了吸引大型国际贸易公司前来设立区域营运中心，将之作为环球业务的交易基地，特推出了全球贸易商计划（Global Trader Programme），对政府批准的“国际贸易商”实行 5 ~ 10 年的企业所得税优惠，税率为 5% 或 10%。

新加坡从 1968 年起逐步放宽外汇管制，到 1978 年 6 月 1 日更是全面开放外汇市场，取消外汇管制。

新加坡也为吸引航运企业集聚推出了各种特殊优惠政策，例如核准国际船务企业计划、核准船务物流企业计划、新加坡海事金融优惠计划、国际船运企业优惠、船舶注册登记制度等。因此新加坡实行自由港政策，便利了货物的流通，节省了贸易成本，带动了集装箱国际中转业务的发展，不断提升了新加坡的国际竞争力。

截至 2012 年底，在新加坡登记的船舶总吨位就达 6500 万吨，比前一年增加 13.2%，是全球船舶登记总吨位最大的 10 个港口之一。船舶总进出港吨位增长较快，其中最主要的是油轮和货柜船。相应地，其贸易总额和集装箱吞吐量都不断创下历史新高。

各路资金在此汇集，新加坡已经是国际金融中心和区域及国际资产管理中心，独特的地理位置和自贸区政策赋予了它持续发展的动力。

3. 美国对外贸易区

美国在对外贸易区建设及发展方面具有较长历史。到 2011 年时，美国已经批准以及在有效期内的对外贸易区就达 257 个，遍布美国 50 个州和波多黎各。美国对外贸易区建设经历了一个漫长的探索过程，根据形势发展需要和对外贸易区存在的问题，美国对监管法案及监管体系不断做出调整和完善。

（1）为应对“大衰退”，启动对外贸易区建设项目。为应对 1929 年开始的“大衰退”和消除《斯穆特—霍利关税法案》带来的负面影响，1934 年美国通过了两个关键法案：一个是《互惠贸易协定法》，授予总统调整关税税率和与外国签订贸易协定的权利；另一个是《对外贸易区法案》，启动对外贸易区项目来拓展和鼓励对外商务。两个法案的通过，兼顾了国际与国内两个层面的贸易政策调整。

（2）早期功能有限、地位次要、发展缓慢。美国建立对外贸易区较早，不过早期发展缓慢。其原因有二：一是其自身定位及功能较单一，立足于进出口贸易、转口贸易和仓储；二是《互惠贸易协定法》的实施令美国在国际层面获得了较大成功，因此对外贸易区的特殊作用相对减弱。而双边贸易协定的广泛签订缓解了美国的出口贸易压力。1934～1945 年，美国相继与古巴、巴西、比利时等 27 国签订了双边贸易协定，极大地促进了对这些地区的出口。1938～1939 年与 1934～1935 年相比，对未签订贸易协定的国家出口增长 32%，对签订贸易协定的国家出口增长了 63%，后者增速大约是前者的两倍；加之美国总体进口关税水平显著降低，1931 年美国平均关税税率是 51.2%，在 1934～1939 年，关税减让使得美国总体关税水平下降了 2/3。多边回合谈判又使其关税税率进一步降低，到 1962 年，关税水平已经降到了 12%，导致对外贸易区优势弱化。

美国国会在 1950 年对《对外贸易区法案》做出修订，开始允许在区内进行加工制造活动，但当时双边协定主要围绕制成品的关税削减，导致原材料及零部件关税水平较高，造成产品在区内加工后再进入美国消费市场，与直接进口成品相比成本更高，所以存在“关税倒挂”问题，因此此次调整的作用就非常有限了。

到 1970 年，历经近 40 年的发展，美国才仅有十个对外贸易区总区、三个分区，就业 1401 人，区内接纳的商品价值总量仅达 1.04 亿美元。

（3）应对国际竞争政策取得显著成效。从 20 世纪 70 年代起，美国钢铁、汽车、半导体以及民用飞机等产业受到来自欧盟及日本的严峻挑战，国际地位不断下降。到 1980 年，日本粗钢及汽车产量超过美国，美国一些劳动密集型产品在世界市场上的份额也逐步萎缩。

在美国对外贸易区协会的推动下，为扭转竞争力下降趋势，美国海关当局在 1980 年 4 月 12 日做出规定：由美国原材料、零部件及外国原材料、零部件混合生产装配而成的商品进入美国市场时，仅对所包含的外国原材料及零部件征收进口关税，同时可选择按成品关税税率缴纳来解决“关税倒挂”问题，鼓励在对外贸易区内进行加工制造业务。

1991年美国对外贸易区委员会又颁布新的管理条例，进一步拓展对外贸易区的功能：可以依法对运到区内的货物进行贮存、出售、展览、拆散、组装及重新包装等处理，这类商品既可以出口，也可以销往国内市场。

1999年，美国国会修订了《对外贸易区法案》，对外贸易区委员会发布了第29号令，允许为特定企业专门建立对外贸易区的分区，用以安排在总区内无法进行的加工制造项目，在政策上鼓励进口深加工发展。

在一系列政策调整以后，美国对外贸易区得到迅速拓展。美国对外贸易区委员会统计的数据显示，至2007年，美国批准的对外贸易区数为254个，投入运营的有161个，年接纳货物价值5019亿美元，出口达到316亿美元，吸纳就业人数35万人。

（4）为巩固、振兴实体经济，力推机制灵活化和便利化。2007年爆发的次贷危机引发了金融危机，使美国深刻认识到实体经济的重要性，重提“再工业化”目标，加强了对制造业及出口的重视。2009年1月，美国对外贸易区委员会采纳可选址框架（简称ASF）对总区、分区的设置及管理方式进行调整，同时简化审批流程，运营主体入区和从事制造加工活动的壁垒大幅降低。过去企业入区被要求递交冗长的申请表，且需要花几周甚至数月时间准备相关数据，而对外贸易区委员会审批时间也长达一年之久。后来在ASF新管制框架下，企业入区或申请设立分区的审批权下放到区后，从递交申请到获批甚至缩短至30天，通常在120天内即可获得批准。

美国对外贸易区委员会拥有区内制造活动审批权。在区内进行加工制造活动须经过审批，若向对外贸易区委员会申请长期许可，需要6~8个月的时间。为了满足企业短期和临时加工制造活动需要，委员会允许企业申请临时制造许可，审批时间大约只有75天，在实施ASF框架后，由于允许与其他申请程序同时进行，进一步缩短了短期制造活动的审批时间。在ASF框架下，美国对外贸易区委员会在2010年和2011年先后完成了对14个和38个总区的重组。最终，这两年对外贸易区吸纳的货物价值量及出口增长速度均呈现加速态势。

4. 美国对外贸易区建设的经验

美国对外贸易区虽然在促进出口方面的作用相对有限，但在加强国内外经济联系、保留及促进美国制造业就业方面则发挥了较为突出的作用，并且从增量上看，对美实施“出口倍增计划”的贡献正在逐渐加大。美国对外贸易区建设总体上能够取得成功，主要得益于以下几个方面：

（1）监管体制在设计时充分考虑了政府和市场作用的有机结合。美国对外贸易区的管理体制分为两级：第一级是全国性的管理体系，即以对外贸易区委员会为主体；第二级是对外贸易区内部的管理体系，是以被授权人及运营者为主体。第一级主要体现的是政府监管职能，美国对外贸易区委员会实行由商务部部长牵头、财政部部长配合、海关和边防局及其他管理机构参与的方式，主要负责对外贸易区的审批、协调及监督。第二级则是由对外贸易区委员会授权的法人团体或私人公司按照公共事业的原则进行管理运营，被授权人允许执行部分政府管理职能，例如贯彻联邦、州和海关边防法规政策。被授权人雇用的管理者作为运营者，主要负责对外贸易区的具体建设和运营事宜，致力于改善区内软硬发展环境、吸纳企业入区，同时进行日常管理。在此框架内，监管体制既确保了对外贸易区建设的全国协调性以及联邦政府的统一管理，又充分发挥了地方积极性及市场机制的作用，保持了对外贸易区的经营发展活力。

（2）总区、分区设置管理的开放性有效扩大了对外贸易区的覆盖范围。美国对外贸易区还有一大特色，就是总区、分区制度。该制度一方面扩大了对外贸易区的范围，另一方面也提升了生产资源的空间配置效率。因为分区的设计提升了对外贸易区发展机制的灵活性，有些企业因用地成本、环保、固定投资较大等原因不宜落户于总区，就可利用对外贸易区的政策优势。后来这一制度设计的优越性得到了充分体现，分区的经济活动远远超过总区，成为了美国对外贸易区活动的主体。2011 年分区接纳的货物价值和出口占对外贸易区的比重都超过了 3/4。

总区、分区的设置和管理均具有较强的开放性。对于总区而言，其开放性体现在：①设区申请可以面对诸多经济主体开放。凡是公共或公益性公司，包括港口管理者、城市、县、经济发展组织或其他组织均可申请设立总区；②虽然也界定了物理区域，但被授权人可以采取扩展、重组程序对贸易区进行调整，特别是允许在已建立的关口区域之外设立新的分区，比如申请设立的分区处于海关边防局进口港口 60 英里（约 96.6 千米）或驾车 90 分钟里程之外，只要分区经营者及海关与边防局合作确保监管措施到位，也可能获批。

（3）退出和进入机制相互衔接确保了功能区的动态配置效率。美国建立了完备的对外贸易区准入及退出机制。总区或分区经对外贸易区委员会批准后处于“休眠状态”。若要投入运营，则需向当地海关与边防局和该区被授权者申请激

活，也就宣告该区将被纳入运营管理。另外，管制框架还涵盖了比较完善的退出机制：若有各种原因暂时停止运营总区或分区，可向当地海关与边防局申请重回“休眠状态”；若某个总区或分区不再需要时，被授权人可向对外贸易董事会申请中止并取消该区；此外，在五年内未向海关与边防局申请激活的总区或分区，将被终止。终止后，仍有18个月的申请恢复期，总区或分区还可按要求激活并须通报执行秘书委员会。

该机制的一系列设计赋予了对外贸易区发展的动态自由配置功能，从而减少了贸易区的闲置或不足等低效率状态，确保了对外贸易区配置的不断优化。

（4）监管理念创新充分发挥了对外贸易区联系内外的桥梁作用。大多数国家尤其是发展中国家在建立海关特殊监管区时通常通过免除“再出口”商品关税来促进出口，同时禁止对内销售，主张“对外”的自由化，即所谓的“一线放开，二线管住”。但美国的对外贸易区不但允许区内商品进入美国国内市场，还通过减免关税的方式鼓励区内企业为美国制造。比如为了降低“关税倒挂”对内销企业的影响，允许企业按成品缴纳关税；为了使对外贸易区企业能够更灵活地供应国内市场，为区与区之间货物的自由转移提供各种便利。

此外，零售一般在通常的海关特殊监管区制度框架下都会被禁止，不过美国对外贸易区设置了例外：①特许经被授权人允许及委员会批准的国内产品、已付关税产品或免关税产品允许在区内零售；②供给总区或分区内工作人员消费的国内产品、已付税或免税食品还有非酒精饮料，零售不需要经过批准。此外，对外贸易区内还实施较为便捷的临时制造活动许可审批，可以适用于企业的研发试制等创新活动。

知识贴

纽约港自由贸易区21条优惠政策

- 推迟缴纳进口关税　运进自贸区的货物不需要立即缴纳进口关税，只有当货物通过海关运入美国时才需要支付关税，有利于企业的现金管理。
- 倒置关税率节省关税　通过在自贸区设厂，企业可以自由选择支付原料的税率还是成品的税率，由此可以选择其中税率低的支付。

- 无关税出口　企业在自贸区设厂可以不需要支付任何进出口关税实现出口。
- 节省为废品支付的关税　企业如果不在自贸区设厂，进口原料中的废品以及生产过程中浪费的原料也需要支付进口关税。
- 国际退货　自贸区产品出口海外，如果遇到退货，不需要为退回的货物支付进口关税。
- 进口备件　企业可以在自贸区仓库储存目前不需要的进口备件。如果最终不需要该备件可以免关税的退回或者销毁。
- 简化进出口程序　在自贸区永远不用担心过海关造成的延误，或者进出口税务问题造成物品被查扣。从自贸区出发，货物送达更加便捷。
- 无须为人力和行政开支付税　在自贸区生产的产品运入美国海关时，进口价格中由于人力成本，行政开销和企业利润的那部分不需要缴纳进口税。
- 质量监控　企业可以先免关税进口商品进入自贸区，经过质检合格后再支付进口税通过海关进入美国。不合格的产品可以免税退回或者销毁。
- 自贸区之间运输　很多企业需要在不同的自贸区间转移货物，这都是免关税的。只有最终通关进入美国的时候才需要支付关税。
- 节省货物处理费　自贸区的货物可以24小时无限制地通过海关。企业只需要每周申报一次过关记录和缴纳一次货物处理费。每个企业每周需要缴纳的货物处理费最多为485美元。如果在自贸区外的企业每次进口都需要申报，那么需要支付货物处理费。货物处理费也没有上限。
- 美国进口配额　需要美国配额的商品可以先存在自贸区，不受配额的限制。一旦配额开放，商品就可以第一时间通过海关运入美国。
- 安全　自由贸易区是受海关监督，提供海关要求的安检程序。自贸区内部的企业可以不必花费保险（行情专区）和保安的开支。
- 港口维护费　自贸区的企业根据运入自贸区的货物数量按季支付港口维护费，而不需每次进口都支付。
- 库存控制　在保税区经营的企业需要执行严格的财务制度，保持接收、处理和发货等各环节的单据。通过这样严格的制度，有效地减少企业错误发送货物的可能。
- 消耗的商品　在保税区加工消耗的商品一般是不缴纳关税的。

- 库存税　美国大多数州和县税务机关免除自贸区所有货物的库存税，因为根据联邦法律，为出口而设立的特别区域生产的产品或者是个人使用的进口展有形资产免除从价税（Ad Valorem Tax）。
- 展览商品　许多公司利用自由贸易区作为商品和机械的展示区，因为把展品从海外运进自贸区不需要进口关税。
- 减少保险费用　自贸区内商品的投保价值不需要包括应缴进口税额的部分，所以在自贸区内为商品购买保险的时候，投保额度可以少一些，保险费用也要少一些。
- 原产地标记　进入自贸区的商品不需要拥有原产地标记，可以为企业节省复杂的手续和开销。如果需要，企业可以在自贸区内为商品加上原产地标签。
- 转让商品的所有权　在自贸区内，只要没有零售销售，商品可以自由买卖。

第三节　我国自贸区的建设

一、上海自贸区建设

国务院常务会议2013年7月3日通过了《中国（上海）自由贸易试验区总体方案》，9月29日上午10时，中国（上海）自由贸易试验区（以下简称“上海自贸区”）正式挂牌开张。上海自贸区是中国大陆第一个自由贸易区，是实行关税进出口许可及配额均豁免的自由区域。其力图建立一个集低度管制、信息高度集成、产业特色鲜明的航港区为一体的自由贸易区，能够避免因关税和烦琐的海关手续所造成的贸易障碍。

上海自贸区在范围上涵盖了上海市外高桥保税区、外高桥保税物流园区、洋山保税港区及上海浦东机场综合保税区四个海关特殊监管区域，总面积达28.78平方千米，形成了“四区三港”的自贸区格局。

试验区最初以上海外高桥保税区为核心，加上机场保税区及洋山港、临港新城作为中国经济新的试验田，在实行政府职能转变、金融制度、贸易服务、外商投资以及税收政策等方面实施多项改革措施，同时加大力度推动上海市转口、离岸业务的发展（本书围绕课程所涉及贸易和国际物流针对其中两方面进行分析）。

1. 贸易便利化

上海自贸试验区挂牌以后，出台了诸多贸易便利化的措施，如海关已出台23项改革措施，含七项通关便利化改革措施、三项保税监管改革措施、六项企业管理改革措施、三项税收征管改革措施及四项功能拓展改革措施，其中七项已向上海市推广、七项已向全国推广。这些便利化措施表现在以下几方面：

（1）保税展示交易。改革包括以下内容：货物以保税状态出区进行展示，实行电子围网监管方式，以完税价报价，实现在交易的同时完成缴税。改革前，只允许企业在区内开展保税展示；改革后，同意区内企业在向海关提供足额税款担保（保证金或银行保函）后，在区外或区内指定场所进行保税货物的展示和交易。

改革效果显示：因为允许企业在试验区物理围网以外场所进行保税展示交易，企业就可按照经营需要进行物流配送，在规定时限内将已销售货物进行集中申报并完税，加快物流运作速度，同时帮助企业降低物流成本及终端售价；可以与跨境电商相结合，征收行邮税（行邮税是海关对入境旅客行李物品及个人邮递物品征收的进口税，通常低于关税、消费税和增值税的和，红酒、奢侈品及化妆品除外）。

（2）一线进境货物“先进区、后报关”。改革前，一线进境货物入区，企业须先向海关申报进境备案清单，海关办理完通关手续后，凭放行单据企业再将货物运至区内；改革后，海关依托信息化系统管理一线进境货物，企业可以凭进境货物的舱单信息先提货进区；上海海关所辖口岸监管场所经营人可以凭电子信息办理相关货物的提离手续；货物运到区内后，企业在规定时限内向海关进行进境备案清单申报。

改革效果显示：企业进境货物从港区至区内仓库时间从过去的平均2～3天缩短至半天；企业物流成本平均降低10%。

（3）批次进出、集中申报。改革前，通关申报环节以逐票申报为主、集中申报为辅，并且都在二线实施；改革后，改“一票一报”为“多票一报”的方式，允许企业货物分批次进出，在规定期限内集中办理海关报关手续。

改革效果显示：大幅减少企业申报次数，扩大企业申报自主权，加快货物物流速度，有效降低通关的成本，为企业开展“多批次、小批量”进出口业务提供便利；还方便企业开展保税展示、保税维修、外发加工等业务，提升企业竞争力。

（4）一次备案、多次使用。改革包括以下内容：通过区内企业一次账册备案后，无须向海关重复备案，即可以开展“批次进出、集中申报”“保税展示交易”“境内外维修”“期货保税交割”“融资租赁”等需要海关核准开展的业务。

改革效果展望：能够最大限度满足区内企业保税加工、保税物流、保税服务贸易（比如检测维修、研发设计、保税展示交易、期货保税交割、融资租赁）等多元化业务的需求。

（5）集中汇总纳税。改革前，海关征税采用传统的逐票审核、征税放行模式；改革后，传统的海关主导型的税收征管模式转变为了企业主动型的征管模式。在有效担保前提下，企业在规定的纳税周期内，对已放行货物向海关自主集中缴纳税款，推进缴税电子化，海关从实时性审核转为集约化后续审核及税收稽核。

改革效果展望：采用集中汇总纳税后，可以在有效担保的前提下，实行先放行后征税的模式，企业集中对一个月内已放行的货物支付税款，实现货物的高效通关，并能缓解企业资金压力、降低纳税成本，有利于激发市场主体的活力。据测算，应税货物通关时间可节省 70%。

（6）自动审放、重点复核。改革包括以下内容：对海关审单作业模式进行创新，以企业信用为前提，对低风险单证实施计算机自动验放。

改革效果展望：将过去“人工、实时、逐票”审单模式改为以电子自动审放为主，纸质单证由人工重点审核，报关单自动验放比例已超过 70%。

（7）自主报税、海关重点稽核。改革包括以下内容：遵循“守法便利”理念，由海关审核把关逐渐转变为企业自主申报为主，把海关事前监管为主进一步转变为事前、事中、事后监管联动。

改革效果展望：提高企业申报水平和质量，提高通关效率。

2. 贸易便利化措施的影响——对比保税展示交易和海淘

自贸区海关监管的创新举措主要体现在“集中汇总纳税”“保税展示交易”

“先入区后报关”等方面。将之在全国海关特殊监管区域复制推广，而后再在海关特殊监管区域以外的地区复制和推广。

（1）物流成本节省90%以上。保税展示交易的模式和直邮代购相比，能为商家省下90%以上的物流成本，因为这一模式可集中通过海运等相对便宜的方式提前进区入仓，完成备货。除了商家的物流成本，消费者下单后也可在七天内迅速收到商品，因为直接从区内发货，运送时间即等同于国内物流。

（2）进口税费减少近80%。保税展示交易采取“保税进，行邮出”，即在通关时无须缴纳进口税，只需要在出保税区时缴纳和直邮代购一样的行邮税就可以了。

2014年3月，海关总署发给全国六个跨境电商试点的59号文，即《海关总署关于跨境电子贸易服务试点网购保税进口模式有关问题的通知》中规定，以“个人自用、合理数量”为原则，每次限值在1000元人民币内的商品，都可参照个人物品规定办理通关手续，只需缴纳行邮税，并以电子订单的实际销售价格为完税价格，参照行邮税税率计征税款，应征进口税税额在50元（含50元）以下的可以免征。如正规进口奶粉的税费，合计增值税、消费税和关税总共约48%，但海外直邮的行邮税只需10%，能够减少近80%。此外，不同产品的行邮税税率分为10%、20%、30%和50%四档。但是奢侈品的进境价和销售价差异较大，缴纳行邮税则不一定划算，所以化妆品、酒类和奢侈品等并不适合采用缴纳行邮税的方式购买。

（3）仓储成本微乎其微。物流成本节省90%以上，关税成本减少近80%，唯一增加的成本是在区内的仓储费用。以奶粉为例，每单的仓储成本仅8元。

3. 上海自贸区国际物流发展取得的成效

（1）上海自贸区在整合原有的四区位优势之后，也侧重从不同区位的优势发展国际物流。例如：外高桥保税区重点打造国际贸易示范区，着力发展进出口贸易以及仓储分拨等服务；洋山港保税港区则重点建设国际航运综合实验区，从而大力发展国际中转、现代物流、仓储租赁等多层次业务；浦东机场综合保税区主要建设航空功能服务先导区，发展航空口岸物流等功能；外高桥保税物流园区将在原有基础上扩大物流基础。四大区功能形成联动，各自优势又能充分发挥，共同促进物流的发展，逐渐在自贸区内基本形成了现代物流产业体系，集聚了1000多家包括美国APL、英迈，荷兰TNT，日本近铁、通运和德国飞鸽等世界知名的物流仓储企业。

（2）2012 年，外高桥保税区、外高桥保税物流园区、洋山保税港区和上海浦东机场综合保税区四大区合计完成进出口总额 1130.5 亿美元，比 2011 年增长 14.5%；物流企业经营收入 4041.4 亿元，其中物流业收入 816.9 亿元，比 2011 年增长 18.1%。2013 年洋山港区共完成集装箱吞吐量 1436.48 万标准箱，同比增长了 1.5%，其中完成水中转箱量 715.03 万标准箱，约占吞吐量的 49.8%，完成国际中转箱量 158.92 万标准箱，占吞吐量的 11.1%；外高桥港区共计完成集装箱吞吐量 1622.03 万标准箱，同比增长 5.6%；货物吞吐量 15178.21 万吨，同比增长 6.4%；靠泊船舶 41041 艘次，同比增长 5.9%①。

（3）上海自贸区"四区三港"格局及上海国际航运中心的建立、上海自贸区总体方案在政策上的打造、物流人才的培养、中国自由贸易试验区经贸人才培养基地的成立等都将进一步促进国际物流与上海自贸区的联动发展。

4. 自贸区国际物流发展尚存在的问题

（1）自贸区国际物流的专业化程度不高。我国现在尚有部分制造企业将物流等同于运输、仓储和搬运等基本环节，还没有认识到现代物流对企业发展的战略性作用②。上海外高桥物流保税园区作为自贸区的组成部分之一，是我国现代物流园区的示范点，已经入驻中外物流企业 30 家③，但是它们仍没有形成完全的物流专业化和一条线的国际物流服务体系。虽然自贸区内的国际物流设施已有一定基础，但是总体规模较小。同时，物流中心及配送中心的建设还有集装箱运输的发展仍然比较缓慢，专业化操作程度较低，产生的结果就是国际物流作业过程的效率低下、成本过高，因此很难为合资企业或外资企业提供综合性的国际物流服务。

（2）自贸区国际物流的标准化和规范化不统一。我国物流标准总体表现出严重的滞后性，政府在物流的标准制定方面执行力度不强。并且自贸区是在四个原有区位整合之后形成的，自贸区内的国际物流标准尚未统一规范，导致物流环节的运输工具、承载设施及设备的标准和规范不统一，因而国际物流无效作业环

---

① 资料来源：中国（上海）自由贸易试验区，http：//www.ysftpa.gov.cn/WebViewPublic/homepage.aspx。

② 刘秉镰．物流专业化——一个关乎国计民生的话题［J］．中国储运，2009（8）．

③ 资料来源：上海外高桥物流保税园区网站，http：//www.wblz.com.cn/presentaion.htm。

节增加，产生国际物流速度降低和国际物流成本上升的结果，影响了国际物流的效益、快速反应能力及竞争力①。

（3）自贸区尚未成立专门负责国际物流的统一机构。中国（上海）自由贸易试验区管理委员会是上海市人民政府派出机构，负责中国（上海）自由贸易试验区范围内相关改革试点任务及行政事务。不过它的组织职能中，尚未明确有专门负责国际物流的机构，结果是国际物流部门被条块分割，每个区域、每个部门都自成体系，造成部门化、区域化，彼此协调性差，造成了物流资源的极大浪费。

5. 上海自贸区国际物流转变方向

上海自贸区面对历史发展机遇，在国际物流发展方面发挥“港区一体化”以及“空运直通式”的优势，迅速建立国际化、高起点的国际物流园区，从“三个转变”体现出自贸区内国际物流发展的新趋势。

（1）从物理封关向信息围网转变。国际物流的发展在上海自贸区实践中，已经开始推行一站式的资料无纸化，采用电子入库、电子配仓、电子管理，便于企业进行设施分配管理，能够统一地构建一个信息平台，通过海关、检验检疫、外汇、工商、税务、港口统一的运作平台，实现物流信息共享，如此解决当前物流行业成本高、效率低的问题。

（2）从货物贸易向服务贸易转变。除对其物流园区功能的创新之外，上海自贸区更主要的是提供国际化的服务贸易、期货交割服务等。自贸区已经引进了大连再生资源期货交易中心，园区将逐步成为对外开放的期货交割仓，真正融入全球性的期货交易市场②。期货贸易的订单可以在自贸区产生，也可以诞生在自贸区以外。加速开展线上订单、线下配送的跨境电子商务模式，能够促进自贸区国际物流的发展。

（3）向物流服务的优质化与全球化转变。自贸区国际物流发展的本质是顺应国际物流发展的新趋势，围绕大项目、大平台、大客户的引进和培育，进一步促进开放服务体系的改革。现在国际贸易追求的是优质、安全、智能贸易，因此自贸区国际物流发展也向着服务更加优质化与全球化转变。

① 周旻晏．浅析国际物流标准化及其在我国的发展情况［J］．国际贸易，2011（7）．

② 邢慷弟．上海自贸区与国际物流发展［J］．中国物流与采购，2013（24）．

二、四大自贸区的定位

1. 上海自贸区：面向全球，侧重金融中心

经过三四年的改革试验后，上海自贸区的目标是建设成为具有国际水准的投资贸易便利、货币兑换自由、监管高效便捷、法治环境规范的自由贸易区，在扩大开放和深化改革探索新思路和新途径方面更好地为全国提供参考。

（1）解读。自贸区的目标并不局限于“自由贸易”，而是将涵盖政府职能、法治、贸易、投资、金融五大方面；自贸区重点在于建立符合国际化和法治化要求的跨境投资及贸易规则体系，重在制度建设；上海自贸区尝试具备可复制性和可推广性，作为我国进一步融入经济全球化的一个重要载体，为各种贸易协定谈判提供实践的基础。

（2）扩展片区介绍。金桥开发片区，是上海重要的先进制造业核心功能区、生产性服务业集聚区，也是战略性新兴产业先行区及生态工业示范区；张江高科技片区，是上海贯彻落实创新型国家战略的核心基地；陆家嘴金融片区，是上海国际金融中心建设的核心区域，是上海国际航运中心的高端服务区和上海国际贸易中心的现代商贸集聚区。

2. 广东自贸区：面向中国港澳地区，侧重服务贸易自由化

服务业开放将对提升广东制造业实力提供巨大帮助。广东制造业为服务业提供了很好的载体，两者可互相促进。

广东自贸区主要突出同中国香港及中国澳门的合作，尤其是加强对香港、澳门服务业的开放和衔接。港澳地区的金融、物流、科技、专业服务等可弥补珠三角的不足，广东的服务业可以延长产业链，双方形成利益互补关系。此外，广东自贸区与中国—东盟自贸区相接，可以进一步推动我国与东盟的经贸合作。同时，广东作为海上丝绸之路上很重要的节点，其自贸区平台能够发挥一些作用。

（1）位于珠江三角洲地理几何中心的南沙新区，距离香港、澳门的海上航程为 38 海里和 41 海里。其准备以“对港澳开放”及“全面合作”两个方向，从投资准入政策、货物贸易便利化措施、扩大服务业开放等方面先行先试，率先实现区内货物及服务贸易自由化；建设以生产性服务业为主导的现代产业新高地

及具有世界先进水平的综合服务枢纽。其现已建立起航运物流、高端商务和商贸、科技智慧、高端装备等为主导的现代产业体系。

（2）与香港隔海相望的深圳前海蛇口片区，位置紧邻香港国际机场及深圳机场，作为我国金融业对外开放试验的示范窗口、金融创新中心以及世界服务贸易重要基地和国际性枢纽港。

（3）经莲花大桥与澳门相连的珠海横琴新区片区，已采用创新的环岛电子监控分线监管模式，将作为文化教育开放先导区及国际商务服务休闲旅游基地，建设促进澳门经济适度多元发展的新载体。

3. 天津自贸区：面向东北亚，促进京津冀制造业升级

着眼京津冀的协同发展，天津自贸区主要服务于北方经济，促进环渤海经济带的产业结构调整，同时面向东北亚，若中韩自贸区与天津自贸区相结合，天津港和仁川对接，进出口产品出库时间能从五天缩短到一天。京津冀除了是北方经济中心以外，更重要的是我国政治、文化、科技创新及国际交往中心；北京拥有科技创新资源优势，而天津则拥有制造业及对外开放门户的优势。因此在城市功能上，科技创新中心及国际交往中心必须由京津共同承担。

从而天津自贸区的重点放在制造业创新发展上，需要从北方经济转型升级的关键领域着手，即从如何降低制造业发展的交易成本及推动科技型中小企业发展两个方面着手，展开积极的探索。

（1）天津港片区：已形成航运、物流、租赁、航运融资、贸易结算等特色产业集群。

（2）天津机场片区：在航空航天、电子信息、装备制造、软件外包、总部经济方面已形成规模。

（3）滨海新区中心商务片区：作为我国北方金融改革创新基地、总部经济区、商业贸易中心及现代服务业聚集区，天津港保税区已形成国际贸易、现代物流及出口加工三大主导产业。

4. 福建自贸区：面向中国台湾，侧重两岸经贸合作

促进两岸经贸活动自由化和便利化是福建自贸区的显著特点和任务。由福建自贸区先行先试来继续推进此前受阻的两岸经济协议谈判（ECFA），试图进一步推动两岸经贸合作。

此前厦门市和台中市已是交流紧密的姐妹城市，尤其在经贸、文化、教育等方面的交流与合作发展顺畅、快速。福建自贸区成立后，更有利于促进两岸区域经济合作和城市交流往更深层次发展。福建自贸区理应成为我国海上丝绸之路战略的主要节点。特别是福建在对台和侨务方面具有其他地区所不具有的优势。福建省毗邻中国台湾地区，拥有数量巨大的海外侨胞资源，此前已有厦门经济特区和平潭综合实验区试行了一些进出口贸易政策，为自贸区的启动奠定了一定的基础。2011 年，国务院批复并开始打造以福建为主体的新的经济增长极——海峡西岸经济区，作为两岸人民交流合作的先行先试区域；进一步服务周边地区，发展新的对外开放综合通道；打造东部沿海地区先进制造业重要基地；建设成为重要的自然及文化旅游中心。近年来，海西区的发展潜力逐渐得以释放。

自贸区是中国迎接第二阶段全球化的重要举措。金融开放、贸易和投资自由化、负面清单，这将成为未来区域贸易、全球贸易协定谈判的起点和基础。

知识贴

上海和前海自贸区建设中的区别

	上海	前海
政策目标	打造国际航运中心	依托香港国际航运中心打造深港国际航运服务平台，服务香港航运经营者，搭建国际采购、分拨、配送平台
产业融合	发展航运服务业，如金融、保险、仲裁、物流	偏向创新金融如航运金融租赁、产业基金、供应链金融、结算中心
区域联动	创新多港区联动机制	没有在港区联动方面的说明
政策细节	有捎带业务等创新政策；税收政策重在征收方面提供便利	税额优惠（免税）

三、新成立七大自贸区的位置及优势

2016 年 9 月，在 G20 杭州峰会开幕前，我国宣布在辽宁省、浙江省、河南省、湖北省、重庆市、四川省、陕西省新设立七个自贸试验区，大大增加了自贸区的面积和覆盖范围。此前四个自贸区面积为：上海自贸区扩围后面积 120. 72 平方千米，广东自贸区面积 116. 2 平方千米，天津自贸区面积 119. 9 平方千米，福建自贸区面积 118.04 平方千米。

第三轮设立自贸试验区重点在于通过新一轮高水平对外开放，提升包括货物、商务、服务、资本等要素流动性，围绕政府职能转变、金融改革、贸易投资便利化及服务业扩大开放四大任务，促进政府行政体制改革，改善商品和服务供给，衔接国际贸易投资规则，实现产业结构转型升级和经济增长的动能转化与方式转变。

1. 重庆自贸区

重庆自贸区在申报方案中显示其面积为 120 平方千米，其中两江新区约占 80 平方千米。从地址上看，重庆将依托三个保税区来进行拓展：依托寸滩水运港将果园港涵盖进来；依托空港将龙兴、水土涵盖进来；依托西永中保区将团结村涵盖进来。

重庆自贸区主要依托口岸优势，着力发展开放型经济。重庆将依托江北国际机场建设国际性航空口岸，扩大机场货邮二次集拼及中转试点，大力发展快件集散、冷链物流、航空货代等，实行保税物流区和机场货运区一体化运作的方式。重庆或将依托中新两国的互联互通项目，将江北机场与东南亚的机场结合起来（相关内容在第八章会有阐述）。

2. 陕西自贸区

从数据上看，西安国际港务区面积为 88.4 平方千米、西安高新区规划总面积为 307 平方千米、西咸新区空港新城的规划总面积为 160 平方千米。因此，涵盖了西安国际港务区、西安高新区和西咸新区空港新城等地的陕西自贸试验区的规划总面积也不会少于 100 平方千米。

陕西自贸区在规划中呈现出的发展思路将按照“围绕三大定位，主攻四大产业，突出五大功能，完成六大任务”来进行，力争经过 3~5 年的改革试验，建成具有国际水准、投资贸易便利、高端产业聚集、金融服务完善、文化交流深入、监管高效便捷、法制环境规范的自由贸易试验区，打造陕西开放发展的新引擎，探索内陆地区改革开放有效路径，更好地支撑“一带一路”深入推进。

3. 河南自贸区

河南自贸区的实施范围总面积约为 120 平方千米，打算以郑州为主，同时涵

盖开封和洛阳，一共三个片区构成。其中，郑州片区包括郑州航空港区块、中原国际陆港区块、郑州经济技术开发区、郑东新区金融集聚核心功能区，约 80 平方千米；洛阳片区以国家洛阳经济技术开发区为主，约 20 平方千米；开封片区以国家开封经济技术开发区为主，约 20 平方千米。

在产业布局上，郑州片区将重点发展电子信息、精密机械制造、汽车及零部件制造、智能装备制造、生物医药等高成长、高附加值的先进制造业，同时发展电子商务、现代物流、金融服务、国际贸易、信息服务、跨境电子商务等可以发挥流通枢纽优势的现代服务产业；洛阳片区重点发展装备制造、机器人、新材料、新能源及新能源汽车等高端制造业；而开封片区则重点发展旅游休闲健康、广播影视、创意设计、文化传媒、文博会展、文艺演出和艺术品交易等文化服务业，以及农产品加工和农机装备制造、汽车及零部件等制造业。

4. 湖北自贸区

湖北省拟定的自贸区实施范围为 127.7 平方千米，包含三个片区：武汉片区 70 平方千米（其中涵盖东湖综合保税区 5.41 平方千米、武汉出口加工区 2.7 平方千米、东西湖保税物流中心 0.493 平方千米）、襄阳片区 28 平方千米、宜昌片区 29.7 平方千米。

湖北自贸区从功能上划分产业方向：武汉片区侧重发展国际商贸、金融服务、现代物流、研发设计等现代服务业及光电子信息、先进制造、生物医药等新兴产业；襄阳片区侧重发展高端制造、新一代信息技术、新能源新材料、铁路物流等产业；宜昌片区侧重发展文化旅游、航运物流、装备制造、高新技术等产业。

5. 四川自贸区

四川自贸区以成都为中心，连接省内的重点地区作为前沿阵地，主打“科技型自贸区”，重点在于落实中央关于加大西部地区门户城市开放力度和建设内陆开放战略支撑带的要求，打造内陆开放型经济高地，实现内陆与沿海沿边沿江的协同开放。成都市以“蓉欧快铁”为主通道，瞄准欧洲、中亚、泛亚等地区。自贸区将使四川的科技和产业与全球对接的通道更畅通，加速现代服务业发展。

6. 浙江自贸区

在浙江自贸区的规划中，舟山自由贸易港区以大宗商品贸易自由化、海洋产业投资便利化及扩大现代海洋服务业对外开放为重点。宁波凸显出来的优势在于海港和空港，例如宁波舟山港集装箱吞吐量的全球排名已上升到第四位，宁波机场的年客流量已接近700万人次，吞吐量排在全国30余位。

7. 辽宁自贸区

辽宁申报自贸区的目的是通过改革进一步释放大连的发展活力，带动和辐射东北地区的新一轮振兴。

接下来更重要的是，商务部要尽快会同相关省市和部门，与构建开放型经济体系紧密结合，发挥各地区的优势产业和特点，进一步研究完善新设自贸试验区总体方案，将自贸区建设落到实处，发挥其应有功效。

知识贴

陕西自贸区发展思路

- 三大战略定位：一是充分发挥改革先行优势，结合内陆地区特色，营造国际化、市场化、法治化营商环境，把自贸区建设成为“内陆改革创新试验田”；二是充分发挥向西开放优势，创新内陆开放模式，推动陆海内外联动、东西双向开放，把自贸区建设成为全国“双向开放示范区”；三是充分发挥陕西作为古丝绸之路起点的综合优势，打造“‘一带一路’开放合作新高地”。
- 四大产业：航空航天、商贸物流、文化旅游、能源金融。
- 实现五大功能：成为具有内陆地区特色的制度创新中心、以多式联运为支撑的商贸物流中心、以能源金融为特色的国际金融中心、以民心相通为导向的文化交流中心和以跨界融合为特征的先进制造中心。
- 建设自贸区六大任务：一是加快政府职能转变；二是扩大投资领域开放；三是推进贸易发展方式转变；四是推动产业转型发展；五是深化金融制度创新；六是提升丝路开放合作水平。

四、自贸区和“一带一路”

1.“一带一路”的意义

《推动共建丝绸之路经济带和21世纪海上丝绸之路的愿景与行动》（以下简称《愿景与行动》）在2015年3月28日公布，这是一个中远期的国家战略发展纲要和规划。而在几天前的3月24日，广东、天津、福建自贸区方案通过，加上此前的上海自贸区，至2015年上半年，自贸区扩展为四个。“一带一路”与自贸区紧密相关，我国新一轮改革开放又有了新的支点。

“一带一路”在中国新的对外开放体系的建构中至少包括了三个层面，即：国内沿线省市的开放与发展；中国周边国家的开放合作体系；还包括中东、欧洲在内的大周边合作体系，形成环环相扣的开放经济体系。

“一带一路”的重要性还体现在其规模巨大，包含了域内60多个国家，约44亿人口，占世界人口的63%，可谓一个创举。同时《愿景与行动》中明确指出，“一带一路”的作用在于发掘区域内市场潜力、促进投资及消费、创造需求及就业。共建“一带一路”将为中国经济及世界经济提供新的动力。

2.“一带一路”与自贸区结合的意义

以习近平为首的新的中央领导集体提出了“一带一路”的宏大构想，是在深刻分析国际国内的新形势下，为了适应国内外经济新格局和新变化，突破外向型经济以出口为主受到的发展制约，化解结构性矛盾及产能过剩压力，打破欧美等发达国家不断通过贸易结构调整和规则重塑造成对中国发展的封堵而提出的。在实践中，“一带一路”的具体实施和落地，需要自贸区作为“点”形成支撑，开创以点带面、联动发展的改革开放新局面。

“一带一路”的核心在于东西互济、陆海统筹，实现连接成线、发展成带。在推进落实的过程中将国内外一些核心区域及重要节点作为支撑，形成“一带一路”的发展平台和重要开放窗口，自贸区就是“一带一路”的基础平台及重要节点。因此在“一带一路”国内段，某些区位优势明显、腹地广阔、潜力较大的交通节点地区，可能发挥对“一带一路”国内相关区域及沿线国家的要素集聚、经济辐射与联动作用，从而成为新的自贸区。

在功能上，习近平针对“一带一路”提出的“五通”目标和自贸区的“四化”任务有诸多相通之处，例如贸易畅通、货币流通是与贸易便利化、金融国际化相吻合的。“一带一路”如同两条“丝线”串起自贸区的“珠子”，二者相得益彰。因此，“一带一路”为对外开放构建新的平台，深化与沿线国家双边区域经济合作，同时自贸区在投资自由化、贸易便利化、金融国际化、行政管理简化等方面先行先试，为国内经济转型升级、参与国际贸易谈判积累相关经验，促进“一带一路”目标的有效实现。

自由贸易区是我国全面深化改革、构建开放型经济新体制的一个必然选择，同时还是我国积极运筹对外关系、实现对外战略目标的重要手段。从国家层面，“一带一路”构想对自贸区有着指导意义，加强两者间的对接和联动，为我国新一轮对外开放提供试验基础。

《国务院关于加快培育外贸竞争新优势的若干意见》中提出，加快实施自贸区战略，积极与“一带一路”沿线国家及地区商建自贸区。自贸区作为特区、新区之后的第三个开放高地，是新一轮对外开放的升级版，其级别更高。

如今的中国早已成为世界第一贸易大国，无论是贸易总量还是 GDP 总量在全世界占比都已突破 1/10 的大关，中国此前已正式宣布进入经济新常态。新常态之下，自贸区所要面对的新一轮体制创新的先行先试，是高水平的开放、高质量的发展及高标准的改革。金融、设计、会计、教育、文化、医疗机构、建筑、统计、电子商务、商贸物流等都是未来自贸区重点开放的服务业领域。

从国内而言，新格局的构建意义在于把中西部推向开放的前沿、充分发挥国内各地区比较优势，优化西北、东北、西南、沿海及港澳台五大区块的定位与布局，加强东中西互动与合作，全面释放内陆开放的潜力，提升内陆经济开放水平。

在中国改革开放的新版图中，“一带一路”是横向发展，而 11 个自贸区就需要纵深发展。既有广度又有深度，自贸区正与“一带一路”形成改革开放的新版图，逐渐铺展开来。

3. “一带一路”与自贸区结合的实践

国际金融危机爆发以来，全球经济增长虽然出现部分复苏迹象，但仍然表现出发展动力不足、整体需求疲软的局面。如何摆脱经济低迷的困境，各国都在寻找推动贸易与投资的新方案，因此在多边贸易机制难以推进的情况下，发达经济体转向区域经济一体化。全球贸易体系也因此正经历新一轮重构。

在这个关键时刻，中国经济发展进入了新常态，技术创新和产业升级成为中国经济转型中的重要命题。在国外全球贸易体系新一轮重构及国内经济增速放缓的双重挑战下，中国扩大对外开放显得尤为重要。因而产生了“丝绸之路经济带”和“21 世纪海上丝绸之路”的重大设计，既可以通过与亚欧国家开展经贸合作，开拓新的市场，降低我国对欧美等传统市场的依赖，还能加强与周边经济体的基础设施建设与互联互通，为沿边、沿海省份创造并提供新的发展机遇，为新一轮的对外开放带来机遇。

从实施基础来看，中国正在与多个国家构建自由贸易区，其中十个自由贸易协定业已签署实施，九个自由贸易协定尚在谈判，还有四个自由贸易协定正在进行可行性研究。包括巴基斯坦、东盟十国等不少已经签署自由贸易协定的国家以及斯里兰卡、格鲁吉亚等正在筹划自由贸易协定的相关国家基本都囊括在“一带一路”的建设蓝图中，中国正在顺应过去的发展，进一步构筑立足周边、辐射“一带一路”沿线国家、面向全球的自由贸易区网络。因此无论从国内还是国际层面，以发展的眼光来看，“一带一路”建设与自由贸易区战略的双管齐下，都有助于优化中国区域发展战略空间布局，推动地方经济发展。

展望实施的效果，通过“一带一路”沿线基础设施建设，中国中西部及沿边地区能够更好地发挥资源优势，提高产品的附加值，延伸价值链的合作，加强与“一带一路”沿线国家经贸合作与交流，逐步缩小我国东中西部之间的经济差距。通过“一带一路”中国可以加强与中亚、南亚和西亚乃至欧洲的经济联系，能够实现更加便利的互联互通，也为进一步构建自由贸易区奠定了基础。我国与“一带一路”沿线国家采用包括早期收获计划、框架协议、双边投资协定等多种合作形式，积极开创适合“一带一路”的自由贸易区新格局。

在“一带一路”与自由贸易区建设的联动中，要合理安排政府与市场的关系。在“一带一路”建设中，政府可以为企业这个主体提供更好的管理、信息、融资等服务。特别是随着“一带一路”沿线自由贸易协定数量的增加，各种规则、标准的重叠与交叉会不断涌现。政府除了加大宣讲培训力度，还推动“单一窗口”建设，采用电子通关方式等，掌握和利用好与不同国家之间的贸易规则与措施。

从国际视野看，中国正在尽力促进亚太自贸区的建设，可以说建设“一带一路”与建立亚太自贸区关系是“硬件和软件的互联互通”，“一带一路”侧重以基础设施为先导，促进沿线经济体互联互通，而自贸区建设则以降低贸易门槛、提升贸易便利化水平来加快域内经济一体化。

从国内而言，11 个自贸区的建设成为“一带一路”的支点和“桥头堡”，在第一批和第二批审批的四个自贸区选址上，体现出以港口为枢纽，打通东北亚、东南亚，通过印度洋、南太平洋，连贯欧亚大陆的布局。因此，加快建立 11 个自由贸易园区，是加快实现“一带一路”的重要措施。

从自贸区的具体规划方案中可以看到，在广东自贸区的建设中，前海、横琴、南沙及白云机场保税区各有特色和侧重点。前海在金融创新及人民币国际化方面担纲重任，横琴新区发展七大战略性新兴产业，南沙发展加工制造业、物流业、贸易、港口、教育、旅游等产业，白云空港则在“境内关外”、保税展示等方面享有税收优惠的政策。同时，广东自贸区的主要功能是加强粤港澳的合作，带动珠三角地区发展，瞄准的是高端服务方面的投资机会。

天津港是京津冀协同发展的重要成员，其本身也位于“一带一路”的连接点，天津自贸区对于货物贸易会有一定影响。从产业角度来看，许多制造企业需要从国外进口零部件，投资便利化及贸易便利化能为企业创新带来动力，能吸引更多北京、河北的企业落户。天津自贸区的主要功能是面对东北亚市场，在航运、金融租赁等方面有一定优势。

福建的自贸区建设围绕“一区多园”的模式展开，有利于福建拓展与海上丝绸之路沿线国家的交流与合作，为建设 21 世纪海上丝绸之路寻找新的路径。福建主要发展台海贸易，与我国台湾企业开展深入交流、合作方面也有一定优势。

从新增的自贸区选点来看，与“一带一路”结合与落实上强化了硬件能力打造，如 2015 年 8 月，中欧班列“蓉欧快铁”延伸至厦门，开行了厦蓉欧班列，这是中国唯一由自贸区开出的中欧班列。2016 年四川获批设立自贸试验区，作为贯通欧亚的国际物流大通道，“蓉欧快铁”承载着“蓉欧 +”和自贸试验区的双重效应，串联起四川自贸区与中亚、欧洲，让资源全球化配置有了更低成本、更高效益的选择。

第四节　中韩自贸区及亚太自贸区设想

一、中韩自贸区

作为覆盖领域最广、涉及国别贸易额最大的自贸区，2015 年 6 月 1 日，中韩自贸协定正式签署。中韩自贸协定草签文本一共有 22 章，覆盖 17 个领域，包括货物贸易、服务贸易及投资。中国—韩国自贸协定于 2015 年 12 月 20 日实施第一步降税，2016 年 1 月 1 日实施第二步降税。根据中韩协定关税减让方案，以 2012 年数据为基准，中方实现零关税的产品最终将达到税目数的 91%、进口额的 85%，韩方实现零关税的产品最终将达到税目数的 92%、进口额的 91%。2016 年 1 月 1 日，中方实施零关税的税目数比例将达 20%，主要包括部分电子产品、化工产品、矿产品等；韩方实施零关税的税目数比例将达 50%，主要包括部分机电产品、钢铁制品、化工产品等①。比如韩国化妆品的 6.5% ~10% 的进口关税将逐步取消，使销售价格可以降低近 20%。除了化妆品外，对旅游、航空、运输也是利好。

中韩双边贸易规模已经高达 3000 亿美元。中韩自贸区的建立将会很大刺激双边贸易，预计几年之内贸易规模可以突破 4000 亿美元。同时，中韩自贸协定生效后对双方经济贸易、人员往来、交通出行、文化交流都将有一个质的飞跃。

中韩自贸协定的正式签署，给中韩间的贸易、海运、旅游等行业或领域注入了强大活力。一方面，港口和海运行业将会受益：自贸区协定生效后，因为贸易规模可能会显著增加，中韩货物贸易大多以海运为主，会带来港口吞吐量和海上货物运输量的相应提高。另一方面，中韩自由贸易协定中极有可能将包括通关便利化和检疫负面清单等优惠政策，将大幅度节约港口和海运环节的时间成本。

---

① 《中韩自贸协定今日开始生效》，新华每日电讯，http：//news. xinhuanet. com/mrdx/2015 - 12/20/c_134933987. htm。

中韩自贸协定生效及两国自由贸易区的建立一方面可以提高中韩货物贸易及服务贸易的数量和质量，另一方面从长远来看，中韩自贸区对两国贸易结构及产业结构的升级都将产生推动作用，双方也将实现从竞争到竞合的转变。

其一对货物贸易的影响。依照中韩两国自贸协定，在经过过渡期后，两国产品至少80%以上免除关税征收，有效实现贸易自由化。在中国国内可以买到价格更优惠的韩国汽车、电视、手机及化妆品；而在韩国国内，可以买到物美价廉的中国农产品、水产品、纺织品及工艺品。建立中韩自贸区，则降低和取消了关税壁垒，双方的出口竞争力均会显著增强，双边贸易额会迅速增长，能够更大地推动两国经济发展。

其二对两国服务贸易及双向投资的影响。中韩两国服务贸易主要集中在旅游、运输、通信、金融及事业服务上，旅游和通信在其中占据主导地位。从数据上看，2000年韩国赴中国入境游人数为134.47万人次，但2014年该数据达到418.17万人次，增长超过三倍，中国赴韩国旅游人数和占比均创下历史新高。往来交通更加便捷、降低了旅游费用都对两国的旅游业发展起着巨大的推动作用，运输和通信行业也随着需求的增加而发展。中韩自贸协定生效以后，双方服务贸易之间的贸易壁垒也将逐渐降低或取消。韩国希望中国在金融、计算机、电信及文化出版等行业进一步开放。中国则希望韩国在能源、健康医疗、教育、环境卫生等方面给予更大的空间。另外，中韩两国自贸协定对人才及劳动力市场开放问题进行了商讨，中国极有可能对韩国进行专门人才输出，为解决中国的就业问题增加了一个渠道。

中韩自贸区的建立，一旦运行良好，就能发挥示范效应，能够积极推动中日韩自贸区的进展，也会积极推动区域全面经济伙伴关系（RCEP）①，即“10+6”自贸区的进展，更利于建立亚太自贸区设想的实现。所以中韩自贸区的建立是中国市场经济自由化发展的重要节点，中韩两国经济在此基础上会得到快速发展，世界经济也会受益良多。

① RCEP是英文Regional Comprehensive Economic Partnership的缩写。它是东盟国家近年来首次提出，并以东盟为主导的区域经济一体化合作，是成员国间相互开放市场、实施区域经济一体化的组织形式。RCEP的主要成员国计划包括与东盟已经签署自由贸易协定的国家，即中国、日本、韩国、澳大利亚、新西兰、印度。

二、亚太自贸区设想

自APEC成立起，国际上就一直在探索区域内经贸合作的各种可能性。1994年，《茂物宣言》首次提出了贸易与投资自由化时间表，即所称的“茂物目标”；1995年，《大阪行动议程》要求各成员落实贸易与投资自由化的承诺；2001年，《上海共识》重申各经济体实现“茂物目标”的承诺。

从20世纪90年代开始，亚太地区经济一体化进程发展迅速，形成了多种双边、小多边或多边自贸交织重叠的格局，使亚太地区面临碎片化的趋势，此现象被称为“意大利面碗”困境（指在自由贸易区激增的情况下，区域贸易结盟的现象犹如意大利面般相互纠结，其中贸易规则复杂的程度与部分具有保护色彩的措施，对于多边贸易体系可能有负面影响）。

2004年加拿大首先提出在APEC的框架下构建亚太自贸区的倡议，2006年在美国总统克林顿的大力支持下正式纳入了APEC议程。2014年4月，中国国务院总理李克强在博鳌亚洲论坛上提议对亚太自贸区进程进行可行性研究；2014年5月，APEC贸易部长会议同意制定《APEC推动实现亚太自贸区路线图》。

APEC成员的贸易和经济分别占世界的48%和57%，人口占全球的40%。亚太自贸区一旦形成，其规模将超过美欧正在谈判的跨大西洋贸易与投资伙伴关系，成为全球最大的自贸区。亚太自贸区的推进将会降低关税及非关税贸易壁垒，使区域内的商品、知识、物质、人文流动更加低成本、高效率和便捷化。这对打造升级版中国经济将是重要的机遇。

第二十二次APEC领导人非正式会议上通过了两份成果文件：《北京纲领：构建融合、创新、互联的亚太——亚太经合组织领导人宣言》及《共建面向未来的亚太伙伴关系——亚太经合组织成立25周年声明》。同时，《亚太经合组织推动实现亚太自由贸易区路线图》在此次APEC期间获得通过。外界普遍认为，此次APEC会议最为瞩目的成果是亚太自由贸易区（FTAAP）进程正式启动。习近平强调，区域经济一体化是亚太地区长期保持强劲增长的原动力，亚太经合组织应该继续在推进区域经济一体化中发挥引领和协调作用，共同打造开放、包容、均衡、普惠的区域经济合作架构。

在此次APEC会议上还通过了《亚太经合组织经济创新发展、改革与增长共识》，决定以经济改革、新经济、创新增长、包容性支持、城镇化作为五大支柱，加强政策协调和对话，推进务实合作、经验分享、能力建设，实现创新、改革、增长三者之间良性循环，进一步巩固亚太的全球经济引擎地位。与会的经济体决心探索适合自身实际的发展道路和发展模式，并且加强交流互鉴，在亚太发展新理念、新思路的基础上形成多元发展、齐头并进的局面。

习近平在APEC第二十二次领导人非正式会议的闭幕词中再次提到“亚太梦想”。他表示，中国决心承前启后，继往开来，发扬互信、包容、合作、共赢的精神，共建面向未来的亚太伙伴关系，打造发展创新、增长联动、利益融合的开放型亚太经济格局，为实现共同发展、繁荣、进步的亚太梦想而不懈努力。亚太梦想的实现需要亚太各国在三个方面做出相应的努力：一是共同树立亚太地区“大家庭精神”，通过和平发展促进亚太地区共同繁荣与进步；二是构建“大市场格局”，达到发展创新、增长联动、利益融合的开放性经济局面；三是努力创建成员交流的环境氛围，增加了解增进友谊，志同道合、求同存异地实现亚太命运共同体的建设①。

实现亚太自贸区的路线图在此次APEC会议上基本达成共识，这对亚太经济一体化，突破“意大利面碗”之困境有突破性意义。同时，亚洲基础设施投资银行已经建成，从实际运行角度为“一带一路”沿线国家基础设施建设、资源开发、产业合作等有关项目提供投融资支持。实现亚太自贸区尚需进一步推进和完善。

自贸区的发展在一定程度上从主观上促进了当地经济的发展，客观上则有利于有形贸易和服务贸易的持续发展，经济的外部刺激及内驱力加大，双向作用有利于产业转型升级换代。自贸区加上“一带一路”，盘活了地域广大的大陆经济的活力，协同发展与产业输出等齐头并进，在解决东西部经济发展不平衡、资源不平衡、产业不平衡，将过剩的产能和先进技术进行输出的过程中，二者不能分割，对区域经济的发展必将产生巨大的推动作用。

---

① 新华网授权发布：《习近平在APEC第二十二次领导人非正式会议上的闭幕词》，http：//news.xinhuanet.com/world/2014－11/11/c_ 1113206629.htm。

知识贴

亚太自贸区的实现路径（预测）

由 TPP 扩容形成 FTAAP
由 RCEP 扩容形成 FTAAP
将 TPP 和 RCEP 融合成为 FTAAP
围绕 TPP 和 RCEP 形成一个“伞形协定”

课后思考题

1. 自贸区的特点。
2. FTA 和 FTZ 的区别。
3. 世界四大自贸区类型和代表区域。
4. 世界上的自贸区 FTZ 介绍。
5. 美国对外贸易区建设的经验。
6. 我国自贸区设立位置及优势。

章后案例

重庆自贸区的定位及操作流程的雏形（以保税区为参照）

中央政府希望重庆自贸区有别于其他自贸区，因此必须有所创新和打造特色，同时要克服其他自贸区所面临的困境。在过去的基础上，重庆自贸区必须有如下特色：

首先是制度的统一，包括投资、贸易、金融和管理制度的统一和效率。

其次是利用“渝新欧”班列，使陆上交通贸易更加便利化，促进产业集聚与发展，促进经济区域成片开发。

最后是打造长江黄金水道上游制高点，主动与成都连成一片，打破区域壁垒，建设成渝经济发展中心，通过规模化和集聚化，把成渝地区及周边的大中城市连成经济增长板块、企业创新板块，争取在5～10年之内，建成中国第四个极具经济活力的增长极，与珠三角、长三角和京津冀一道，成为拉动区域增长的全国性增长引擎，使之成为全球知名的制造业和高端服务中心。

过去重庆在建设保税区方面已经积累了大量的经验和方法，以保税区为例，其进出口管理流程如下：

进口（一线进区）：①当货物运抵，靠境换江船，企业（保税区内企业）应到海关进行数据备案（备到H电子账册），通常情况企业是受实际收货人委托；②在货物到达重庆港口时，先到海关核销船舶数据，将单据交由报关行进行海关申报，因保税区属于境内关外，此时只申报备案清单；③清单放行后便可以安排货物运至保税区中指定的仓库存放。

进口（二线出区）：此时货物在保税区仓储，因属于境内关外，出区便是实际进口。申报方式分为两种：两单一审和非两单一审（两种方式只是海关申报方式的不同，因货物以及海关现场审单的要求不同而定，并不影响后续的货物流转）。①需申报一份出区备案清单和一份进口报关单（进口报关单要关联上出区备案清单号、原一线进区的进口备案清单号）；②几个数据在对碰匹配之后，海关做审单处理，企业缴纳税费后海关查货或放行；③最后在物流信息平台录入货物的核放数据，经审核后，可凭放行通知书做货物放行出区。

出口则和进口相反，先做二线进区出口，等货物需要实际出口时再申报一线出口，配货配船申报放行。当货物在申报二线进区出口后，企业便可以申请出口退税手续。

从发展和实施的角度来看，自贸区就是属于保税区的一个升级，其影响力和范围将更大，所涉及的升级内容和领域都更广泛。

（资料来源：重庆市政协四届五次会议、重庆自贸区建设研讨会和重庆海关。）

第二章
国际货运代理基础知识

知识目标

1. 掌握国际货运代理人的定义
2. 国际货运代理的性质和作用
3. 国际货运代理行业的分类
4. 国际货运代理行业协会的组织机构

技能目标

1. 了解国际、国内货运代理行业的状况
2. 熟悉我国现行国际货运代理行业管理体制
3. 国际货运代理协会联合会和中国国际货运代理协会的主要职能

在国际货物运输过程中，国际货运代理因为其特殊的价值和作用成为一个非常重要的行业，在本章中，将对国际货运代理的定义、性质及经营范围、国际货运代理业的服务对象、国际货运代理的行业组织、行业管理还有我国货运代理业的管理现状进行学习和分析，从而形成对国际货运代理相关基础知识的总体认识，为以后各章学习奠定基础。

第一节 国际货运代理概述

一、国际货运代理的概念

通常代理是指代理人在代理权内，以被代理人的名义或自己的名义独立与第三人所为民事行为，由此产生的法律效果直接或间接归属于被代理人的法律制度。在代理制度中，以他人名义或自己名义为他人实施民事行为的人，称为代理人；由他人代为实施行为的人，称为被代理人；与代理人实施民事行为的人，称为第三人。

大陆法系和英美法系对代理的认识存在较大的差异。大陆法系以区别论（The Theory of Separation）为基础，英美法系以等同论（The Theory of Identity）为基础。所以，大陆法系及英美法系对代理概念的理解和法律意义是不同的。

1. 大陆法系对代理的定义

区别论的意义是指把委托与授权两个概念严格区分，委托是作为委托人与代理人之间的内部关系的一种合同，而授权则是委托人授予代理人与第三人缔结合同的资格，由此代理人与第三人之间建立的法律关系的后果归委托人。

在区别论观点的基础上，大陆法系通常强调代理人需要以被代理人的名义从事活动，代理是代理人以被代理人的名义向第三人做出的意思表示，此意思表示的法律效力直接归属于被代理人的行为。我国《民法通则》对代理的定义很大程度上接受了大陆法系关于代理的基本看法。《民法通则》第六十三条规定：代理人在代理权内，以被代理人的名义实施民事法律行为，被代理人对代理人的代理行为承担民事责任。基于这种意义上的代理可以称为狭义代理。狭义代理的特征是：①代理人应在代理权限之内实施代理行为。是否在代理权限内通常是衡量代理行为有效性的重要依据。②代理人以被代理人的名义实施代理行为。行为人是受人之托，即为他人办事，但若是以自己名义进行活动的，就应该认定为法律关系的当事人，不能将法律后果转嫁给委托人。③代理行为应是具有法律意义的

行为。代理行为必须是能够产生法律效果的民事法律行为，代理就是代表他人为一定法律行为或为一定的意思表示。④代理行为须直接对被代理人发生效力。在代理人与第三人建立的法律关系中，委托人享有利益同时承担义务。⑤授权行为区别于委托行为。将代理权的产生与被代理人和代理人之间关系的建立区分开来：授权一般是产生代理权的单方行为，或由法律直接规定才产生；委托是由于委托人和代理人之间的合同建立起来的，是双方的行为。

2. 英美法系对代理的定义

等同论的意义就是将代理人的行为等同于被代理人的行为，或通过他们去做的行为视同被代理人的行为。所以，在英美法系下认为不论代理人是以委托人的名义还是以自己的名义行为，都可称作代理。英美法系代理概念特征表现在以下几个方面：①代理首先是委托人与受托人之间的一种关系。代理权直接源于委托人与代理人之间的合同，当双方之间存在委托代理的合同关系时，无须另外的授权，某一人为另一人做某事即由后者承担其法律后果。②代理关系除了以产生于当事人之间的合同为依据外，还能以其他为依据。③代理人在从事受托人之事时代表被代理人，无论代理人是以被代理人名义还是以自己的名义，其行为均被视为被代理人的行为。④代理人在代理行为中主要为了被代理人的利益，所以他们之间的关系被认定为受托信义关系。⑤代理人有代理权，能够影响被代理人法律地位，这种权力要么来自被代理人的授权或行为，要么来自因存在某种基础关系而进行的法律推定或规定。

分析以上特征，可以看出国际货运代理的定义属于广义上的概念，国际货运代理人在从事国际货物运输时能以被代理人名义（货主或承运人），也能以自己的名义从事货物运输。我国采用的是大陆法系，即狭义上的代理概念。

我国在《民法通则》中规定：代理是指代理人在代理权限内，以被代理人（即本人）的名义实施的民事法律行为。被代理人对代理人的代理行为承担民事责任。我国民法所称的代理是指直接代理而不包括间接代理，属于狭义代理的概念。

二、国际货运代理的性质

国际货运代理包含了两方面意思，即国际货运代理业和国际货运代理。“货运代理”一词有两种含义：货运代理业和货运代理人。国际货物运输代理行业在社会产业结构中属于第三产业，属于服务行业。

（1）国际货运代理的基本性质：作为中间人行事的代理人，属于货物运输关系人的代理人，是联系发货人、收货人及承运人的货物运输中介人，即“货物运输中间人”。

（2）国际货运代理的扩展性质：作为当事人行事的承运人或独立经营人，可作为无船承运人或多式联运经营人的货代或从事综合业务的物流经营商。国际货代企业作为代理人从事国际货运代理业务时，可以接受进出货物收货人、发货人或其代理人的委托，以委托人或自己的名义办理有关业务，收取代理费或佣金。

随着国际物流和运输的蓬勃发展，国际货运代理越来越多地承担着承运人的责任，除了签发运输单证，有的还开展其他物流业务，业务内容拓展更广，角色也发生了很大的变化。

三、国际货运代理两种法律地位的区别与认定

货运代理的法律地位，一方面根据所属国法律认定，另一方面要根据具体业务来区分。

1. 收入取得的方式

从托运人那里取得佣金还是运费差价是区分货运代理身份的一个重要标志，如货物代理从托运人那里取得的是佣金，即被视为代理人，但如果获得的是运费差价，就被视为当事人。

2. 提单签发的方式

一般货运代理签发自己的提单，通常会被视为承运人。

货运代理签发提单，并不一定就认定是承运人，如果货运代理和托运人之间签订的委托合同中明确规定了货运代理身份是代理人，那么货运代理即使签发了提单，也仅属于代理人。

签发多式联运提单及无船承运人提单的货运代理就被视作多式联运经营人及无船承运人，也就是当事人。

3. 经营运作的方式

当货运代理从委托人那里收取了运费，将货物交给承运人时，只付较低的运费，货运代理从中赚取利润，则对于委托人而言，货运代理是当事人而非代理人。

货运代理如果从事拼箱、混装服务以换取更多的利润，则对于委托人而言，货运代理的身份为当事人，承担的是承运人的责任。

4. 习惯做法与司法认定

在与托运人订立合同时，如使用“承运 Carry”和“安排运输 Arrange Transport”等词，视为承运人；或以自己的名义与承运人订立合同，那么货运代理对于承运人来说，其身份为当事人，货运代理以托运人的名义行事。

当然，确定货运代理究竟是作为代理人还是作为缔约当事人，将取决于具体情况、具体事实和所属国的法律，货运代理的身份不存在任何硬性规定。

第二节　国际货运代理人的类型、作用、服务对象及权利和义务

一、国际货运代理人的类型

1. 以法律特征为标准分类

（1）居间人型，其特点是根据委托人指示和要求，向委托人提供订约的机会或进行订约的介绍活动，在成功地促成双方交易后，其经营收入来源为佣金。作为中间人，这种类型的企业一般规模小、业务品种单一。

（2）代理人型，其特点是经营收入来源为代理费。另根据代理人开展业务活动中是否披露委托人的身份，还可再细分为以下两种类型：①披露委托人身份的代理人，指代理人以委托人的名义与第三方发生业务关系，即大陆法系国家所

指的代理。在英美法系国家，此种类型代理称为直接代理或显名代理，也是我们传统意义上认识的代理人。②未披露委托人身份的代理人，指代理人以自己的名义与第三方发生业务关系。在英美法系国家此类代理一般称为间接代理或隐名代理，但在德国、法国、日本等大陆法系国家此类型代理一般称为行纪人。

（3）当事人型，也称委托人型或独立经营人型。其特点是经营收入的来源为运费或仓储费差价，且以自己名义签发货运合同或其他相关单证。某种程度上这类代理人已经突破传统代理人的界限而成为独立经营人，具有了承运人或场站（指集装箱堆场 CY、集装箱货运站 CFS、其他车站等的统称）经营人的功能，包含了仅局限于某一运输方式领域的经营人，如海运中的无船承运人、航空运输中的集拼经营人，还有从事多种运输方式组织的多式联运经营人，提供包括货物运输、保管、装卸、包装、流通加工所需要的加工、分拨、配送、包装物和废品回收等环节的经营人，以及与之相关的信息服务的物流经营人。

2. 以委托人性质为标准分类

（1）货主的代理，指接受进出口货物收发货人的委托，为了托运人的利益办理国际货物运输和相关业务并收取相应报酬的国际货运代理。

（2）承运人的代理，指接受从事国际运输业务的承运人的委托，为了承运人的利益办理国际货物运输和相关业务并收取相应报酬的国际货运代理。

3. 以委托代理人数量为标准分类

（1）独家代理，指委托人授予一个代理人在特定的区域、特定的运输方式、特定的服务类型下，独家代理其从事国际货物运输业务或相关业务的国际货运代理。

（2）普通代理，也称多家代理，即委托人在特定区域、特定运输方式、特定服务类型下，同时委托多个代理人代理其从事国际货物运输业务或相关业务的国际货运代理。

4. 以授予代理人权限范围为标准分类

（1）全权代理，指委托人全权委托代理人办理某项国际货物运输业务或相关业务，同时授予其根据委托人自己的意志灵活处理相关事宜权利的国际货运代理。

（2）一般代理，指委托人委托代理人办理某项具体国际货物运输业务或相关业务，要求代理人根据委托人的意志处理相关事宜的国际货运代理。

5. 以委托办理的事项为标准分类

（1）综合代理，指委托人委托代理人办理某一票或某一批货物的全部国际货物运输事宜，提供相关配套服务的国际货运代理。

（2）专项代理，指委托人委托代理人办理某一票或某一批货物的其中某一项或某几项国际货物运输事宜，提供规定项目的相关服务的国际货运代理。

6. 以代理人层次为标准分类

（1）总代理，指委托人授权代理人作为在某个特定地区的全权代表，委托其处理委托人在此特定地区的所有货物运输事宜及其他相关事宜的国际货运代理。

（2）分代理，指总代理人指定的在总代理区域内的具体区域代理委托人办理货物运输事宜及其他相关事宜的国际货运代理。

7. 以运输方式为标准分类

（1）水运代理，指提供水上货物运输服务和相关服务的国际货运代理，包括海运代理和河运代理。

（2）空运代理，指提供航空货物运输服务和相关服务的国际货运代理。

（3）陆运代理，指提供公路、铁路等货物运输服务和相关服务的国际货运代理。

（4）联运代理，指提供联合运输服务和相关服务的国际货运代理。

8. 以代理业务的内容为标准分类

（1）国际货物综合代理，指接受进出口货物收发货人的委托，以委托人的名义或者以自己的名义为委托人办理国际货物运输和相关业务，从而收取服务报酬的代理。

（2）国际船舶代理，指接受船舶所有人、经营人或承租人的委托，在相应授权范围内代表委托人办理与在港国家运输船舶和船舶运输有关的业务，提供相关服务并收取服务报酬的代理。

（3）报关代理，指接受进出口货物收发货人或国际运输企业的委托，代为办理进出口货物报关、纳税、结关等事宜，从而收取服务报酬的代理。

（4）报检代理，指接受出口商品生产企业、进出口商品发货人、收货人及其代理人或其他贸易关系人的委托，代为办理进出口商品的卫生检验、动植物检疫等事宜，从而收取服务报酬的代理。

（5）报验代理，指接受出口商品生产企业、进出口商品发货人、收货人及其代理人或其他贸易关系人的委托，代为办理进出口商品质量、数量、包装、价值、运输器具、运输工具等的检验、鉴定事宜，从而收取服务报酬的代理。

二、国际货运代理的服务对象

国际货运代理首先为货主服务（开展租船订舱、代理报关、转运和理货代理、仓储代理、集装箱代理、多式联运代理等业务），从货主那里获得劳务报酬。概括起来是指接受委托方的委托，就有关货物运输、转运、仓储、装卸等事宜，一方面与货物托运人订立运输合同，另一方面又与运输部门签订合同。对货物托运人来说，他又是货物的承运人。同时，就目前而言，相当部分的货物代理人掌握各种运输工具和储存货物的场站，能够办理包括海陆空在内的货物运输。归纳起来，国际货代所从事的业务主要有：

1. 为发货人服务

货运代理可以代替发货人承担在不同货物运输中的下列某一项手续：选择最快最省的运输方式、进行合适的货物包装、选择货物的运输路线；仓储与分拨上向客户提建议；选择可靠及效率高的承运人，并负责签订运输合同；安排货物的计重及计量；办理货物保险；货物拼装；装运前或在目的地分拨货物前的仓储；安排货物到港口的运输、办理海关及有关单证的手续、将货物交给承运人；代表托运人/进口商承付运费、关税税收；办理有关货物运输的外汇交易；从承运人那里取得签署的提单并交与发货人；通过与承运人在国外的代理联系，监督货物运输进程，并告知托运人货物去向。

2. 为海关服务

在许多国家，货运代理得到了当局的许可，办理海关手续并对海关负责，负责签订的单证中，申报货物确切的金额、数量、品名，使政府不受损失，因此当货运代理作为海关代理办理有关手续时，不仅代表他的客户，也代表海关当局。

3. 为承运人服务

货运代理向承运人及时订舱，议定对托运人及承运人都公平合理的费用，安排适当时间交货，并以托运人的名义解决和承运人的运费账目等问题。

4. 为航空公司服务

货运代理在空运业中充当航空公司的代理。在国际航空运输协会制定的规则上，它被指定为国际航空协会的代理。它利用航空公司的货运手段为货主服务，同时由航空公司付给佣金。作为一个货运代理，它还通过提供适于空运的服务方式为发货人或收货人服务。

5. 为班轮公司服务

货运代理与班轮公司的关系，因业务的内容不同而不同，如由货代提供拼箱货的集运服务已建立起了与班轮公司及其他承运人（如铁路）之间的较为密切的联系，但在对货运代理支付佣金的问题上分歧较大。

6. 提供拼箱服务

国际贸易中集装箱运输的不断增长，对集运和拼箱服务有了较大促进，货代在提供此类服务时担负起委托人的作用。集运和拼箱就是把一个出运地若干发货人发往另一个目的地的若干收货人的小件货物集中起来，作为一个整件运输的货物发往目的地的货代，并通过它把单票货物交给各收货人。货代签发分提单或类似收据交给每票货的发货人，货代目的港的代理即凭初始的提单交与收货人。拼箱的收、发货人都不直接与承运人联系，因此对承运人来说，货代是发货人，而货代在目的港的代理则是收货人。所以，承运人给货代签发的是全程提单或货运单。如发货人或收货人还有特殊要求，货代还可提供在出运地及目的地从事提货及交付的服务，即提供门到门的服务。

7. 提供多式联运服务

集装箱化让货代介入了多式联运，即货代充当了主要承运人，组织了一个单一合同并通过多种运输方式进行门到门的货物运输。它以当事人的身份与其他承运人或其他服务提供者分别进行谈判并签约。这些分拨合同不会影响发货人的义务和多式联运合同的执行，也不会影响货代对货损和灭失所承担的责任。当货代作为多式联运经营人时，一般需要提供包括所有运输和分拨过程的一个全面的“一揽子”服务，并对客户承担相应的责任。

三、国际货运代理的业务范围

从我国《国际货物运输代理业务管理规定》及其实施细则的规定来看，我国国际货运代理人的业务范围非常广泛。具体某个国际货运代理人的经营范围应以其经营许可证上核准的业务范围为准。各国国际货运代理人的业务经营范围包括以下几个方面：

1. 作为出口货物发货人的代理人

（1）查询、提供车次、船期、航班、运价信息，还有出口货物的报关、报检、报验、装运港、中转港、目的港装卸、运输规定。

（2）在发货人的货物运输要求基础上，选择运输路线、运输方式及适当的承运人，安排货物运输、转运、争取优惠运价、确认运费和其他相关费用。

（3）接受、审核发货人提供的货物运输资料、单证，提醒发货人准备货物进出口地所属国家或地区要求的相应的货物运输文件、单证。

（4）帮托运人填写、缮制货物运输单据，以备办理通关、报检、报验等出口手续。

（5）向选定的承运人租赁运输工具、洽订车辆及舱位。

（6）安排货物从发货人处转运至起运车站、港口或机场的短途运输，将货物交付承运人或其代理人。

（7）负责办理储运货物的包装、仓储、承重、计量、检尺、标记、刷唛、进站、进港、进场等手续。

（8）办理储运货物的装箱、拼箱、理货、监装事宜。

（9）办理货物运输保险手续。

（10）办理货物的通关、报检、报验等手续，支付有关费用。

（11）查询、掌握货物装载情况及运输工具离开车站、港口、机场时间，及

时向委托人报告货物出运信息。

（12）向承运人或其代理人领取运单、提单和其他相关收货凭证，及时交与发货人或按其指示处理。

（13）向承运人、承运人的代理人及其他有关各方和各有关当局交付、结算运费、杂费、税金、政府规定的费用等款项。

（14）联系承运人或其在货物起运港、目的港的代理人，掌握运输状况，监管运输过程，及时向发货人通报有关信息。

（15）记录货物的残损、短缺、灭失情况，收集相关证据，协助发货人向相关责任方、保险公司索赔。

（16）发货人委托办理的其他事项。

2. 作为进口货物收货人的代理人

（1）保持与承运人或其在货物运输目的地的代理人的联系，随时查询，及时掌握货物动态及运抵目的地的信息，及时通报收货人。

（2）保持与收货人的联系，接受、审核其提供的运输单证，协助其准备相关提货文件，办妥手续，做好提货和接货准备。

（3）向承运人、承运人的代理人和其他有关各方支付运费、杂费。

（4）办理货物的报关、纳税、结关、报检、报验手续，代其支付有关税金及费用。

（5）办理货物的提取、接收、拆箱、监卸、查验手续。

（6）安排货物的短倒、仓储、装运、分拨事宜。

（7）安排货物从卸货地到收货人处或其指定地点的短途运输。

（8）向收货人或其指定人交付货物和有关单证。

（9）记录货物的残损、短缺、灭失情况，收集相关证据，协助收货人向相关责任方、保险公司索赔。

（10）收货人委托办理的其他事项。

3. 作为承运人的代理人

（1）反馈托运人关于陆运车辆班次、海运船舶船期、空运飞机航班、运价、运输条件等相关事宜的信息查询。

（2）承揽货物、组织货载，接受托运人的包车、租船、包机、订车、订舱要求，商定后确定车辆、船舶、飞机、舱位，并签订运输合同。

（3）填写、缮制货物入仓、进站、进场、进港、进场单证，或者集装箱、集装器放行单，安排货物入仓、进站、进场、进港或装箱。

（4）协助承运人或车站、码头、机场进行车辆、船舶、飞行器配载，装车、装船与装机。

（5）审核车站、码头、场站汇总的货物清单，缮制好货物出口运单、提单等单证，并向海关申报集装箱、集装器及货物情况。

（6）向航次租船的船舶承租人签发滞期或速遣的通知。

（7）向托运人签发运单、提单，收取运费、杂费。

（8）办理货物、集装箱的中转手续。

（9）汇总出口货物运输单证，审核有关费用和费收，办理支付及结算手续。

（10）向委托人转交货物运输文件及资料，报告出口货载、用箱、费用、费收情况。

（11）向目的地车站、港口、机场承运人代理递送货物运输文件、资料，传递运输信息。

（12）承运人委托的其他事项。

4. 作为进口货物承运人的代理人

（1）向收货人或通知人传递货物到站、到港、运抵的信息，通知其提货。

（2）通知和协助车站、港口、机场安排卸货作业。

（3）填写和缮制进口货物运输单证，办理集装箱、集装器、货物进口申报的手续。

（4）取得、整理、审核进口货物运输单证。

（5）收取运费、杂费及其他相关费用，办理放货手续。

（6）安排集装箱的拆箱以及货物的转运、查验、交接。

（7）汇总进口货物运输单证，审核有关费用、费收，办理支付、结算手续。

（8）承运人委托的其他事项。

5. 作为独立经营人

（1）国际货运代理人作为缔约承运人、无船承运人、多式联运经营人等提供货物运输服务时其业务内容包括以下具体项目：

1）与托运人或其他代理人办理货物的交接手续，并签发收货凭证、提单、运单等。

2）选择运输方式与路线，和实际承运人、分包承运人签订货物运输合同。

3）安排货物运输并跟踪监管货物运输过程，根据情况对货物投保承运人责任险。

4）通知在货物转运地的代理人，以及与分包承运人进行联系，申办货物的过境、换装、转运手续和办理其他相关事宜。

5）定期向发货人、收货人或其代理人发布货物运输状况信息，告知货物最新状态。

6）通知收货人或其代理人货物运抵目的地的时间，安排自己在目的地的代理人办理通知提货和交货等手续。

7）向货主或其代理人收取、结算各种费用和杂费。

8）办理货物的索赔、理赔及相关手续。

（2）国际货运代理人作为仓储保管人提供货物仓储服务时其业务包含以下具体项目：

1）清点货物数量，检查货物包装标志，与货主及运输人员办理货物交接手续。

2）根据货物要求，代为检验货物品质，并根据验收结果安排货物入库。

3）对货物性质、特点、保管要求及流向进行分区和分类仓储规划，并合理存放货物。

4）编制货物储存账卡、定期或不定期进行货物盘点并做好记录。

5）妥善保管货物，及时保养和维护。

6）根据货主要求，对货物进行组配、分装，并根据提货单或调拨单完成货物出库。

7）配货、包装、刷唛，集中到理货场所等待运输。

（3）国际货运代理人作为专业顾问提供货运咨询服务时其业务包括以下具体项目：

1）向客户提供有关法律、法规、规章、惯例和运输信息。

2）就货物的运输路线、运输方式、运输方案提出意见和建议。

3）就货物的包装、装载形式、方式、方法提出意见和建议。

4）对货物的进出口通关、清关、领事、商品检验、动植物检疫、卫生检验提出咨询意见。

5）就货物的运输单证和银行要求提出意见和建议。

6）对货物运输保险险种、保险范围，货物的理赔、索赔等提供咨询意见。

7）客户提供的其他咨询事项。

综上所述，从传统意义上看，国际货运代理人作为代理人和当事人，当他代表不同关系人的利益时，其业务项目是有所不同的。因此，一个国际货运代理人在不同业务中既可以纯粹代理人身份从事业务，也可以当事人身份从事代理业务，如今还能以第三方物流经营者身份提供现代物流服务。

四、国际货运代理的作用

国际货运代理人可以连接进出口的收发货人、承运人及港口、机场、车站、仓库经营人，是一种桥梁与纽带。因此，他不但能促进国际贸易及国际物流事业发展，还能为国家创造外汇来源，对于国家国民经济发展和世界经济的全球化具有重要的推动作用。就对委托人而言，国际货运代理人可以发挥以下作用：

1. 组织协调作用

国际货运代理人被称为“运输的设计师”，是实现“门到门”运输的组织者和协调者。其具备的运输和其他相关知识，使其能够组织运输活动、设计运输路线、选择运输方式及承运人，协调货主、承运人及其仓储保管人、保险人、银行、港口、机场、车站、堆场经营人和海关、商检、卫检、动植物检验、进出口管理等各方关系，帮助委托人节省时间、降低成本、减少麻烦，使委托人专心于主营业务。

2. 沟通控制作用

国际货运代理人的工作很大部分表现在沟通方面，必须建立广泛的业务关系、完善的服务网络，拥有先进的信息技术手段，主动和及时地保持货物运输关系人之间、货物运输关系人与其他有关企业及部门的有效沟通，对货物运输的过程准确跟踪和控制，保证货物安全和及时运抵目的地，顺利办理好相关手续，准确送达收货人，同时根据委托人的要求提供全过程的信息服务和其他相关服务。

3. 咨询顾问作用

国际货运代理人的工作内容决定了必须通晓国际贸易环节和精通各种运输业务、熟悉相关法律和法规、了解世界各地有关情况，其信息来源要准确、及时，针对货物的包装、储存、装卸及看管、货物的运输方式、运输路线及运输费用、货物的保险、进出口单证和价格的结算，以及领事、海关、三检（商、卫、动植物）、进出口管制等有关问题向委托人提出具体的咨询意见，协助委托人设计并选择适当的处理方案，避免、减少不必要的风险、麻烦及浪费。

4. 专业服务作用

国际货运代理人所拥有的专业知识和经验，可以使委托人不必在自己不熟悉的业务领域花费精力和时间，可以为委托人提供货物的承揽、交运、拼装、集运、装卸、交付服务，接受委托人的委托，办理货物保险、海关、三检、进出口管制等手续，从而让委托人专注于自己的核心业务，专注于提高自身竞争力。而且，国际货运代理人利用自己的专业知识和技能，能够更好地帮助委托人设计合理的方案，并通过与承运人的谈判、货物的集运等方式降低货物运输成本，提高货主的经济效益。

5. 资金融通作用

因为国际货运代理人与货物的运输关系人、仓储保管人、装卸作业人及银行、海关等长期合作、相互了解、彼此信任，国际货运代理人可以为收、发货人支付有关费用、税金，提前与承运人、仓储保管人、装卸作业人结算相关费用，一方面用自己的实力和信誉向承运人、仓储保管人、装卸作业人及银行、海关当局提供费用、税金或风险担保，另一方面可以帮助委托人融通资金、减少资金占用、提高资金周转率。

五、国际货运代理的权利和义务

1. 国际货运代理的权利

国际货运代理企业的主要业务内容是接受货主的委托，代理客户完成国际贸易中的货物运输任务，货主作为委托方，货代作为代理人。根据我国《合同法》的相关规定，国际货运代理企业主要有以下权利：

其一，为客户提供货物运输代理服务，获取报酬（如货代要求货主支付代理佣金）。

其二，收取委托人支付的货物的运送、报关、投保、报关、办理汇票的承兑和其他服务所发生的一切费用（通常是由货主事先支付给货代一笔费用金，代理结束后再由货代向货主结算）。

其三，收取委托人支付的因货代不能控制的原因致使合同无法履行而产生的其他费用（若客户拒付，则国际货运代理人对货物享有留置权，并有权以某种适当的方式将货物出售以补偿所应收取的费用）。

其四，接受承运人支付的订舱佣金（作为或代替船公司揽货的报酬）。

其五，按照客户的授权，可以委托第三人完成相关代理事宜。

其六，承接委托事务时因货主或承运人的缘故致使货代受到损失，可以向货主或承运人要求赔偿损失。例如如果货代根据货主要求向船公司订妥舱位后，货主备货不足，造成了空舱损失，货代有权要求货主给予补偿。

2. 国际货运代理的义务

国际货运代理的义务主要指国际货运代理在接受委托后，对自己的代理事宜应当从事或不应当从事的行为，以及在从事货运代理业务中与第三人的行为或不应当从事行为。国际货运代理企业一旦与货主（委托人）签署合同或委托书，就应根据合同或委托书的相关条款为委托人办理委托事宜，同时对在办理相关事宜中的行为负责。所以其义务分为两类：对委托人的义务和对委托事务相对人的义务。

（1）对委托人的义务。国际货运代理企业在从事国际货物运输代理业务的过程中对委托人的义务具体表现在：①按照客户的指示处理委托事务的义务；②亲自处理委托人委托事务的义务；③向委托人如实报告委托事务进展情况和结果的义务；④向委托人移交相关财物的义务；⑤对委托办理的事宜为委托人保密的义务，比如货主近期需要大量舱位、货主可接受的运价底线等信息，货代有义务对外进行保密，以免造成信息外泄和对货主不利的影响；⑥由于自己的原因，致使委托业务不能按期完成或使委托人的生命财产遭受损失，进行赔偿的义务。

（2）对委托事务相对人的义务。国际货运代理企业从事国际货物运输代理业务，在办理相关事务的过程中，就会与外贸管理部门、海关、商检、外汇管理等国家管理部门和承运人、银行、保险等企业发生业务往来，国际货运代理企业在办理相关业务时也必须对其办理事务的相关人负责。其义务主要体现在：①如实、按期向有关的国家行政管理部门申报的义务；②如实向承运人报告货物情况的义务；③缴纳税费，支付相关费用的义务；④由于货主或货代本身的原因造成相关人的人身或财产损失的赔偿义务。

第三节 国际货运代理的国际组织及行业管理

一、国际货运代理协会（FIATA）

国际货运代理协会的英文全称为 International Federation of Freight Forwarders Associations，“FIATA”是法文缩写，且被用作该组织的标识。FIATA 于 1926 年 5 月 31 日由 16 个国家的货运代理协会在奥地利维也纳成立，总部设在瑞士苏黎世，是一个非营利性的组织。其宗旨是保障及提高国际货运代理在全球的利益。FIATA 的最高权力机构是会员代表大会，每年都举行一次世界性的代表大会，所有会员均可以参加。2006 年 FIATA 年会在上海召开。

1. FIATA 的宗旨

FIATA 的宗旨是保障及提高国际货运代理在全球的利益。

2. FIATA 的巨大影响力

FIATA 作为一个在世界范围内运输领域中最大的非政府组织，拥有广泛的国际影响力。在联合国经济与社会理事会、联合国贸易与发展大会、联合国欧洲经济委员会和亚太经济社会委员会中，FIATA 都扮演了咨询顾问的角色，并且也被许多政府组织、权威机构及非政府的国际组织，例如国际商会、国际航空运输协会、国际铁路联合会、国际公路运输联合会、世界海关组织等一致认定为国际货运代理业的代表。

3. FIATA 的瞩目成就

FIATA 所取得的成就很多，但最令人瞩目的成就有以下三项：

（1）国际货运代理标准交易条款范本。为了事先明确委托人与货运代理人双方的权利义务关系，通常制定标准交易条款，以此作为委托人与货运代理人的仿契约附件，同时具有约束双方当事人的法律效力。FIATA 国际货运代理标准交易条款范本即是 FIATA 于 1996 年 10 月所制定的关于国际货运代理人与客户之间订立的合同的标准条款，并向尚无标准交易条款的各国国际货运代理人推荐，以便在制定本国的标准交易条款时作为参考。标准交易条件对全球货运代理的业务规范化及风险防范起到了较大的推动作用。

（2）FIATA 国际货运代理业示范法。由于国际货运代理行业超越国界，因此具有极强的国际性，但目前世界上具有法律强制力的专门的国际公约尚未制定，各国调整国际货运代理的法律制度差异较大，难以统一，FIATA 起草了《国际货运代理示范法》为统一的货运代理法律向各国提供立法参考。该法在世界范围内正逐渐获得广泛认同，对各国的立法也产生了重大影响。

（3）FIATA 单证。FIATA 制定的八套标准格式单证，被各国货运代理采纳和使用，对国际货运代理业的健康发展起到了良好的促进作用。FIATA 制定的八套标准格式单证包括：①FIATA 运送指示；②FIATA 货运代理运输凭证；③FIATA 货运代理收货凭证；④FIATA 托运人危险品运输证明；⑤FIATA 仓库收据；⑥FIATA 可转让联运提单；⑦FIATA 不可转让联运单；⑧FIATA 发货人联运重量证明。

另外，FIATA 还培训了数万名学员，为行业的发展做出了巨大贡献。

FIATA 推荐的国际货运代理标准交易条件范本和 FIATA 国际货运代理业示范法以及制定的各种单证为保护全球货代行业的利益、促进行业的有序发展和推进行业规范化运营做出了杰出贡献。

4. FIATA 的会员情况

FIATA 的会员有以下几类：

（1）一般会员。通常情况下只有代表某个国家全部货运代理的行业组织才能申请成为 FIATA 的一般会员。但若是某个国家尚未建立货运代理协会，也允许破例在该国家独立注册的唯一国际货运代理公司享有一般会员的地位。在中国

国际货运代理协会成立以前，1985 年中国对外贸易运输总公司就曾经以一般会员身份加入了 FIATA。

（2）团体会员。诸如代表某些国家货运代理行业的国际性组织、代表与 FIATA 相同或相似利益的国际性货运代理集团、其会员在货运代理行业的某一领域比较专业的国际性协会，都可以申请成为 FIATA 的团体会员。

（3）联系会员。货运代理企业或与货运代理行业密切相关的法人实体，通过其所在国家或地区的一般会员书面同意后，可以申请成为 FIATA 的联系会员。

（4）名誉会员。对 FIATA 或货运代理行业做出特殊贡献的人，可以成为 FIATA 的名誉会员。

迄今为止，FIATA 的成员主要是来自世界各国的国际货运代理协会，有来自 86 个国家和地区的 97 个一般会员，分布于 150 个国家和地区的 2700 多家联系会员，约有 40000 家货运代理企业，800 万～1000 万的从业人员。现在亚洲地区有 30 个国家和地区的货运代理协会是 FIATA 的一般会员。

5. 我国参加 FIATA 的情况

我国对外贸易运输总公司于 1985 年作为一般会员加入该组织。2000 年 9 月中国国际货运代理协会成立，于第二年作为一般会员加入 FIATA。我国台湾地区及香港特别行政区各有一个区域性一般会员，台湾地区以中国台北在 FIATA 登记注册。因此中国目前共拥有四个 FIATA 一般会员。

此外，FIATA 在我国还拥有联系会员 170 多个，其中在大陆有 20 多个联系会员，香港特别行政区有 105 个联系会员，台湾地区有 48 个联系会员。

二、中国国际货运代理协会（CIFA）

我国国际货代业随着贸易的发展而发展，为了规范行业的经营秩序、协调维护行业利益、服务货运企业，建立货代企业的行业自律组织的必要性逐渐凸显。1992 年，上海货代协会作为我国第一个地方性国际货运代理协会成立，至今全国已有 21 个省、自治区、直辖市建立了地方货代协会。

为了协调和解决货代行业发展中的全局性问题，促进我国国际货代业的健康发展，在政府有关部门的支持及国内外同行的关注下，2000 年 9 月 6 日，中国国际货运代理协会（China International Freight Forwarders Association，CIFA）获准筹备，在北京宣告成立。CIFA 作为一个非营利性的全国性行业组织，接受商务部及民政部的指导和监督。其最高权力机构是会员代表大会。中国国际货运代理协会会员分为团体会员、单位会员和个人会员三类，目前拥有会员近 700 家，含理事及以上单位 95 家，各省市区货运代理行业组织 27 家，包括各省市区协会会员 6000 多家。

CIFA 以民间形式代表中国货代业参与国际经贸运输事务并开展国际商务往来，与 FIATA 保持着极为密切的关系，并于 2001 年初被 FIATA 接纳为一般会员。

CIFA 的宗旨表现在以下几个方面：协助政府部门加强对我国国际货代行业的管理，维护国际货代业的经营秩序，推动会员企业之间的横向交流与合作，依法维护本行业利益，保护会员企业的合法权益，促进对外贸易及国际货代业的发展。

CIFA 的主要任务有：了解会员开展业务的情况和遇到的问题，收集会员的要求和建议向政府部门及有关团体反映，积极协助解决实际问题，保护会员的合法权益，制止非法经营及不公平或不正当竞争。

我国主管国际货运代理行业的政府部门是中国商务部。国际货运代理的行业组织主要是国际货运代理协会及中国国际货运代理协会。此外，商务部下发文件《关于赋予中国国际货代协会相关职能的批复》（〔2000〕外经贸发展字第 1184 号），决定将申请设立国际货运代理企业的资格初审，货运代理企业的年审及其情况汇总分析，货运代理行业培训和上岗证书、资格证书的颁发四项政府职能委托给国际货运代理协会执行。其网址是 www. cifa. org. cn。

中国国际货运代理协会于 2002 年 7 月 15 日颁发《中国国际货运代理协会标准交易条件》（以下简称《标准交易条件》）并推荐会员使用。此《标准交易条件》采纳《FIATA 示范法》，同时吸纳了其他国家相关立法及标准交易条件，具有一定的先进之处，但还不尽完善。一旦客户和国际货运代理人选择接受该《标准交易条件》，则产生相关法律效力。

三、我国国际货运代理的行业管理

1. 我国现行国际货运代理行业管理体制

《中华人民共和国国际货物运输代理业管理规定》中明确了商务部是我国国

际货运代理业的主管部门，负责对全国国际货运代理业实施监督管理。省、自治区、直辖市、经济特区、计划单列市的人民政府商务主管部门在商务部的授权下，负责对本行政区域内的国际货运代理业实施监督管理。

因此，在商务部及地方商务主管部门的监督和指导下，中国国际货运代理协会协助政府相关部门加强行业管理。《中华人民共和国行政许可法》及有关规章中规定，国务院及地方商务主管部门赋予了中国国际货运代理协会及各地方行业协会部分管理行业的职能，集中体现在协调政府与国际货运代理企业的关系、企业的备案、企业的年审、业务人员的培训及行业自律等方面。

虽然我国国际货运代理行业的主管部门为商务部，但是国务院公路、水路、铁路、航空、邮政运输主管部门及联合运输主管部门，也依据与本行业有关的法律、法规和规章对国际货运代理企业的设立及其业务活动进行着相应的管理。

所以，商务部、地方商务主管部门、其他相关管理部门及中国国际货运代理协会都在不同程度上和不同职权范围内行使着对国际货运代理业的管理职能。

2. 我国国际货运代理业管理的主要法律依据

国际货运代理作为一个行业在我国由于历史不长，尚无专门管理和规范国际货运代理行业的法律。但是，为了加强对国际货运代理行业的管理以及规范企业的经营行为，我国近年也加快了在货运代理行业的立法工作，全国人民代表大会、国务院及国务院各有关主管部门相继出台了一系列法律、法规及部门规章，它们共同构成我国国际货运代理行业管理的法律依据，从而逐渐结束了我国货代行业无法可依的历史。

第四节　国际货运代理市场准入机制及其设立和备案

一、国际货运代理企业市场准入机制

国际货运代理企业是指直接受进出口货物收发货人的委托，以委托人的名义

或者以自己的名义，为委托人办理国际货物运输和相关业务并收取服务报酬的法人企业。

国际货运代理企业必须首先依法取得中华人民共和国企业法人资格，另外其名称和标识应当符合国家有关法律、法规及规章，与业务性质和范围相符合，能够体现行业特点，名称中应当含有“货运代理”“运输服务”“集运”或“物流”等相关字样。

二、设立国际货运代理企业的条件

（1）对企业名称、标志的要求。国际货运代理企业其名称和标识应符合国家有关法律、法规及规章，要与业务性质、范围等相符合，并能体现行业特点，其中名称中应当含有“货运代理”“运输服务”“ 集运”或“物流”等相关字样；至少要有五名从事国际货运代理业务三年以上的业务人员。

（2）国际货运代理企业的注册资本最低限额必须符合下列要求：

其一，从事海上国际货物运输代理业务的，注册资本最低限额为500万元人民币。

其二，从事航空国际货物运输代理业务的，注册资本最低限额为300万元人民币。

其三，从事陆路国际货物运输代理业务或者国际快递业务的，注册资本最低限额为200万元人民币。

其四，海关作为代理报关企业的报关资格审定和报关注册登记的主管机关，代理报关企业的注册资本要达到150万元人民币以上。

经营上述两项以上业务的，注册资本最低限额为其中最高一项的限额。另外，国际货运代理企业申请每增设一个从事货物运输代理业务的分支机构，则相应增加注册资本50万元。

（3）设立国际货运代理企业需要提交的文件：国际货运代理提单（运单）样式；申请人须向拟设立国际货运代理企业所在地的省、自治区、直辖市、经济特区、计划单列市的商务部提出申请，并提交相关规定的文件；国际货物运输代理企业成立并经营国际货运代理业务一年以后，若形成一定经营规模就可以申请设立子公司或分支机构。

（4）外商投资国际货运代理企业：境外的投资者以中外合资、中外合作或

外商独资形式设立的接受进出口货物收发货人的委托，以委托人的名义或者以自己的名义，为委托人办理国际货物运输和相关业务并收取服务报酬的外商投资企业。

（5）设立外商投资国际货运代理企业的条件：中外合营者在申请之日前三年内没有违反过行业规定，注册资本最低限额为 100 万美元；在 2005 年 12 月 11 日以前允许设立外商独资国际货运代理企业；外商投资国际货运代理企业的经营期限一般不能超过 20 年；外商投资国际货运代理企业设立一个经营国际货运代理业务的分公司，须增加注册资本 12 万美元。

（6）国际货运代理企业须在每年三月底前向其所在地省、自治区、直辖市、经济特区、计划单列市的商务部（国务院各部门直属国际货运代理企业向中国国际货运代理协会）报送年审登记表、验资报告（含资产负债表和损益表）、营业执照影印件，申请办理年审手续。

（7）国际货运代理企业批准证书的有效期是三年，须在批准证书有效期届满的 30 天前向商务部申请换领批准证书。不予换发批准证书的情形包括：私自进行股权的转让；擅自更改企业名称、营业场所和注册资本等主要事项，不按相关规定办理报备手续。国际货运代理企业逾期没有申请换领批准证书的将丧失继续从事国际货运代理业务的资格。

（8）申请国际多式联运业务的附加条件：1997 年 10 月订立的《国际集装箱多式联运管理规则》中规定：从事上述经营范围中有关货运代理业务三年以上的、有相应的国内外代理网络、要申请经营多式联运业务的货代企业，注册资金不低于人民币 1000 万元，且每增加一个经营性分支机构，须增加注册资金人民币 100 万元，人员须五名以上，且须在交通运输部、铁道部进行登记、注册，同时在单据右上角注明许可证编号。外商独资企业和境外企业未经批准均不得从事国际多式联运业务，可以分别从交通运输主管部门及外经贸主管部门申请从事国际多式联运业务。

（9）对扩大经营范围或经营地域以及设立分支机构或非营利办事机构的要求：①均要求企业成立并经营货运代理业务一年以上，并已形成一定经营规模；②设立分支机构均要求增加注册资金，每申请设立一个分支机构，须增加注册资本 50 万元人民币，但对企业注册资本已超过最低限额的，超过部分可作为设立分支机构的增加资本。

（10）对营业条件的要求：①具有从事国际货运代理业务三年以上的业务人

员至少五名；②有固定的营业场所；③有必要的营业设施设备（电话、传真、计算机，甚至短途运输工具、装卸设备、包装设备等）；④申报地区进出口货运量较大，且申报企业能够揽到足够的进出口货源。

三、货运代理备案制代替审批制

（1）货运代理备案制代替审批制的主要历史和相关要求。

其一，国务院于2004年取消了货运代理企业经营资格的审批，除了货运代理设立无须商务部审批外，《货代管理规定》中的大部分内容仍然有效。

其二，2005年3月2日，商务部以2005年第9号部长令发布了《国际货运代理企业备案（暂行）办法》，该办法于2005年4月1日起施行，作为过渡阶段实施。

其三，2005年3月23日商务部办公厅发出《关于委托中国国际货运代理协会组织实施货代企业业务备案有关事宜的通知》，专门委托中国国际货运代理协会组织具体实施货运代理企业业务备案工作。

其四，目前我国货运代理的管理体制依旧实行的是商务部门为主，同时其他相关部门依职权参与管理，政府主管部门进行行政管理及行业协会自律齐抓共管的货运代理行业管理体制。

其五，货运代理企业每年三月底前向注册地货运代理行业中介组织或商务主管部门报送上年业务经营情况。

（2）国际货运代理企业的备案范围。

其一，需要备案的货运代理企业范围。如今我国只对全部由国内投资主体投资设立的货运代理企业及其分支机构实行登记注册后的备案制度，但对于外商投资国际货物运输代理企业的设立依然实行审批制度。

其二，货运代理企业的备案项目范围：①货运代理企业设立、变更后，须填写《国际货运代理企业备案表》并对该表所列项目信息进行备案；②货运代理企业分支机构设立、变更后，须填写《国际货运代理企业备案表》并对该表所列项目信息进行备案；③货运代理企业或其分支机构须在每年三月底前填写《国际货运代理企业业务备案表》并对其上年业务经营情况进行备案。

第五节　国际货运代理发展历史、现状和未来方向

一、国际货运代理发展历史

国际货运代理是在经济发展的基础上逐渐产生的，是伴随着社会生产、国家之间商品交换的发展及社会分工的细化而产生的。国际货运代理经历了海运代理、航空货运代理、陆运代理、集装箱集拼经营人、国际多式联运经营人、第三方物流综合服务商等几个阶段。

1. 国际货运代理发展历史

（1）国际货运代理产生阶段（公元 10 世纪）。国际贸易发展的初期，贸易和运输两者组合在一起进行国际间商品交换。随着公共仓库在港口和城市的建立，尤其是海上贸易的扩大以及欧洲交易会的举办，运输从国际贸易中分离出来，逐渐成为一个独立行业。国际贸易及国际运输的进一步发展对社会分工产生新需求，即在贸易和运输业之间需要中间人，便于向国际贸易商提供运输信息、选择承运人及运输工具，为其组织和安排货物运输以及办理相应业务手续。在此背景下，从公元 10 世纪起，国际贸易代理开始在欧洲出现，最初是作为佣金代理（Commission Agent）依附于进出口贸易商，代表进出口贸易商进行货物的装卸、储存、运输、收取货款等日常业务，以后逐渐发展成我们所熟悉的、中间人性质的独立行业。到了 16 世纪，许多货代开始签发自己的提单、运单和仓储收据。到了 18 世纪，货代开始进行集中托运，开始办理投保；随着运输的革新，货运代理除了是运输的专家，还能为其出口客户找到最快也最经济的路线。19 世纪 20 年代，货运代理之间的合作有了较大的发展，并建立了国际性组织 FIATA。

（2）国际航空货运代理产生阶段（第二次世界大战以后）。第二次世界大战后开始的定期航班空运业务逐渐发展成世界航空运输网络。航空公司为了抓好空运组织与生产，往往将有关地面运输的手续（如货物的收取、保管、报关、包装等）委托其他部门办理，因此产生了航空货运业务内部的一个空运代理部。因为空运代理业务性很强，所以逐步发展成为一个独立的以空运代理业务为主的企业。当前，各国空运代理都致力于开展集运业务、包机业务、快递业务和航空联运业务。航空货代业开始高速发展，1945 年，还成立了非政府的国际行业组织国际航空运输协会 IATA。

（3）国际公路运输代理产生阶段（20 世纪 50 年代以后）。20 世纪 50 年代后，公路运输有了空前规模发展，国际货运代理不仅提供设备，如托盘、集装箱等，而且在货物合理配载方面做出了许多努力，为节省物流成本做出了一定的贡献。

（4）国际货运代理介入无船承运人阶段（20 世纪 60 年代以后）。从 20 世纪 60 年代开始，国际贸易集装箱运输成为主要运输方式，给国际货运代理行业带来了拓展业务的机会，即集装箱的拼箱及拆箱服务。因为部分发货人的货物不能单独装满一个集装箱，所以国际货运代理人可以利用自己拥有或租赁的集装箱货运站（Container Freight Station，CFS）将运往同一目的地但属于不同发货人的货物拼装在一个集装箱内，然后以整箱的运价交给船公司承运，从中可以赚取拼箱货与整箱货之间的运费差价，还可以赚取拼箱和拆箱的费用。随之，国际货运代理人的角色发生了变化，其法律地位也发生了变化，它不再仅限于一个传统代理人的业务范围，而是表现出一个当事人的特征。国际货运代理开始签发自己的提单，直接承担在运输途中损坏或灭失的责任，成了无船承运人（Non – Vessel – Operating Common Carrier，NVOCC）。

（5）国际货运代理介入国际多式联运阶段（20 世纪 70 ~ 80 年代）。20 世纪 70 ~ 80 年代，国际集装箱运输进一步得到发展，国际贸易与国际运输也随之发生了巨大变化，单一的海运、陆运或空运的方式已不能满足时代的要求，更多的国家开始大力发展和促进本国的国际多式联运，一些有能力的国际货运代理突破单一运输方式限制，介入到了多式联运业务中。相应地，国际货运代理人充当了总承运人，承担了在单一合同下通过多种运输方式进行“门到门”的货物运输业务。

（6）国际货运代理介入第三方物流服务阶段（20 世纪 90 年代后）。自 20 世纪 90 年代起，计算机网络在全球的普及、通信及信息技术革命，为大型跨国公司提供了全新的市场环境。同时，随着现代物流向专业化服务方向发展，企业产生了对“第三方物流服务”的新需求。为适应这一变化，第三方物流服务应运

而生，并以其服务专业化、高效化、一体化、个性化、信息化给全球经济发展带来强大的推动力。一些国际货运代理适应此变化，提出了除传统“点到点”运输以外的其他服务项目，包括进出口货物运输、仓储、包装、拼装、装配、产品测试、库存管理、“门到门”服务等。

目前，世界的国际货运代理业务大部分为市场经济发达国家的公司所控制，尤其以西欧国家的国际货运代理发展水平最高和最为成熟。发展中国家的货运代理因其发展程度和政府制度差异而水平不尽相同，同时其规模一般较小，仅与发达国家的报关代理差不多，业务活动通常也集中于国内的货运业务，尚未发展到发达国家的国际货运代理的国际水平。所以，各个国家的国际货运代理的规模、业务范围、管理水平等差别很大。

2. 我国国际货运代理历史与现状

我国国际货运代理主要历史节点如下：

（1）由帝国主义和资本主义国家的洋行所垄断和控制阶段（1949 年前）。

（2）私营报关行和中国对外贸易运输总公司兼营阶段（1949～1956 年）。

（3）中国对外贸易运输总公司独家垄断经营阶段（1956～1984 年）。

（4）中国外运公司及中远公司两家经营阶段（1984～1988 年）。1985 年中国外运代表我国的货运代理作为一般会员加入了 FIATA。

（5）国内市场经济下多家企业经营阶段（1988～1992 年）。

（6）国际货运代理业对外国投资者开放，国内外多家企业经营阶段（1992 年至今）。1994 年，对外贸易经济合作部做出了筹建中国货运代理协会（CIFA）的决定，并在 2000 年 9 月 6 日成立了全国性的货运代理行业组织 CIFA。

（7）2001 年 9 月，CIFA 的成立标志着我国政府对货运代理行业的管理进入了一个政府监管和行业自律并重的新阶段。CIFA 成为了 FIATA 的国家级会员。

（8）从 2004 年 1 月 1 日起，允许自然人及其他经济组织投资设立货运代理企业；以与中国大陆投资者基本相同的待遇允许中国香港服务提供者及中国澳门服务提供者在中国大陆以合资、合作、独资的形式设立国际货运代理企业。

（9）自 2004 年 5 月起，除了对外商投资设立国际货运代理企业仍然实行审批制度，取消了对国际货运代理企业的行政审批，改为备案登记制。

（10）自 2005 年 12 月 11 日起，还允许设立外商独资国际货运代理企业；同时将设立外商投资国际货运代理企业注册资本最低限额为 100 万美元的条件更改为注册资本的最低要求实行国民待遇。

知识贴

无船承运人

- 定义。据2002年《中华人民共和国国际海运条例》解释，无船承运业务经营者是指以承运人身份接受托运人的货载，签发提单或者其他运输单证，向托运人收取运费，通过国际船舶运输经营者完成国际海上货物运输，承担承运人责任的国际海上运输活动经营者。无船承运人在实际业务中只是契约承运人，而实际完成运输的承运人是实际承运人。无船承运业务经营者具有双重身份。
- 无船承运人条件（必须是企业法人）。到国务院交通主管部门办理提单登记；缴纳保证金80万元或者向中国人民财产保险股份有限公司投保无船承运业务经营者保证金责任保险。
- 业务范围。无船承运人集装箱拆卸、集拼箱业务；以承运人身份与托运人订立国际货物运输合同、接收货物、交付货物；以托运人身份，向国际船舶运输经营者或者其他运输经营方式经营者进行货物的订舱，办理货物的托运工作；其他相关业务。业务范围同国际货运代理。
- 无船承运人与传统国际货运代理的区别：与托运人关系；与收货人关系；法律地位；相关费用计收；是否拥有提单；业务范围；运输合同；法规适用公共承运人（Common Carrier）。

二、我国国际货运代理发展现状

现在我国国际货运代理业的规模小、资金少，企业服务的网络不完善，大多数都还处于经营传统业务的代理人阶段，能以当事人身份开展无船承运业务、多式联运业务、第三方物流业务的国际货运代理企业屈指可数。

我国国际货运代理业的现状表现为以下几个特点：

第一，由于政府部门多头管理，同时政策法规不够统一，行业开放程度有待扩大。

第二，业务分布广泛，多种经济成分并存，发展呈现不均衡状态，尤其沿海和内地。

第三，服务网络不够完善，服务质量良莠不齐，国际竞争力较弱，经营秩序有待规范。

第四，企业经营历史较短，资产经营规模较小，服务项目单一，专业人才匮乏和储备不足。

三、国际货运代理未来发展方向

国际货运代理未来发展方向可以概括为规模化、专业化、网络化、物流化四个方面。

1. 国际货运代理发展方向

从国际上来看，国际货运代理的发展方向大致表现为以下几种情况：

（1）呈现出类金融性质，如仓单质押业务的开展为企业提供了资金来源，从而传统仓储企业逐渐向现代物流企业转变，增加了利润空间，也为银行贷款提供了保障，此服务项目可以实现物流业、企业、银行三方共赢。

（2）国际货运代理属于第三方物流产业。过去很少有一个企业代理货主全部环节的物流服务，所提供的服务大多是仓库存货代理、运输代理、托运代办、通关代理等某个环节的代理业务。随着现代物流向专业化服务方向发展，第三方物流服务业应运而生，其服务专业化、高效化、一体化对全球经济的发展产生了巨大推动力。此阶段第三方物流服务业典型的特征有：第三方物流整合一个以上的物流功能；第三方物流服务业本身不拥有货物；运输设备、仓库等由第三方物流服务业控制，可以由其中一方拥有；按需提供全部的劳动力与管理服务；按客户的要求提供存货管理、生产准备、组装/集运等服务。

第三方物流服务业的参与者一般有五种类型的企业：承运人型企业、仓储型企业、货代/经纪人型企业、信息型企业、客户型企业。

2. 我国货运代理发展方向

第一，我国国际货运代理在经济发展和行业发展的大环境下，发展方向体现为以下两方面：大力提升传统货运代理业务效率和质量。第二，根据条件开发仓单质押业务。仓单质押即指出质企业把在库动产（包括原材料、产成品等）存储在物流企业的仓库中，然后凭物流企业开具的货物仓储凭证（仓单）向银行申请贷款，银行评估仓单名下货物的价值向出质企业提供贷款，物流企业负责监管货物。究其实质，它是一项以仓储监管为基础的物流延伸服务，并且是一项服务于出质企业及银行的增值服务，目的是货代企业把自己的仓库盘活，一方面将仓库改造提升为现代化的配送中心，另一方面还能以高水平的资质开展质押业务。

课后思考题

1. 国际货运代理两种法律地位的区别与认定。
2. 国际货运代理人的类型。
3. 国际货运代理的作用。
4. FIATA 的瞩目成就。
5. FIATA 的会员情况。

章后案例

中国排名前 10 的国际货运代理企业

1. 中国外运长航集团有限公司

包括海、陆、空货运代理、船务代理、供应链物流、快递、仓码、汽车运输等综合物流业务的中国外运长航，是中国最大的国际货运代理公司、最大的航空

货运和国际快件代理公司、第二大船务代理公司。中国外运长航的航运业务包括船舶管理、干散货运输、石油运输、集装箱运输、滚装船运输等，拥有和控制达1800余万载重吨的各类船舶运力，是我国第三大船公司，我国内河最大的骨干航运企业集团，我国唯一能实现远洋、沿海、长江、运河全程物流服务的航运企业。

2. 中远国际货运有限公司

其主要经营包括国际、国内海上集装箱货运代理，国际、国内集装箱及其他船舶代理，沿海货物运输、拼箱、多式联运等有关业务范围。在全国设有业务网点近300个，囊括29个省市区的100多个城市，形成了以北京为中心，以香港、大连、天津、青岛、上海、广州、深圳、武汉、厦门九大口岸和内陆地区公司为龙头，以遍布全国主要城镇的货运网点为依托的江海、陆上货运服务网络。

3. 中外运敦豪国际航空快递有限公司

中外运敦豪国际航空快递有限公司是中国第一家国际航空快递公司，于1986年由全球快递、物流业的领导者DHL与中国对外贸易运输集团总公司各注资50%成立，是国内众国际航空快递公司中成立最早、经验最丰富的企业。

4. 中国物资储运总公司

具有45年历史的中国物资储运总公司，是一家专业物流企业，提供全过程物流解决方案，组织全国性及区域性仓储、配送、加工、分销、现货交易市场、国际货运代理、进出口贸易、信息等综合物流服务，并充分利用其土地资源的优势，开展房地产、实业开发等多元化经营。

5. 中钢国际货运有限公司

作为国务院国资委管理中央企业的中钢集团，主要从事冶金矿产资源开发与加工，冶金原料、产品贸易与物流，相关工程技术服务与设备制造，是一家为钢铁工业和钢铁生产企业提供综合配套、系统集成服务的集资源开发、贸易物流、工程科技为一体的大型企业集团，主要从事进出口及内贸货物的水运、陆运、空运、仓储及货物监管、货运代理、船舶代理、保险代理及相关咨询服务等业务。

6. 锦程国际物流集团股份有限公司

使锦程发展成为一个覆盖全球的、以实体服务网络为基础、为客户提供网上在线服务的国际化综合物流集团是锦程国际物流集团未来战略发展的总目标。依托锦程国际物流集团全球物流的实体服务网络和信息服务网络，对遍布全球的客户资源进行分类集合，实现集中采购，共享资源利益，同时为客户提供从采购到运输的“门到门”一站式综合物流服务。

7. 港中旅华贸国际物流股份有限公司

其主营现代物流业，具体提供以国际货代为核心的跨境一站式综合物流及供应链贸易服务。公司所从事的跨境综合物流服务按照客户要求，包括营销、物流咨询、方案设计、成本控制和全程客服等在内的前端服务，境内运输、理货仓储、配套作业、配载集装和监管服务等在内的出口仓储，订舱管理、单证管理、关务服务和进港管理等在内的离岸管理，空运集运、海运集运、多式联运和工程物流等在内的国际运输，目的港清关服务、进口仓储、转运和分拨派送等在内的目的港服务。

8. 振华物流集团有限公司

其在全世界80多个国家拥有互为代理网络，集装箱年处理量达到200万TEU。其为商务部批准的一级货运代理企业及IATA认可的空运代理人；交通部批准的甲类船舶代理及首批N. V. O. C. C无船承运人之一；是国内极具竞争力的货代、船代和综合物流服务公司。其在北京、上海、宁波、大连、青岛、烟台、深圳等地成立了分公司，在天津、上海、宁波、青岛、大连、连云港成立了船代公司，并与全球80多家海外代理建立了互为代理的关系，使国内和国际经营网络趋于完善。

9. 嘉里大通物流有限公司

始建于1985年的嘉里大通物流，是中国大陆最早成立的国际货运代理企业。母公司嘉里物流联网总部设于香港，是亚太地区最具领导地位的第三方物流供应商之一。全球范围内，嘉里物流联网投巨资建设庞大的服务网络，分公司结合策略联盟及海外代理，网络遍及全球。欧洲、东南亚等重点区域都设有全资子公司。中国范围内，嘉里大通物流得天独厚的优势更为凸显。凭借丰富的专业经验、完善的国内外网络、先进的信息系统、良好的政府关系，嘉里大通物流率先为众多知名跨国企业提供了定制化的综合物流解决方案。

10. 中通远洋物流集团有限公司

成立于2004年的中通远洋物流集团，总部设在天津。集团经过数年的发展，目前已经形成集约化、网络化、专业化的经营服务体系，充分利用分布在包括美国、日本、韩国、中国香港及国内主要沿海城市、省会城市的86家分公司和办事处为客户提供优质全面的国际、国内海上货物运输、货运代理、船舶代理，船舶管理、船舶租用、船舶买卖的居间服务及船舶修造服务，国际海运市场信息咨询服务、国际物流服务等一系列全方位的专业服务。

（资料来源：http：//www. lvmae. com/news/hangye/789. html。）

第三章
国际货运代理法律法规

知识目标

1. 了解《汉堡规则》
2. 了解《华沙公约》
3. 了解《海牙议定书》
4. 知晓《民法通则》《合同法》对国际货运的相关规定

技能目标

熟悉《海牙规则》和《维斯比规则》

在国际货运代理过程中，会涉及货物的运输安全、财物所有权、服务费用，以及如何划分责任等一系列问题，但是由于每一个国家的调整法律关系的法律法规不一致，为了能够满足行业的需求，解决相关问题，由此建立起了一系列的国际公约，用以调整在不同运输方式下产生出来的法律关系和解决责任及利益冲突。

第一节　调整国际货运代理法律关系的国际公约

一、《海牙规则》

1.《海牙规则》概述

《海牙规则》的全称为《统一提单若干法律规定的国际公约》（International Convention for the Unification of Certain Rules of Law Relating to Bill of Lading），1924年8月25日由26个国家在布鲁塞尔签订，1931年6月2日生效。因为公约草案是1921年在海牙通过的，因而定名为海牙规则。包括欧美等50多个国家都先后加入了该公约。1936年，美国政府以此公约作为国内立法的基础制定了1936年《美国海上货物运输法》。

《海牙规则》使得海上货物运输中有关提单的法律得以统一，因此在促进海运事业发展和推动国际贸易发展方面发挥了积极作用，是目前仍被普遍使用的最重要的国际公约，我国于1981年承认该公约。

《海牙规则》共16条，其中第一至第十条属于实质性条款，第十一至第十六条属于程序性条款，主要是有关公约的批准、加入和修改程序性条款。

2.《海牙规则》实质性条款解释

实质性条款主要包括以下内容阐释：

（1）承运人最低限度的义务。所谓承运人最低限度义务，即为承运人必须履行的基本义务。对此《海牙规则》第三条第一款规定："承运人必须在开航前和开航当时，谨慎处理，使航船处于适航状态，妥善配备合格船员，装备船舶和配备供应品；使货舱、冷藏舱和该船其他载货处所能适当而安全地接受、载运和保管货物。"该条第二款规定："承运人应妥善地和谨慎地装载、操作、积载、运送、保管、照料与卸载。"即提供适航船舶，妥善管理货物，否则将承担赔偿责任。

（2）承运人运输货物的责任期间，即指承运人对货物运送负责的期限。按照《海牙规则》第一条“货物运输”的定义，货物运输的期间为从货物装上船至卸完船为止的期间。所谓“装上船起至卸完船止”可分为两种情况：一是在使用船上吊杆装卸货物时，装货时货物挂上船舶吊杆的吊钩时起至卸货时货物脱离吊钩时为止，即是“钩至钩”期间；二是采用岸上起重机装卸，则以货物越过船舷为界，即“舷至舷”期间，承运人应对货物负责。至于承运人在码头仓库接管货物至装上船这一段期间，和货物卸船后到向收货人交付货物这一段时间，依照《海牙规则》第七条规定，可以由承运人与托运人就承运人在上述两段发生的货物灭失或损坏所应承担的责任和义务订立任何协议、规定、条件、保留或免责条款。

（3）承运人的赔偿责任限额，即指由于承运人不能免责的原因造成的货物灭失或损坏，通过规定单位最高赔偿额的方式，将其赔偿责任限制在一定的范围内。此制度实际上是对承运人造成货物灭失或损害的赔偿责任的部分免除，从而充分体现了对承运人利益的维护。

《海牙规则》中第四条第五款规定：“不论承运人或船舶，在任何情况下，对货物或与货物有关的灭失或损坏，每件或每单位超过 100 英镑或与其等值的其他货币时，任意情况下都不负责；但托运人于装货前已就该项货物的性质和价值提出声明，并已在提单中注明的，不在此限。”

承运人单位最高赔偿额为 100 英镑，按照该规则第九条的规定应为 100 金英镑。起初按英国的航运业习惯按 100 英镑纸币支付，后来英国各方虽通过协议把它提高到 200 英镑，但并不能适应实际情况。随着几十年来英镑不断贬值，据估计，1924 年 100 英镑的价值到了 1968 年时已相当于当时的 800 英镑的价值，如果再以 100 英镑为赔偿责任限额，显然是不合理的，也违反了《海牙规则》第九条的规定。同时在《海牙规则》制定后，不少非英镑国家纷纷把 100 英镑折算为本国货币，并且不受黄金计算价值的限制和约束，由于金融市场的风云变幻，导致和现今各国规定的不同赔偿限额的实际价格相去甚远。

（4）承运人的免责。《海牙规则》在第四条第二款做了 17 项具体规定，分为两类：一类是过失免责。一直在国际海上货物运输中争论最大的问题是《海牙规则》的过失免责条款。《海牙规则》第四条第二款第一项中规定：“由于船长、船员、引航员或承运人的雇佣人在航行或管理船舶中的行为、疏忽或过失所引起的货物灭失或损坏，承运人可以免除赔偿责任。”这种过失免责条款偏袒了船方

的利益，也是其他运输方式责任制度中所没有的。另一类是承运人无过失免责，规定如下：①船长、船员、引航员或承运人的雇佣人在航行或管理船舶中的行为、疏忽或过失；②火灾，但是由于承运人本人的过失所造成的除外；③海上或其他通航水域的海难、危险或意外事故；④天灾；⑤战争行为；⑥公敌行为；⑦政府依法扣押；⑧检疫限制；⑨托运人的过失；⑩罢工、关厂、停工或劳动力受到限制；⑪民众骚乱、动乱；⑫在海上救助或企图救助人命或财产；⑬货物的固有缺点。

（5）索赔与诉讼时效。规定对货物灭失或损坏赔偿的诉讼时效“自货物交付之日或应交付之日一年以内”。

（6）托运人的义务和责任。

（7）运输合同无效条款。

（8）适用范围。规定“适用于任何缔约国所签发的一切提单”。

知识贴

《海牙规则》的特点

- 较多地维护了承运人的利益。
- 在风险分担上很不均衡。
- 未考虑集装箱运输形式的需要，制定海牙规则时，集装箱运输方式尚未出现。
- 赔偿责任限额过低。
- 诉讼时效太短（一年）。

二、《维斯比规则》

由于有一定的分歧，北欧国家和英国等航运发达国家主张修改《海牙规则》，不过他们认为不能急于求成，避免引起混乱，主张在折中各方意见的基础上，只对《海牙规则》中明显不合理或不明确的条款做局部的修订和补充，《维斯比规则》在此基础上产生了。其因该议定书的准备工作在瑞典的维斯比完成而得名。因此维斯比规则也称为海牙—维斯比规则（Hague - Visby Rules），其全称是《关于修订统一提单若干法律规定的国际公约的议定书》（Protocol to Amend the International Convention for the Unification of Certain Rules of Law Relating to Bill of Lading），或简称为“1968 年布鲁塞尔议定书”（The 1968 Brussels Protocol），1968 年 2 月 23 日在布鲁塞尔通过，并于 1977 年 6 月生效。如今已有英国、法国、丹麦、挪威、新加坡、瑞典等 20 多个国家和地区参加了这一公约。

《维斯比规则》共 17 条，不过只有前六条才是实质性的规定，它对《海牙规则》的第三、第四、第九、第十条进行了修改。其主要修改内容有：

1. 扩大了规则的适用范围

《海牙规则》的各条规定仅适用于缔约国所签发的提单，《维斯比规则》则扩大了其适用范围，在第五条第三款中规定：①在缔约国签发的提单；②货物在一个缔约国的港口起运；③提单载明或为提单所证明的合同规定，该合同受公约的各项规则或者使其生效的任何一个国家的立法所约束，无论承运人、托运人、收货人或任何其他有关人员的国籍如何。此规定的意思是只要提单或为提单所证明的运输合同上有适用《维斯比规则》的规定，该提单或运输合同就要受《维斯比规则》的约束。

2. 明确了提单的证据效力

《海牙规则》第三条第四款中规定，提单上载明的货物主要标志、件数或重量及表面状况应作为承运人按其上所载内容收到货物的初步证据。至于提单转让至第三人的证据效力，并未做进一步的规定。《维斯比规则》为了弥补以上问题的缺陷，在第一条第一款补充规定：“……但是，当提单转让至善意的第三人时，与此相反的证据将不能接受。”这表明对于善意行事的提单受让人来说，提单载明的内容具有最终证据效力。所谓“善意行事”，是指提单受让人在接受提单时并不知道装运的货物与提单的内容有什么不相符的地方，但出于善意完全相信提单记载的内容。即《维斯比规则》确立了当提单背书转让给第三者后，该提单就是货物已按上面记载的状况装船的最终证据。承运人不得借口在签发清洁提单前货物就已存在缺陷或包装不当来对抗提单持有人。此补充规定有利于进一步保护提单的流通和转让，同时有利于维持提单受让人或收货人的合法权益。一旦收

货人发现货物与提单记载不符，承运人只能负责赔偿，不得抗辩。

3. 强调了承运人及其受雇人员的责任限制

海上货物运输合同当事人涉及诉讼大多因一方当事人的违约而引起。不过某些国家承认双重诉讼的权利，即货主在其货物遭受损害时，可以以承运人违反运输合同或以其侵权为由向承运人起诉。在货主以侵权为由提出诉讼时，承运人便不能引用《海牙规则》中的免责和责任限制的规定。一旦不能对此加以限制，运输法规中的责任限制规定就形同虚设。为了进一步强调承运人及其受雇人员享有此权利，《维斯比规则》第三条中规定："本公约规定的抗辩和责任限制，应适用于就运输合同涉及的有关货物的灭失或损坏对承运人提出的任何诉讼，不论该诉讼是以合同为根据还是以侵权行为为根据。"此外，"如果诉讼是对承运人的受雇人员或代理人（该受雇人员或代理人不是独立订约人）提起的，该受雇人员或代理人也有权援引《海牙规则》规定的承运人的各项抗辩和责任限制"。还有"向承运人及其受雇人员或代理人索赔的数额，在任何情况下都不得超过本公约规定的赔偿限额"。通过以上规定，令合同之诉和侵权之诉处于相同的地位：承运人的受雇人员或代理人也能享有责任限制的权利。英国法院在审理"喜马拉雅轮"一案时，曾对承运人的受雇人员或代理人能否享受承运人所享受的权利做出否定的判决，认为承运人的受雇人员或代理人无权援引承运人与他人签订的合同中的条款。因而在此案后，承运人纷纷在提单上规定承运人的受雇人员或代理人可以援引承运人的免责或责任限制。人们称此条款为"喜马拉雅条款"。《维斯比规则》的这一规定有利于保护船东的利益。

4. 提高了承运人对货物损害赔偿的限额

《海牙规则》规定，承运人对每件或每单位的货物损失的赔偿限额为 100 英镑，但《维斯比规则》第二条则规定，每件或每单位的赔偿限额提高到 10000 金法郎，另外还增加一项以受损货物毛重为标准的计算方法，即每公斤为 30 金法郎，以两者中较高者为准。采用的金法郎仍然以金本位为基础，意图防止日后法郎纸币的贬值，一个金法郎是含金纯度为 900‰的黄金 65.5 毫克的单位。如果法郎贬值，会以上述的黄金含量为计算基础，在《维斯比规则》通过时的汇率来看，10000 金法郎大约等于 431 英镑，与《海牙规则》规定的 100 英镑相比，此赔偿限额显然是大大提高了。

此规定在提高了赔偿限额的同时还创造了一项新的双重限额制度，不仅维护了货主的利益，同时这一制度也为以后的《汉堡规则》和我国的《海商法》所接受。

此外，该规则对经证实损失是由于承运人蓄意造成，或者知道很可能会造成这一损害而毫不在意的行为或不行为所引起的情况，还规定了丧失赔偿责任限制权利的条件，即承运人无权享受责任限制的权利。

5. 增加了“集装箱条款”

《海牙规则》中没有关于集装箱运输的规定。但《维斯比规则》增加了“集装箱条款”，用以适应国际集装箱运输发展的需要。该规则第二条第三款中规定：“如果货物是用集装箱、托盘或类似的装运器具集装时，则提单中所载明的装在这种装运器具中的包数或件数，应视为本款中所述的包或件数；如果不在提单上注明件数，则以整个集装箱或托盘为一件计算。”该条款表述的意思是指：如果提单上具体载明在集装箱内的货物包数或者件数，计算责任限制的单位就按提单上所列的件数为准；否则，会将一个集装箱或一个托盘视为一件货物。

6. 延长了诉讼时效

《海牙规则》中规定，货物灭失或损害的诉讼时效为一年，即从交付货物或应当交付货物之日起算。《维斯比规则》第一条第二款、第三款则进行了补充规定，当诉讼事由发生后，只要双方当事人同意，这一期限可以延长，明确了诉讼时效可经双方当事人协议延长的规定。另外对于追偿时效则规定，即使在规定的一年期满之后，只要是在受法院法律准许期间之内，就可以向第三方提起索赔诉讼。不过准许的时间自提起诉讼的人已经解决索赔案件，或者向其本人送达起诉状之日起算，不得少于三个月。

三、《汉堡规则》

《汉堡规则》（Hamburg Rules）是《1978年联合国海上货物运输公约》（United Nations Convention of the Carriage of Goods by Sea，1978），1976年由联合国贸易法律委员会草拟，最终在1978年3月6~31日经联合国在汉堡主持召开有78个国家参加的全权代表会议上审议并通过。应该说《汉堡规则》是在第三世

界国家的反复斗争下，经过各国代表多次磋商后，同时在相关方面做出妥协后通过的。《汉堡规则》对《海牙规则》进行了全面修改，在较大程度上加重了承运人的责任，保护了货方的利益，代表了第三世界发展中国家意愿，于1992年11月1日生效。不过因为签字国为埃及和尼日利亚等非主要航运货运国，所以目前《汉堡规则》对国际海运业影响并不是很大。截至1996年10月，共有成员国25个，其中绝大多数为发展中国家，而占全球外贸船舶吨位数90%的国家都未承认该规则。

1. 制定《汉堡规则》的背景

《海牙规则》是20世纪20年代的产物，发挥过它应有的作用，随着国际贸易和海运的发展，要求修改《海牙规则》的呼声不断，对其进行修改已势在必行。但如何进行修改，两种不同思路导致了两种不同的结果。

其中一种是英国、北欧等以船方利益为代表的海运发达国家，由国际海事委员负责起草并修改，导致《海牙—维斯比规则》的产生。对《海牙规则》进行的一些有益修改，对维护在《海牙规则》基础上的船货双方利益产生了一定的积极作用。

另一种思路则来自代表了货主利益的广大的发展中国家，随着要求彻底修改《海牙规则》的呼声日益高涨，联合国贸易和发展会议的航运委员会在1969年4月的第三届会议上设立了国际航运立法工作组，着重研究提单的法律问题。国际航运立法工作组在1971年2月召开的第二次会议上做出了两项决议：第一，对《海牙规则》和《维斯比规则》将进行修改，必要时制定新的国际公约；第二，在审议修订这两项规则时，应清除规则含义不明确之处，建立船货双方平等分担海运货物风险的制度。后来，此项工作移交给联合国国际贸易法委员会，并由该委员会下设的国际航运立法工作组于1976年5月完成起草工作，并提交1978年3月6～31日在德国汉堡召开的有78个国家代表参加的联合国海上货物运输公约外交会议审议，最后通过了《1978年联合国海上货物运输公约》，因其在汉堡召开，所以又称为《汉堡规则》。

《汉堡规则》的生效条件中规定："本公约自第二十份批准书、接受书、认可书或加入书交存之日起满一年后的次月第一日生效。"《汉堡规则》自1978年3月31日获得通过，直至埃及递交了批准书后满足生效条件，并于1992年11月1日起正式生效。

2.《汉堡规则》的主要内容

《汉堡规则》全文共分为七章34项条文，在《汉堡规则》制定时，除却保留了《海牙—维斯比规则》对《海牙规则》修改的内容外，还对《海牙规则》进行了根本性的修改，明显地扩大了承运人的责任，是一个较为完备的国际海上货物运输公约。其主要包括以下内容：

（1）承运人的责任原则。《海牙规则》规定承运人的责任基础是不完全过失责任制，它一方面规定承运人必须对自己的过失负责，同时又规定了承运人对航行过失和管船过失的免责条款。但《汉堡规则》则确定了推定过失与举证责任相结合的完全过失责任制，规定凡是在承运人掌管货物期间发生的货损，除非承运人能够证明承运人已经为避免事故的发生和其后果采取了一切可能的措施，否则便可以推定：损失是由承运人的过失所造成，承运人应承担赔偿责任。显然《汉堡规则》较《海牙规则》主要是扩大了承运人的责任。

（2）承运人的责任期间。《汉堡规则》第四条第一款中规定："承运人对货物的责任期间包括在装货港、在运输途中以及在卸货港，货物在承运人掌管的全部期间。"即承运人的责任期间从承运人接管货物时起至交付货物时止。相较《海牙规则》的"钩至钩"或"舷至舷"，其责任期间扩展到了"港到港"，解决了货物从交货到装船和从卸船到收货人提货这两段没有人负责的状况，延长了承运人的责任期间。

（3）承运人赔偿责任限额。《汉堡规则》在第六条第一款中规定："承运人对货物灭失或损坏的赔偿，以每件或其他装运单位的灭失或损坏相当于835特别提款权或毛重每公斤2.5特别提款权的金额为限，两者之中以其较高者为准。"此规定中《汉堡规则》的赔偿不仅高于《海牙规则》的规定，也高于《海牙—维斯比规则》的规定，比海牙规则高四倍，比维斯比规则提高了25%。

（4）对迟延交付货物的责任。最初在《海牙规则》和《维斯比规则》中都没有迟延交付货物的责任规定，《汉堡规则》第五条第二款则规定："如果货物未能在明确议定的时间内，或虽无此项议定，但未能在考虑到实际情况对一个勤勉的承运人所能合理要求时间内，在海上运输合同所规定的卸货港交货，即为迟延交付。"规定承运人应对因迟延交付货物所造成的损失承担赔偿责任。并且在第三款中还进一步规定，若货物在第二款规定的交货时间满后连续60天内仍未能交付的，则有权对货物灭失提出索赔的人可以认为货物已经灭失。《汉堡规

则》第六条第一款中还规定:“承运人对迟延交付的赔偿责任,以相当于迟延交付货物应支付运费的2.5倍的数额为限,但不得超过海上货物运输合同规定的应付运费总额。”

(5)承运人和实际承运人的赔偿责任。《汉堡规则》中增加了实际承运人的概念。当承运人将全部或部分货物委托给实际承运人办理时,承运人仍需要按照公约规定对全部运输负责。若是实际承运人及其雇用人或代理人的疏忽、过失造成的货物损害,承运人及实际承运人都需要负责的话,就在其应负责的范围内,承担连带责任。这种连带责任托运人既可以向实际承运人索赔,也可以向承运人索赔,且不会因此妨碍承运人和实际承运人之间的追偿权利。

(6)托运人的责任。《汉堡规则》第十二条中规定:“托运人对于承运人或实际承运人所遭受的损失或船舶遭受的损坏不负赔偿责任。除非这种损失或损坏是由于托运人、托运人的雇用人或代理人的过失或疏忽所造成的。”这就意味着托运人的责任也是过失责任。但托运人的责任与承运人的责任不同之处在于,承运人的责任中举证由承运人负责,而托运人的责任中,因为货物在承运人掌管之下,因此也同样需要承运人负举证责任。我国《海商法》也接受《汉堡规则》这一规定。

(7)保函的法律地位。《海牙规则》及《维斯比规则》中没有关于保函的相关规定,但《汉堡规则》第十七条对保函的法律效力做出了明确的规定,托运人为了换取清洁提单,可以向承运人出具承担赔偿责任的保函,该保函在承、托人之间有效,但对包括受让人、收货人在内的第三方一律无效。不过,如果承运人有意欺诈,对托运人也属无效,同时承运人也不再享受责任限制的权利。

(8)索赔通知及诉讼时效。《海牙规则》中要求索赔通知必须由收货人在收到货物之前或收到货物当时提交。若货物损失不明显,则这种通知限于收货后三日内提交。《汉堡规则》则延长了上述通知时间,规定收货人可以在收到货物后的第一个工作日内将货物索赔通知送交承运人或其代理人,若当货物灭失或损害不明显时,收货人可在收到货物后的15天内送交通知。另外还规定,对货物迟延交付造成损失的,收货人应在收货后的60天内提交书面通知。

对于诉讼时效,《汉堡规则》第二十条第一款和第四款分别规定:“按照本公约有关运输货物的任何诉讼,如果在两年内没有提出司法或仲裁程序,即失去时效。”“被要求赔偿的人,可以在时效期限内任何时间,向索赔人提出书面声明,延长时效期限,还可以再一次或多次声明再度延长该期限。”因此《汉堡规则》与《海牙规则》和《维斯比规则》的有关规定相比，索赔和诉讼时效期间延长了，也体现了其更为灵活的特点。

（9）管辖权和仲裁的规定。《海牙规则》和《维斯比规则》中均无管辖权的规定，只在提单背面条款上订有由船公司所在地法院管辖的规定，此规定对托运人、收货人极为不利。《汉堡规则》第二十一条中规定，原告可以在下列某一地法院提起诉讼：①被告的主要营业所所在地，若无主要营业所时，则为其通常住所所在地；②合同订立地，合同是通过被告在该地的营业所、分支或代理机构订立的；③装货港或卸货港；④海上运输合同规定的其他地点。另外，海上货物运输合同当事人一方向另一方提出索赔之后，双方对诉讼地点达成的协议仍有效，协议中规定的法院对争议具有管辖权。

（10）规则的适用范围。此规则适用于两个不同国家之间的所有海上货物运输合同，同时海上货物运输合同中规定的装货港或卸货港位于某一缔约国之内，或者备选的卸货港之一为实际卸货港并且在某一缔约国内；又或者提单、作为海上货物运输合同证明的其他单证等在某缔约国签发；再或者提单或作为海上货物运输合同证明的其他单证规定，合同受到该规则各项规定或者使其生效的任何国家立法的管辖。

与《海牙规则》一样，《汉堡规则》不适用于租船合同，但如果提单根据租船合同签发，并调整出租人与承租人以外的提单持有人之间的关系，就适用该规则的规定。

四、《华沙公约》和《海牙议定书》

1.《华沙公约》

《华沙公约》，其全称为《统一国际航空运输某些规则的公约》，1929 年 9 月 12 日订于波兰华沙，并于 1933 年 2 月 13 日生效，后多次修改，我国在 1957 年 7 月通知加入，于 1958 年 10 月生效。其主要内容包括航空运输的业务范围、运输票证、承运人的责任及损害赔偿标准等，形成了国际航空运输上的“华沙体系”。

《华沙公约》是统一国际航空运输某些规则的公约，其承运人承担赔偿责任的责任基础是推定过失责任制。

2.《海牙议定书》

"二战"后，因为航空运输业的飞速发展和世界政治形势的急剧变化，《华沙公约》的某些内容需要进行修改，《修订 1929 年 10 月 12 日在华沙签订的"统一有关国际航空运输某些规则的公约"的议定书》即在此时诞生，此协定签订于 1955 年，1963 年 8 月 1 日生效。其修改的地方主要包括：

（1）适用范围。《华沙公约》和《海牙议定书》对于公约的适用范围的精神是一样的，但是在措辞上稍有不同。《华沙公约》对于国际运输的定义是"出发地和目的地是在两个缔约国的领土内，或在一个缔约国的领土内，而在另一个缔约国或非缔约国的主权、宗主权、委任统治权或权力管辖下的领土内有一个约定的经停地点的任何运输。在同一缔约国的主权、宗主权、委任统治权或权力管辖下的领土间的运输，如果没有这种约定的经停地点，对本公约来说不作为国际运输。"而《海牙议定书》改为了"国际运输是以出发地和目的地须在本议定书的两个当事国领土内，或在本议定书的一个当事国领土内，而在另一国家领土内有一约定的经停地点者为限。"

（2）运输凭证。《海牙议定书》规定用航空货运单（Air Waybill）来代替以前使用的航空托运单（Air Consignment Note，ACN），原《华沙公约》关于航空托运单（Air Consignment Note，ACN）的一切规定均适用于《海牙议定书》的航空货运单（Air Waybill），并且规定承运人应在货物装上航空器前签字，并不限制承运人填发可以流通的航空货运单。而《华沙公约》则规定承运人应该在接受货物时签字。

（3）承运人的责任。《华沙公约》中规定承运人如果能证明货物或行李的损失的发生是因为驾驶、飞机操作中或者在领航上的过失，并在其他一切方面采取必要的措施以避免损失时，可不负责任。《海牙议定书》删除了这一条免责条款。

（4）承运人的责任限制。《海牙议定书》将旅客伤亡的责任限额提高了一倍，即 250000 金法郎（约合 20000 美元），但是只提高了旅客运输的赔偿限额，货物运输的最高赔偿限额没变。

（5）索赔和诉讼时效。《海牙议定书》中规定一旦发现货物有损坏，收货人应立即提出异议，最迟应在收到货物之日起 14 天内提出。若是延迟交货，则最迟应在货物置于收货人支配之日起 21 天内提出异议。

五、《国际铁路货物联运协定》

1951 年 11 月由苏联、捷克、罗马尼亚、东德等 8 个国家共同签订了一项铁路货运协定，即《国际铁路货物联运协定》（Agreement on International Railroad through Transport of Goods），简称《国际货协》。我国在 1954 年 1 月参加，后来包括朝鲜、越南、蒙古也陆续加入，共有 12 个国家加入《国际货协》。我国对朝鲜、蒙古以及俄罗斯、独联体各国的一部分进出口货物都采用国际铁路联运方式运送。由于独联体的出现，近些年来，在原有协定基础之上，我国与相关国家又重新增订了有关铁路运输的国际公约。

1. 协定适用范围

适用于缔约国铁路方面之间的国际直通货物联运，协定对于铁路部门、发货人、收货人都有约束力，但不适用于：①发货、到站都在同一国内，而用发送国列车只通过另一国家过境运送货物的；②两国车站间，用发送国或到达国列车通过第三国过境运送的；③两邻国车站之间，全程均用某一方列车，并根据这一铁路的国内规章办理货物运送的。

2. 发货人托运时，要填写运单和运单副本

铁路运输单证用运单。运单是铁路向收货人收取运杂费用和点交货物的依据，规定了铁路、发货人和收货人在货运中的权利、义务和责任，是发货人与铁路之间缔结的运输契约，因此运单对所涉当事人都有法律约束力。此外，运单还是铁路运输的凭证。但它不是物权凭证，不能转让，不能用运单提货。运单随同货物从始发站至终点站全程附送，最后交给收货人。联运运单的副本作为贸易双方结算货款的依据。当所运货物或票据丢失时，副本也可作为向铁路索赔的证件。运单副本在加盖戳记后，证明铁路运输合同订立，并交付给发货方用以结汇。

3. 托运人的权利和义务

托运人包括发货人及收货人，其主要权利和义务包括：

（1）发货人对运单记载及声明事项的正确性承担义务，否则要承担相应的一切后果。

（2）发货人对货物包装、标记符合要求负责。

（3）按规定计算、支付运费。即发送路铁路国内运价由发货人支付；到达路发生的运费按照到达国国内运价并由收货人在到站支付；过境铁路的运费按《国际货协》统一的过境运价规程进行计算，在发站或到站由收货人支付。

（4）货到站后，收货方应付清运费并领取货物。

（5）货物发生重大质变，不能按原用途使用时，收货人有拒绝领取货物的权利。

（6）发货人及收货人均有对运送契约变更一次的权利：发货人在发站领回货物、变更到站、将货物返还发站。收货人也可在到达国范围内变更到站或收货人，但变更申请必须在货物尚未从到达国境站上发出时发出，否则从国境站发出后，申请变更即无效。变更运输合同应在国内（发出或到达国）按规定交纳一定费用。

4. 铁路（承运人）的权利和义务

（1）收取运送费用和其他费用，并交付货物和运单。

（2）有权检查运单中记载事项的正确性，并对不完全、不准确记载及声明核收罚款。

（3）对非承运人过失而引起的货物灭失、损坏、短量不负责任。

（4）铁路对于按《国际货协》办妥联运手续的货物负全程运输责任。

（5）如果货物发往非《国际货协》国，铁路应负责按另一种有关协定的运单要求办理运送手续。

5. 赔偿请求与诉讼时效

（1）托运人有权根据合同提出赔偿请求。赔偿请求应采用书面形式。由全权代理人、代表提出时，应有发货人或收货人的委托证明书方可。

（2）列明具体赔偿金额。当请求人是发货人时，就向发送路局提出；若由收货人提赔，就应向到达站提出。

（3）索赔不能得到合理解决时，可起诉。

（4）提出赔偿和诉讼时效为九个月内提出或诉讼。但逾期的请求赔偿和诉讼，必须在两个月内提出；部分灭失、损坏以及逾期索赔，从交付货物之日起计算；全部灭失赔偿，从货物运到期限届满后30日内计算。

第二节　我国调整国际货运代理法律关系的法律

虽然我国尚未制定专门调整货运代理的法律，不过为了适应国际货运代理业务的发展、规范国际货运代理市场、调整货运代理各方面的权利义务关系，我国已经对该经济领域进行初步的立法，并开始形成我国国际货运代理法律制度的基本框架。如今涉及调整国际货运代理法律关系的法律有以下几个：

一、《中华人民共和国民法通则》

《中华人民共和国民法通则》（以下简称《民法通则》）是中国对民事活动中一些共同性问题所做的法律规定，是民法体系中的一般法，于 1986 年 4 月 12 日由第六届全国人民代表大会第四次会议修订通过，从 1987 年 1 月 1 日起施行，共九章 156 条，其中在第四章第二节中对代理进行了阐释。代理行为的法律特征表现在以下几个方面：①代理人在被代理人的授权范围内行事；②代理人为被代理人实施的是能产生法律效果的民事行为，即能为被代理人设立权利和义务；③以被代理人的名义实施代理行为；④代理人为被代理人实施的民事法律行为必须是法律所允许，并由代理人实施的民事法律行为；⑤由被代理人承担代理行为的法律后果。

国际货运代理的一般代理行为法律特征如下：①货运代理服务于客户的利益；②货运代理与委托人之间属于一种委托契约关系；③国际货运代理是以委托人的名义为法律行为。

国际货运代理作为商事代理具有不同于一般民事代理的特殊性，表现如下：①货运代理均为委托代理，其代理权的产生依据当事人的授权，此外还以商事惯例作为补充；②货运代理人必须是依法经过注册登记的法人；③货运代理是凭其代理行为取得佣金，被代理人通过货运代理人的行为而获取利益；④在货运代理中由于代理人属独立的营利性法人，所承担的责任及风险均远远大于一般民事代理人所承担的风险及责任，即使在无过错的情况下也可能会承担某些特殊责任；⑤货运代理人根据委托以及行业习惯，既可以是显名代理，也可以是隐名代理，

还可以完全以自己的名义从事代理活动。

二、《中华人民共和国合同法》

《中华人民共和国合同法》（以下简称《合同法》）是为了保护合同当事人的合法权益，维护社会经济秩序，促进社会主义现代化建设而制定的，1999 年 3 月 15 日由中华人民共和国第九届全国人民代表大会第二次会议通过，并于 1999 年 10 月 1 日起施行，共计 23 章 428 条。

《合同法》是调整平等主体之间的交易关系的法律，主要规定合同的订立、合同的效力及合同的履行、变更、解除、保全、违约责任等问题。

1. 合同的含义

合同是双方或多方当事人（自然人或法人）关于建立、变更、消灭民事法律关系的协议。此类合同是产生债的一种最为普遍和重要的根据，所以又称债权合同。《中华人民共和国合同法》所规定的经济合同，就属于债权合同的范围。但合同有时也泛指发生一定权利、义务的协议，也称契约，如买卖合同、师徒合同、劳动合同以及工厂与车间订立的承包合同等。

2. 合同的法律特征

（1）合同是双方的法律行为，就是需要两个或两个以上的当事人互为意思表示。

（2）双方当事人意思表示要一致，即达成协议。

（3）合同是以发生、变更、终止民事法律关系为目的。

（4）因合同是当事人在符合法律规范要求条件下达成的，因此为合法行为。

合同一旦成立就具有法律效力，双方当事人之间即发生了权利、义务关系；或者使原有的民事法律关系发生变更或消灭。若当事人一方或双方未按合同履行义务，就要依照合同或法律承担违约责任。

3. 合同的分类

合同根据不同的分类标准可以划分为：

（1）计划合同与普通合同。计划合同是指凡直接根据国家经济计划而签订的合同，如企业法人根据国家计划签订的购销合同、建设工程承包合同等。普通合同也称非计划合同，不以国家计划为合同成立的前提。公民间的合同是典型的非计划合同。中国经济体制改革以来，计划合同已被控制在很小的范围之内。

（2）双务合同与单务合同。双务合同即指缔约双方相互负担义务，双方的义务与权利相互关联、互为因果的合同，比如买卖合同、承揽合同等。单务合同是指仅由当事人一方负担义务，他方只享有权利的合同，如赠与、无息借贷、无偿保管等合同为典型的单务合同。

（3）有偿合同与无偿合同。有偿合同是指为合同当事人一方因取得权利需向对方偿付一定代价的合同。无偿合同即当事人一方只取得权利而不偿付代价的合同，故又称恩惠合同。前者如买卖、互易合同等，后者如赠与、使用合同等。

（4）诺成合同与实践合同。若当事人双方意思表示一致，合同即告成立的，为诺成合同。而除双方当事人意思表示一致外，还须实物给付，合同始能成立，则为实践合同，亦称要物合同。

（5）要式合同与非要式合同。凡合同成立须依特定形式方才为有效的，称为要式合同；反之即为非要式合同。

（6）主合同与从合同。凡是不依他种合同的存在为前提而能独立成立的合同，称为主合同。凡是必须以他种合同的存在为前提方能成立的合同，称为从合同。例如债权合同为主合同，保证该合同债务之履行的保证合同则为从合同。从合同以主合同的存在为前提，故主合同消灭时，从合同原则上也会随之消灭。但从合同的消灭，并不影响主合同的效力。

三、《中华人民共和国海商法》

《中华人民共和国海商法》（以下简称《海商法》）是为了调整海上运输关系、船舶关系，维护当事人各方的合法权益，促进海上运输和经济贸易的发展，于 1992 年 11 月 7 日由中华人民共和国第七届全国人民代表大会常务委员会第二十八次会议通过，从 1993 年 7 月 1 日起施行。

根据《海商法》的规定，托运人有以下义务和责任：

（1）支付运费。这是海上货物运输合同下托运人最基本的义务，即托运人应当按照约定的时间、金额和方式等向承运人支付运费，托运人与承运人也可以约定运费由收货人支付。不过，这种约定应当在运输单证中载明。

（2）包装货物并申报货物资料。托运人托运货物，须以正常的或习惯的方式妥善包装，使货物在通常的照管和运输条件下能够避免绝大多数轻微的损害。如因货物包装不良或者标志欠缺、不清，并由此引起货物本身的灭失或损坏的，承运人可以免除对托运人的赔偿责任。但因货物的这些不良状况引起其他货主的损失，承运人就应该负责赔偿，再向托运人追偿。托运人在交付货物时，应将货物的品名、标志、包数或者件数、重量或者体积等相关资料申报给承运人。托运人必须保证其申报的资料正确无误，托运人对申报不实造成的承运人的损失将负赔偿责任。

（3）办理货物运输手续。托运人应当及时向港口、海关、检疫、检验和其他主管机关办理货物运输所需要的各项手续，并将已办理各项手续的单证送交承运人；因办理各项手续的有关单证送交不及时、不完备或者不正确，而使承运人的利益受到损害的，托运人应当负赔偿责任。

（4）托运危险品的责任。托运人托运危险货物，必须依照有关危险货物运输的规定，妥善包装，做出危险品标志和标签，并将正式名称和性质以及应当采取的预防危害措施书面通知承运人。没有通知则会导致两项严重后果：其一，承运人不对任何灭失或损坏负责；其二，托运人在承运人因此遭受损失时还应负责赔偿。此后果不要求托运人有过失，因此是过失责任原则的一个例外。即使托运人尽到了通知义务，且承运人明确同意装运危险品，但承运人在承运的危险货物对船舶、人员或者其他货物构成实际危险时，仍可以将货物卸下、销毁或者使之不能为害，但不负赔偿责任。但危险货物仍负有分摊共同海损的义务。

知识贴

调整国际货运代理法律关系的行政法规和部门规章

➢《中华人民共和国国际运输代理业管理规定》

➢《国际货运代理企业备案（暂行）办法》

➢《外商投资国际货物运输代理企业管理办法》

➢《中华人民共和国国际海运条例》

➢《中华人民共和国国际货物运输代理业管理规定实施细则》

➢《中华人民共和国国际集装箱多式联运规则》
➢《中国民用航空快递业管理规定》
➢《中华人民共和国海关对报关单位注册登记管理规定》
➢《出入境检验检疫代理报检规定》

本章附录

附录一
统一提单的若干法律规则的国际公约——《海牙规则》

第一条 本公约所用下列各词，含义如下：

（a）“承运人”包括与托运人订有运输合同的船舶所有人或租船人。

（b）“运输合同”仅适用于以提单或任何类似的物权凭证进行有关海上货物运输的合同；在租船合同下或根据租船合同所签发的提单或任何物权凭证，在它们成为制约承运人与凭证持有人之间的关系准则时，也包括在内。

（c）“货物”包括货物、制品、商品和任何种类的物品，但活牲畜以及在运输合同上载明装载于舱面上并且已经这样装运的货物除外。

（d）“船舶”是指用于海上货物运输的任何船舶。

（e）“货物运输”是指自货物装上船时起，至卸下船时止的一段期间。

第二条 除遵照第六条规定外，每个海上货物运输合同的承运人，对有关货物的装载、搬运、积载、运送、保管、照料和卸载，都应按照下列规定承担责任和义务，并享受权利和豁免。

第三条

1. 承运人须在开航前和开航时谨慎处理：

（a）使船舶适航；

（b）适当地配备船员、装备船舶和供应船舶；

（c）使货舱、冷藏舱和该船其他载货处所能适宜和安全地收受、运送和保管货物。

2. 除遵照第四条规定外，承运人应适当和谨慎地装卸、搬运、积载、运送、保管、照料和卸载所运货物。

3. 承运人或船长或承运人的代理人在收受货物归其照管后，经托运人的请求，应向托运人签发提单，其上载明下列各项：

（a）与开始装货前由托运人书面提供者相同的、为辨认货物所需的主要标志，如果这项标志是以印戳或其他方式标示在不带包装的货物上，或在其中装有货物的箱子或包装物上，该项标志通常应在航程终了时仍能保持清晰可认；

（b）托运人用书面提供的包数或件数，或数量，或重量；

（c）货物的表面状况。

但是，承运人、船长或承运人的代理人，不一定必须将任何货物的标志、号码、数量或重量表明或标示在提单上，如果他有合理根据怀疑提单不能正确代表实际收到的货物，或无适当方法进行核对的话。

4. 依照第 3 款（a）（b）（c）项所载内容的这样一张提单，应作为承运人收到该提单中所载货物的初步证据。

5. 托运人应被视为已在装船时向承运人保证，由他提供的标志、件数、数量和重量均正确无误；并应赔偿给承运人由于这些项目不正确所引起或导致的一切灭失、损坏和费用。承运人的这种赔偿权利，并不减轻其根据运输合同对托运人以外的任何人所承担的责任和义务。

6. 在将货物移交给根据运输合同有权收货的人之前或当时，除非在卸货港将货物的灭失和损害的一般情况，已书面通知承运人或其代理人，则这种移交应作为承运人已按照提单规定交付货物的初步证据。

如果灭失或损坏不明显，则这种通知应于交付货物之日起的三天内提交。

如果货物状况在收受时已经进行联合检验或检查，就无须再提交书面通知。

除非从货物交付之日或应交付之日起一年内提出诉讼，承运人和船舶在任何情况下都免除对灭失或损害所负的一切责任。

遇有任何实际的或推定的灭失或损害，承运人与收货人必须为检验和清点货物相互给予一切合理便利。

7. 货物装船后，如果托运人要求，签发“已装船”提单，承运人、船长或承运人的代理人签发给托运人的提单，应为“已装船”提单，如果托运人事先已取得这种货物的物权单据，应交还这种单据，换取“已装船”提单。但是，也可以根据承运人的决定，在装货港由承运人、船长或其代理人在上述物权单据上注明装货船名和装船日期。经过这样注明的上述单据，如果载有第三条第3款所指项目，即应成为本条所指的“已装船”提单。

8. 运输合同中的任何条款、约定或协议，凡是解除承运人或船舶对由于疏忽、过失或未履行本条规定的责任和义务，因而引起货物或关于货物的灭失或损害的责任的，或以下同于本公约的规定减轻这种责任的，则一律无效。有利于承运人的保险利益或类似的条款，应视为属于免除承运人责任的条款。

第四条

1. 不论承运人或船舶，对于因不适航所引起的灭失或损坏，都不负责，除非造成的原因是由于承运人未按第三条第1款的规定，克尽职责；使船舶适航；保证适当地配备船员、装备和供应该船，以及使货舱、冷藏舱和该船的其他装货处所能适宜并安全地收受、运送和保管货物。凡由于船舶不适航所引起的灭失和损害，对于已克尽职责的举证责任，应由根据本条规定要求免责的承运人或其他人承担。

2. 不论承运人或船舶，对由于下列原因引起或造成的灭失或损坏，都不负责：

(a) 船长、船员、引水员或承运人的雇佣人员，在驾驶船舶或管理船舶中的行为、疏忽或不履行义务；

(b) 火灾，但由于承运人的实际过失或私谋所引起的除外；

(c) 海上或其他可航水域的灾难、危险和意外事故；

(d) 天灾；

(e) 战争行为；

(f) 公敌行为；

(g) 君主、当权者或人民的扣留或管制，或依法扣押；

(h) 检疫限制；

(i) 托运人或货主、其代理人或代表的行为或不行为；

(j) 不论由于任何原因所引起的局部或全面罢工、关厂停止或限制工作；

(k) 暴动和骚乱；

(l) 救助或企图救助海上人命或财产；

(m) 由于货物的固有缺点、质量或缺陷引起的体积或重量亏损，或任何其

他灭失或损坏；

（n）包装不充分；

（o）标志不清或不当；

（p）虽克尽职责亦不能发现的潜在缺点；

（q）非由于承运人的实际过失或私谋，或者承运人的代理人，或雇佣人员的过失或疏忽所引起的其他任何原因；但是要求引用这条免责利益的人应负责举证，证明有关的灭失或损坏既非由于承运人的实际过失或私谋，亦非承运人的代理人或雇佣人员的过失或疏忽所造成。

3. 对于任何非因托运人、托运人的代理人或其雇佣人员的行为、过失或疏忽所引起的使承运人或船舶遭受的灭失或损坏，托运人不负责任。

4. 为救助或企图救助海上人命或财产而发生的绕航，或任何合理绕航，都不能作为破坏或违反本公约或运输合同的行为；承运人对由此而引起的任何灭失或损害，都不负责。

5. 承运人或是船舶，在任何情况下对货物或与货物有关的灭失或损害，每件或每计费单位超过一百英镑或与其等值的其他货币的部分，都不负责；但托运人于装货前已就该项货物的性质和价值提出声明，并已在提单中注明的，不在此限。

该项声明如经载入提单，即作为初步证据，但它对承运人并不具有约束力或最终效力。

经承运人、船长或承运人的代理人与托运人双方协议，可规定不同于本款规定的另一最高限额，但该最高限额不得低于上述数额。

如承运人在提单中，故意谎报货物性质或价值，则在任何情况下，承运人或是船舶，对货物或与货物有关的灭失或损害，都不负责。

6. 承运人、船长或承运人的代理人对于事先不知性质而装载的具有易燃易爆或危险性的货物，可在卸货前的任何时候将其卸在任何地点，或将其销毁，或使之无害，而不予赔偿；该项货物的托运人，应对由于装载该项货物而直接或间接引起的一切损害或费用负责。如果承运人知道该项货物的性质，并已同意装载，则在该项货物对船舶或货载发生危险时，亦得同样将该项货物卸在任何地点，或将其销毁，或使之无害，而不负赔偿责任，但如发生共同海损不在此限。

第五条　承运人可以自由地全部或部分放弃本公约中所规定的他的权利和豁免，或增加他所应承担的任何一项责任和义务。但是这种放弃或增加，须在签发给托运人的提单上注明。

本公约的规定，不适用于租船合同，但如果提单是根据租船合同签发的，则上述提单应符合本公约的规定。本公约中的任何规定，都不得妨碍在提单中加注有关共同海损的任何合法条款。

第六条 虽有前述各条规定，只要不违反公共秩序，承运人、船长或承运人的代理人得与托运人就承运人对任何特定货物应负的责任和应尽的义务，及其所享受的权利与豁免，或船舶适航的责任等，以任何条件，自由地订立任何协议。或就承运人雇佣人员或代理人在海运货物的装载、搬运、积载、运送、保管、照料和卸载方面应注意及谨慎的事项，自由订立任何协议。但在这种情况下，必须是未曾签发或将不签发提单，而且应将上述协议的条款载入不得转让并注明这种字样的单证内。

这样订立的任何协议，都具有完全的法律效力。

但本条规定不适用于依照普通贸易程序成交的一般商业货运，而仅在拟装运的财物的性质和状况，或据以进行运输的环境、条款和条件，有订立特别协议的合理需要时，才能适用。

第七条 本条约中的任何规定，都不妨碍承运人或托运人就承运人或船舶对海运船舶所载货物于装船以前或卸船以后所受灭失或损害，或与货物的保管、照料和搬运有关的灭失或损害所应承担的责任与义务，订立任何协议、规定、条件、保留或免责条款。

第八条 本公约各条规定，都不影响有关海运船舶所有人责任限制的任何现行法令所规定的承运人的权利和义务。

第九条 本公约所提到的货币单位为金价。

凡缔约国中不以英镑作为货币单位的，得保留其将本公约所指的英镑数额以四舍五入的方式折合为本国货币的权利。

各国法律可以为债务人保留按船舶抵达卸货港之日通知的兑换率，以本国货币偿清其有关货物的债务的权利。

第十条 本公约和各项规定，适用于在任何缔约国所签发的一切提单。

第十一条 自本公约签字之日起不超过二年的期限内，比利时政府应与已声明拟批准本公约的缔约国保持联系，以便决定是否使本公约生效。批准书应于各缔约国协商确定的日期交存于布鲁塞尔。首次交存的批准书应载入由参加国代表及比利时外交部长签署的议定书内。以后交存的批准书，应以书面通知送交比利时政府，并随附批准文件。比利时政府，应立即将有关记载首次交存批准书的议定书和上段所指的通知，随附批准书等的核证无误的副本，通过外交途径送交已签署本公约或已加入本公约的国家。在上段所指情况下，比利时政府应于收到通知的同时，知照各国。

第十二条 凡未签署本公约的国家，不论是否已出席在布鲁塞尔召开的国际会议，都可以加入本公约。

拟加入本公约的国家，应将其意图用书面通知比利时政府，并送交其加入的文件，该项文件应存放在比利时政府档案库。

比利时政府应立即将加入本公约通知书的核证无误的副本，分送已签署本公约或已加入本公约的国家，并注明它收到上述通知的日期。

第十三条 缔约国的签署、批准或加入本公约时，可以声明其接受本公约并不包括其任何或全部自治领或殖民地、海外属地、保护国或在其主权或权力管辖下的地域；并且可以在此后代表这些声明中未包括的任何自治领或殖民地、海外属地、保护国或地域将分别加入本公约。各缔约国还可以根据本公约的规定，代表其任何自治领或殖民地、海外属地、保护国或其主权或权力管辖下的地域将分别声明退出本公约。

第十四条 本公约在首批交存批准书的各国之间，于议定书记载此项交存之日起一年后开始生效。此后批准或加入本公约的各国或根据第十三条规定使公约生效的各国，于此比利时政府收到第十一条第二款及第十二条第二段所指的通知六个月后生效。

第十五条 如有缔约国欲退出本公约，应用书面通知比利时政府，比利时政府立即将核证无误的通知副本分送其他国家，并注明其收到上述通知的日期。

这种退出只对提出通知的国家有效，生效日期从上述通知送达比利时政府之日起一年以后开始。

第十六条 任何一个缔约国都有权就考虑修改本公约事项，请求召开新的会议。

欲行使此项权利的国家，应通过比利时政府将其意图通知其他国家，由比利时政府安排召开会议事宜。

一九二四年八月二十五日订于布鲁塞尔，计一份。

附录二
修改统一提单若干法律规定的国际公约议定书——《维斯比规则》

各缔约国：

各缔约方，考虑到修改一九二四年八月二十五日在布鲁塞尔签订的关于《统一提单的若干法律规则的国际公约》的需要，协议如下：

第一条

（1）在第三条第四款中应增加：

“但是，当提单已经转给善意行事的第三者时，与此相反的证据不予接受。”

（2）在第三条第六款中的第四段应改为：

“遵照第六款（修改本）的规定，除非从货物交付之日或应付之日起一年内提起诉讼，承运人和船舶在任何情况下都免除对于货物的货物责任。但是，诉讼事由提出后，如经当事方同意，该期限可以延长。”

（3）在第三条的第六款后应增加下列条文作为第六款（修改本）：

“即使在前款规定的年限期满后，如果在受理该案的法院的法律准许的时间内，仍可以对第三者提出赔偿诉讼。但是，准许的时间不得少于三个月，自提出这种赔偿诉讼已经解决了对他本人的索赔或者从起诉传票送达他本人之日起算。”

第二条　第四条的第五款应予删去，并改为下列规定：

（a）除非在装货前，托运人已声明该货物的性质和价值，并载入提单，否则，在任何情况下，承运人或船舶对货物所遭受的或有关的任何灭失或损害，每件或每单位的金额超过10000法郎的部分，或按灭失或损害的货物每公斤先重超达30法郎的部分，均不负责任，两者以较高的金额为准。

（b）全部赔偿金额应参照货物根据契约从船上卸下或应卸下的当地当时的价值计算。

货物价值应按照商品交易所价格确定，或者如无此种价格时，则按现行市场价格，或者如既无商品交易所价格又无现行市场价格时，则参照同类同质货物的正常价值确定。

（c）如果货物是用集装箱、托盘或类似的装运器具拼装时，提单中所载明的、装在这种装运器具中的件数或单位数，应视为就本款所指的件数或单位数；除上述情况外，应视为此种装运器具即是件或单位。

(d) 一个法郎是指一个含有纯度为900‰的黄金65.5毫克的单位。裁决的赔偿数额兑换成国家货币的日期，应由受理该法院的法律规定。

(e) 如经证实损失是由于承运人蓄意造成损失而做出的行为或不行为或明知可能会产生损失但仍不顾后果而做出的行为或不行为产生的，则承运人或船舶无权享受本款所规定的责任限制的利益。

(f) 本款 (a) 项所提到的声明，如载入提单时，应作为初步证据，但对承运人不具有约束力或最终效力。

(g) 承运人、船长或承运人的代理人和托运人之间的协议，可以规定高于本款 (a) 项规定的另外最高金额，但这样规定的最高金额不得低于 (a) 项所列的最高金额。

(h) 如托运人在提单中，故意谎报货物性质或价值，则在任何情况下承运人或船舶对货物或与货物有关的灭失或损害不承担责任。

第三条　在本公约的第四条和第五条之间应插入以下条文作为第四条（修订本）：

1. 本公约规定的抗辩和责任限制，应适用于就运输合同所涉及的有关货物的灭失或损害对承运人所提起的任何诉讼，不论该诉讼是以合同为根据还是以侵权行为为根据。

2. 如果这种诉讼是对承运人的雇佣人员或代理人（而该雇佣人员或代理人不是独立的缔约人）提出的，则该雇佣人员或代理人适用按照本公约承运人所可援引的各项答辩和责任限制。

3. 从承运人及其雇佣人员和代理人得到的赔偿总额，在任何情况下都不得超过本公约规定的限制。

4. 但是，如经证实，损失是由于该雇佣人员或代理人蓄意造成损失而做出的行为或不行为，或明知可能会产生损失，但仍不在意而做出的作为或不行为产生的，则该承运人的雇佣人员或代理人不得适用本条的各项规定。

第四条　本公约的第九条应改为下列规定：

“本公约不应影响任何国际公约或国内法有关对核能损害责任的各项规定。”

第五条　本公约的第十条应改为下列规定：

“本公约各项规定应适用于两个不同国家的港口之间有关的货物运输的每一

份提单，如果：

（a）提单在一个缔约国签发，或

（b）从一个缔约国的港口起运，或

（c）提单载有的或由提单证明的契约的规定，该契约应受本公约的各项规则约束或应受本公约生效的任何国家的立法约束，不论船舶、承运人、托运人、收货人或任何其他有关人的国籍如何。

每个缔约国应将本公约的各项规定适用于上述提单。

本条不应妨碍缔约国将本公约的各项规定适用于不包括在前款中的提单。”

第六条 在本议定书的各缔约国之间，本公约与议定书应作为一个文件，结合起来阅读和解释。

本议定书的各缔约国没有义务将本议定书的各项规定适用于虽为本公约缔约国，但不是本议定书缔约国所签发的提单。

第七条 在本议定书的各缔约国之间，任何一国按公约第十五条规定退出本公约，不能解释为退出经本议定书修订的本公约。

第八条 两个或两个以上缔约国就本公约的解释和适用发生争议，而未能通过协商解决时，应根据其中一方的请求提交仲裁。如在提请仲裁之日起六个月内，各方不能对仲裁的组成取得一致意见时，则其中任何一方可以按照国际法庭条例将纠纷提交国际法庭。

第九条

（1）每一缔约国在签字或批准本议定书或加入本议定书时，可以声明不受本议定书第八条的约束。其他缔约国对做出这一保留的任何缔约国之间的关系上应不受该条的约束。

（2）根据第一款，做出保留的任何缔约国可在任何时候通知比利时政府撤销此保留。

第十条 本议定书对批准本公约的，或在一九六八年二月二十三日前加入本公约的，以及出席海上外交会议第十二次会议（一九六七—一九六八年）的任何国家开放以供签字。

第十一条

（1）本议定书须经批准。

（2）任何非本公约缔约国的国家所提交的本议定书的批准书，具有加入本公约的效力。

（3）批准的文件应交存比利时政府。

第十二条

（1）未出席海上法外交会议第十二次会议的联合国成员国或联合国各专门机构成员国，可加入本议定书。

（2）加入本议定书，具有加入本公约的效力。

（3）加入的文件应交存比利时政府。

第十三条

（1）在收到十份批准书或加入文件之日后三个月，本议定书生效，但其中至少应有五个交存批准书的国家是各拥有相当于或超过100万总吨船舶的国家。

（2）按照本条第一款规定，交存使本议定书生效所需的批准或加入文件之日以后的批准或加入本议定书的每一个国家，本议定书在其交存批准或加入文件之后三个月生效。

第十四条

（1）任何缔约国可以通知比利时政府退出本议定书。

（2）此项退出通知具有退出本公约的效力。

（3）此项退出通知在比利时政府收到该通知之日后一年生效。

第十五条

（1）任何缔约国在签署、批准或加入本议定书时，或在此后的任何时候，可用书面通知比利时政府，声明在该国的主权管辖下的地域或在由该国负责其国际关系的地域中，哪些地域适用本议定书。

在比利时政府收到该通知之日后三个月，本议定书的适用范围即扩大到通知书所列明的地域，但在本议定书对该缔约国生效之日以前则不适用。

（2）如果这些地域尚未适用本公约，则此种扩大也适用于本公约。

（3）根据本条第一款做出声明的任何缔约国，可以此后的任何时候通知比利时政府，声明本议定书停止扩大适用到该地域。此项退出应在比利时政府收到退出通知之日后一年生效；此项退出也应适用本公约。

第十六条　各缔约国可以采用下述方法使本议定书生效：赋以法律效力，或以适合于国内立法的形式在国内立法中订入本议定书所采用的各项规则。

第十七条　比利时政府应将下列事项通知出席海上法外交会议第十二次会议（1967～1968年）的各国、本议定书各加入国及本公约的各缔约国：

1. 根据第十条、第十一条和第十二条所收到的签署、批准和加入的文件；

2. 根据第十三条，本议定书将生效的日期；

3. 根据第十五条，关于适用地域的通知；

4. 根据第十四条所到的退出通知。

下列全权代表，经正式授权，已在本议定书上签字，以资证明。

一九六八年二月二十三日订于布鲁塞尔，共一份，每份都用法文和英文写成，两种文本具有同等效力。本议定书交存于比利时政府档案库，并由比利时政府分发核证无误的本议定书副本。

附录三
1929 年华沙公约

公约缔约国认为，国际航空运输的条件，在所用文件和承运人的责任方面，有统一规定的必要，为此目的，各派全权代表，经正式授权，签订本公约如下：

第一章　范围和定义

第一条

一、本公约适用于所有以航空器运送旅客、行李或货物而收取报酬的国际运输。本公约同样适用于航空运输企业以航空器办理的免费运输。

二、本公约所指的“国际运输”的意义是：根据有关各方所订的合同，不论在运输中是否有间断或转运，其出发地和目的地是在两个缔约国或非缔约国的主权、宗主权、委任统治权或权力管辖下的领土内有一个约定的经停地点的任何运输。在同一缔约国的主权、宗主权、委任统治权或权力管辖下的领土间的运输，如果没有这种约定的经停地点，对本公约来说不作为国际运输。

三、几个连续的航空承运人所办理的运输，如果被合同各方认为是一个单一的业务活动，则无论是以一个合同或一系列的合同的形式订立的，就本公约的适用来说，应作为一个单一的运输，并不因其中一个合同或一系列的合同完全在同一缔约国的主权、宗主权、委任统治权或权力管辖下的领土内履行而丧失其国际性质。

第二条

一、本公约适用于国家或其他公法人在第一条规定的条件下所办理的运输。

二、本公约不适用于按照国际邮政公约的规定而办理的运输。

第二章　运输凭证

第一节　客票

第三条

一、承运人运送旅客时必须出具客票，客票上应该包括以下各项：

（一）出票地点和日期；

（二）出发地和目的地；

（三）约定的经停地点，但承运人保留在必要时变更经停地点的权利，承运人行使这种权利时，不应使运输由于这种变更而丧失其国际性质；

（四）承运人的名称和地址；

（五）声明运输应受本公约所规定责任制的约束。

二、如果没有客票，或客票不合规定或客票遗失，不影响运输合同的存在和有效，这项运输合同仍将受本公约规则的约束。但是如果承运人承运旅客而不出具客票，承运人就无权引用本公约关于免除或限制承运人责任的规定。

第二节　行李票

第四条

一、运送行李时，除由旅客自行保管的小件个人用品外，承运人必须出具行李票。

二、行李票应备一式两份，一份交旅客，一份归承运人。

三、行李票上应包括以下各项：

（一）出票地点和日期；

（二）起运地和目的地；

（三）承运人的名称和地址；

（四）客票的号码；

（五）声明行李将交给行李票持有人；

（六）行李件数和重量；

（七）根据第二十二条（2）款声明的价值；

（八）声明运输应受本公约所规定责任制度的约束。

四、如果没有行李票，或行李票不合规定或行李票遗失，不影响运输合同的存在和有效，这项运输合同仍将同样受本公约的规则的约束。但是如果承运人接受行李而不出具行李票，或行李票上没有包括以上（四）（六）（八）各项，承运人就无权引用本公约关于免除或限制承运人责任的规定。

第三节　航空货运单

第五条

一、货物承运人有权要求托运人填写一称为“航空货运单”的凭证，托运人有权要求承运人接受这项凭证。

二、但是如果没有这种凭证，或凭证不合规定或凭证遗失，不影响运输合同的存在和有效，除第九条另有规定外，这项运输合同同样受本公约的规则的约束。

第六条

一、托运人应填写航空货运单正张一式三份，连同货物交给承运人。

二、第一份注明“交承运人”，由托运人签字；第二份注明“交收货人”，由托运人和承运人签字，并附在货物上；第三份由承运人在接受货物后签字，交给托运人。

三、承运人应该在接受货物时签字。

四、承运人的签字可以用戳记代替，托运人的签字可以印就或用戳记代替。

五、如果承运人根据托运人的请求，填写航空货运单，在没有相反的证据时，应作为代托运人填写。

第七条　如果货物不止一件时，承运人有权要求托运人分别填写航空货运单。

第八条　航空货运单上应该包括以下各项：

（一）货运单的填写地点和日期；

（二）起运地和目的地；

（三）约定的经停地点，但承运人保留在必要时变更经停地点的权利，承运人行使这种权利时，不应使运输由于这种变更而丧失其国际性质；

（四）托运人的名称和地址；

（五）第一承运人的名称和地址；

（六）必要时应写明收货人的名称和地址；

（七）货物的性质；

（八）包装件数、包装方式、特殊标志或号数；

（九）货物的重量、数量、体积或尺寸；

（十）货物和包装的外表情况；

（十一）如果运费已经议定，应写明运费金额、付费日期和地点以及付费人；

（十二）如果是货到付款，应写明货物的价格，必要时还应写明应付的费用；

（十三）根据第二十二条（2）款声明的价值；

（十四）航空货运单的份数；

（十五）随同航空货运单交给承运人的凭证；

（十六）如果经过约定，应写明运输期限，并概要说明经过的路线；

（十七）声明运输应受本公约所规定责任制度的约束。

第九条　如果承运人接受货物而没有填写航空货运单，或航空货运单没有包括第八条（一）至（九）和（十七）各项，承运人就无权引用本公约关于免除或限制承运人责任的规定。

第十条

一、对于在航空货运单上所填关于货物的各项说明和声明的正确性，托运人应负责任。

二、对于因为这些说明和声明不合规定、不正确或不完备而使承运人或任何其他人遭受的一切损失，托运人应负责任。

第十一条

一、在没有相反的证据时，航空货运单是订立合同、接受货物和承运条件的证明。

二、在没有相反的证据时，航空货运单中关于货物重量、尺寸和包装以及件数的说明，都应该被当作是确实的。除非经过承运人和托运人当面查对并在航空货运单中注明经过查对，或者是关于货物外表情况的说明外，关于货物的数量、体积及情况的说明不能构成不利承运人的证据。

第十二条

一、托运人在履行运输合同所规定的一切义务的条件下，有权在起运地航空站或目的地航空站将货物提回，或在途中经停时中止运输，或在目的地或运输途中交给非航空货运单上所指定的收货人，或要求将货物退回起运地航空站，但不得因为行使这种权利而使承运人或其他托运人遭受损害，并且应该偿付由此产生的一切费用。

二、如果托运人的指示不能执行，承运人应该立即通知托运人。

三、如果承运人按照托运人的指示处理货物，而没有要求托运人出示他所执的航空货运单，因而使该航空货运单的合法执有人遭受损失时，承运人应负责任，但并不妨碍承运人向托运人要求赔偿的权利。

四、收货人的权利根据第十三条的规定开始时，托运人的权利即告终止，但是如果收货人拒绝接受货运单或货物，或无法同收货人联系，托运人就恢复他对货物的处理权。

第十三条

一、除上条所列情况外，收货人于货物到达目的地，并在缴付应付款项和履行航空货运单上所列的运输条件后，有权要求承运人移交航空货运单并发给货物。

二、除另有约定外，承运人应该在货物到达后立即通知收货人。

三、如果承运人承认货物已经遗失或货物在应该到达的日期七天后尚未到达，收货人有权向承运人行使运输合同所赋予的权利。

第十四条 托运人或收货人在履行合同所规定义务的条件下，不论为自己或别人的利益，可以各自用自己的名义分别行使第十二条、第十三条所赋予的一切权利。

第十五条

一、第十二条、第十三条、第十四各条不影响托运人对收货人或收货人对托运人的关系，也不影响从托运人或收货人获得权利的第三者之间的关系。

二、一切同第十二条、第十三条、第十四各条规定不同的条款应该在航空货运单中明白规定。

第十六条

一、托运人应该提供各种必需的资料，以便在货物交付收货人以前完成海关、税务或公安手续，并且应该将必需的有关证件附在航空货运单后面。除非由于承运人或其代理人的过失，这种资料或证件的缺乏、不足或不合规定所造成的任何损失，应该由托运人对承运人负责。

二、承运人没有检查这种资料或证件是否正确或完备的义务。

第三章　承运人的责任

第十七条　对于旅客因死亡、受伤或身体上的任何其他损害而产生的损失，如果造成这种损失的事故是发生在航空器上或上下航空器过程中，承运人应负责任。

第十八条

一、对于任何已登记的行李或货物因毁灭、遗失或损坏而产生的损失，如果造成这种损失的事故是发生在航空运输期间，承运人应负责任。

二、上款所指航空运输的意义，包括行李或货物在承运人保管下的期间，不论是在航空站内、在航空器上或在航空站外降落的任何地点。

三、航空运输的期间不包括在航空站以外的任何陆运、海运或河运。但是如果这种运输是为了履行空运合同，是为了装货、交货或转运，任何损失应该被认为是在航空运输期间发生事故的结果，除非有相反证据。

第十九条　承运人对旅客、行李或货物在航空运输过程中因延误而造成的损失应负责任。

第二十条

一、承运人如果证明自己和他的代理人为了避免损失的发生，已经采取一切必要的措施，或不可能采取这种措施时，就不负责任。

二、在运输货物和行李时，如果承运人证明损失的发生是由于驾驶上、航空器的操作上或领航上的过失，而在其他一切方面承运人和他的代理人已经采取一切必要的措施以避免损失时，就不负责任。

第二十一条　如果承运人证明损失的发生是由于受害人的过失所引起或助成，法院可以按照它的法律规定，免除或减轻承运人的责任。

第二十二条

一、运送旅客时，承运人对每一旅客的责任以125000法郎为限。如果根据受理法院的法律，可以分期付款方式赔偿损失时，付款的总值不得超过这个限额，但是旅客可以根据他同承运人的特别协议，规定一个较高的责任限额。

二、在运输已登记的行李和货物时，承运人对行李或货物的责任以每公斤250法郎为限，除非托运人在交运时，曾特别声明行李或货物运到后的价值，并缴付必要的附加费。在这种情况下，承运人所负责任不超过声明的金额，除非承运人证明托运人声明的金额高于行李或货物运到后的实际价值。

三、关于旅客自己保管的物件，承运人对每个旅客所负的责任，以 5000 法郎为限。

四、上述法郎是指含有 900‰成色的 65.5 毫克黄金的法国法郎。这项金额可以折合成任何国家的货币取其整数。

第二十三条 企图免除承运人的责任，或定出一个低于本公约所规定责任限额的任何条款，都不生效力，但合同仍受本公约规定的约束，并不因此而失效。

第二十四条

一、如果遇到第十八、十九两条所规定的情况，不论其根据如何，一切有关责任的诉讼只能按照本公约所列条件和限额提出。

二、如果遇到第十七条所规定的情况，也适用上项规定，但不妨碍确定谁有权提出诉讼以及他们各自的权利。

第二十五条

一、如果损失的发生是由于承运人的有意的不良行为，或由于承运人的过失，而根据受理法院的法律，这种过失被认为等于有意的不良行为，承运人就无权引用本公约关于免除或限制承运人责任的规定。

二、同样，如果上述情况造成的损失是承运人的代理人之一在执行他的职务范围内所造成的，承运人也无权引用这种规定。

第二十六条

一、除非有相反的证据，如果收件人在收受行李或货物时没有异议，就被认为行李或货物已经完好地交付，并和运输凭证相符。

二、如果有损坏情况，收件人应该在发现损坏后，立即向承运人提出异议，如果是行李，最迟应该在行李收到后三天内提出，如果是货物，最迟应该在货物收到后七天提出。如果有延误，最迟应该在行李或货物交由收件人支配之日起 14 天内提出异议。

三、任何异议应该在规定期限内写在运输凭证上或另以书面提出。

四、除非承运人方面有欺诈行为，如果在规定期限内没有提出异议，就不能向承运人起诉。

第二十七条 如果债务人死亡，在本公约规定范围内有关责任的诉讼可以向债务人的权利继承人提出。

第二十八条

一、有关赔偿的诉讼，应该按原告的意愿，在一个缔约国的领土内，向承运人住所地或其总管理处所在地或签订契约的机构所在地法院提出，或向目的地法院提出。

二、诉讼程序应根据受理法院的法律规定办理。

第二十九条

一、诉讼应该在航空器到达目的地之日起，或应该到达之日起，或从运输停止之日起两年内提出，否则就丧失追诉权。

二、诉讼期限的计算方法根据受理法院的法律决定。

第三十条

一、符合第一条（3）款所规定的由几个连续承运人办理的运输，接受旅客、行李或货物的每一个承运人应该受本公约规定的约束，并在合同中由其办理的一段运输的范围内，作为运输合同的订约一方。

二、如果是这种性质的运输，旅客或他的代表只能对发生事故或延误的一段运输的承运人提出诉讼，除非有明文约定第一承运人应该负全程的责任。

三、至于行李或货物，托运人有向第一承运人提出诉讼的权利，有权提取行李或货物的收货人也有向最后承运人提出诉讼的权利。此外，托运人和收货人都可以对发生毁灭、遗失、损坏或延误的一段运输的承运人提出诉讼。这些承运人应该对托运人和收货人负连带责任。

第四章　关于联合运输的规定

第三十一条

一、对于一部分用航空运输，一部分用其他运输方式联合办理的运输，本公约的规定只适用于符合第一条条件的航空运输部分。

二、在联合运输中，在航空运输部分遵守本公约的规定条件下，本公约并不妨碍各方在航空运输凭证上列入有关其他运输方式的条件。

第五章　一般和最后条款

第三十二条　运输合同的任何条款和在损失发生以前的任何特别协议，如果运输合同各方借以违背本公约的规则，无论是选择所适用的法律或变更管辖权的规定，都不生效力。但在本公约的范围内，货物运输可以有仲裁条款，如果这种仲裁在第二十八条（1）款所规定的法院管辖地区进行。

第三十三条 本公约并不妨碍承运人拒绝签订任何运输合同或制订同本公约条款不相抵触的规章。

第三十四条 本公约不适用于航空运输机构为了开设正式航线进行试航的国际航空运输，也不适用于超出正常航空运输业务以外的特殊情况下进行的运输。

第三十五条 本公约所用的“日”是指连续日，而不是指工作日。

第三十六条 本公约以法文写成一份，存放在波兰外交部档案库，并由波兰政府将正式认证的副本送各缔约国政府。

第三十七条

一、本公约须经批准。批准书应该存放在波兰外交部档案库，并由波兰外交部通知各缔约国政府。

二、本公约一经五个缔约国批准，在第五件批准书交存后第 90 天起，就在批准国之间生效。以后于每一批准国交存批准书后的第 90 天起在交存国和已批准的各国间生效。

三、波兰共和国政府应将本公约开始生效日期和每一批准书交存日期通知缔约国政府。

第三十八条

一、本公约生效后，任何国家可以随时加入。

二、加入本公约，须以通知书送交波兰共和国政府，由波兰共和国政府通知各缔约国政府。

三、加入本公约，在通知书送达波兰共和国政府后第 90 天起生效。

第三十九条

一、任何缔约国可以书面通知波兰共和国政府，声明退出本公约，波兰共和国政府应立即通知各缔约国政府。

二、退出本公约，在通知退出后满六个月时生效，并只对声明退出的国家生效。

第四十条

一、缔约国在签字时，或交存批准书时或通知加入时，可以声明所接受的本公约不适用于其所属全部或部分殖民地、保护地、委任统治地或其他在其主权或

权力管辖下的任何领土或其他在其宗主权管辖下的任何领土。

二、缔约国以后可以用原来声明除外的所属全部或部分殖民地、保护地、委任统治地或其他在其主权或权力管辖下的任何领土或其他在其宗主权管辖下的任何领土的名义，分别加入。

三、缔约国也可以根据本公约的规定，分别为其所属全部或部分殖民地、保护地、委任统治地或其他在其主权或权力管辖下的任何领土或其他在其宗主权管辖下的任何领土声明退出本公约。

第四十一条　各缔约国可以在本公约生效两年后，要求召开一次新的国际会议，以寻求本公约可能的改进。为此目的，该国应通知法兰西共和国政府，由法兰西共和国政府采取必要措施以筹备该会议。

本公约于 1929 年 10 月 12 日在华沙签订。签字截止期限为 1930 年 1 月 31 日。

附加议定书（关于第二条）

缔约国在批准或加入时，保留声明本公约第二条（1）款不适用于其国家、其殖民地、保护地、委任统治地或在其主权、宗主权或权力管辖下任何其他领土所直接办理的国际航空运输的权利。

课后思考题

1. 《海牙规则》中对承运人无过失免责有哪些规定？

2. 《维斯比规则》中对《海牙规则》进行修改后，其内容主要增加了哪几个方面？

3. 按照我国《民法通则》规定，代理行为的法律特征表现在哪几个方面？

4. 根据海商法的规定，托运人的义务和责任有哪些？

章后案例

货运保险“盲区”的产生

中国康诺公司于2012年7月30日按照FOB新港条件向日本出口一批价值18万美元的玻璃瓶装枸杞蜜，日本商人来证要求康诺公司替他在中国向中保按货值的110%投保水渍险加碰损破碎险，同时指定保险单抬头为买方名称，并且在保险单上注明“仓至仓”条款。

康诺公司按照买方要求在办妥相关托运手续后于8月25日向保险公司办理了投保手续，8月31日将货物装上卡车运往天津新港，货物于9月8日运抵新港并卸入仓库，准备9月12日装船，然而9月10日晚间该仓库突然起火，大火扑灭后统计发现，该批枸杞蜜部分受损，损失价值达7万美元。

事后卖方凭保险单及相关单据向保险公司索赔，但遭到保险公司拒赔。然后卖方又将保险单交给买方，请求买方代其向保险公司索赔，同样遭到保险公司拒赔。而买方以货物风险未发生转移为由，拒绝支付受损的7万美元货款，最终卖方只好自己承担这笔巨额的损失。

在这个案例中体现出一个典型的问题，即卖方忽视了国际货物运输保险的“盲区”。在实际操作中，参照合同条款和相关规定，在以FOB或CFR价格术语成交的合同项下，卖方没有义务给货物投买国际间运输保险，通常买方为了自身的利益而给货物投保。根据大部分国家都适用的《2000年国际贸易术语解释通则》的规定，在FOB或CFR术语下，被特定化的货物的所有权及风险是从货物在装运港越过船舷以后才由卖方转移给买方的，即货物在装运港越过船舷以前，货物遭受损失的风险由卖方承担，卖方对货物拥有保险利益；但货物在装运港越过船舷以后，货物遭受损失的风险由买方承担，即在此情况下，买方才对货物拥有保险利益，所以买方对货物拥有的保险利益是“船至仓”而非“仓至仓”。从有关的保险法规和国际保险惯例来看，当货物由于保险公司承保责任范围内的风险的发生而遭受损失时，有权向保险公司索赔的人必须既是保险单上的被保险人或合法受让人，同时又在保险标的物遭受损失时对保险标的物拥有保险利益。因此，在此案例中，保险公司拒赔卖方的理由是卖方不是被保险人（因保险单上的被保险人是买方名称)，而在货物遭受损失时买方对货物尚无保险利益可言，因此保险公司也有权拒绝赔偿买方。从而，在以 FOB 或 CFR 价格术语成交的合同项下，若只以买方为被保险人给货物投买国际货物运输保险，不管保险单据中是否含有“仓至仓”条款，保险公司的责任起讫都是“船至仓”，而非“仓至仓”。所以造成本案例中货物在装运港越过船舷之前，由于风险的发生而遭受的损失，买方和卖方均无法从保险公司获得赔偿，这一段就成为保险“盲区”。

第四章 集装箱运输

知识目标

1. 了解集装箱发展的历史及各个阶段的特点
2. 了解集装箱运输的特点
3. 了解集装箱的分类知识
4. 了解集装箱的规格和标准

技能目标

1. 集装箱的交接方式
2. 集装箱的码头运营
3. 集装箱运费
4. 集装箱货运单证

随着国际运输的发展，传统的运输方式迫切需要技术更新，集装箱就在这样的外部条件下应运而生，进而带来对行业的巨大影响，促进了运输行业的一系列变革，催生相关机械设施设备的创新和改良，引发了运输业的一场革命。

采用集装箱以后，运输效率大大提升，运输质量得到保证，尤其在国际货运中集装箱运输应用范围相当广泛。因此，了解集装箱的使用知识是开展国际货运的前提条件。

第一节　集装箱运输概述

一、集装箱的定义

集装箱英文为Container，也被称为“货柜”或“货箱”，英文的字面意思应是“容器”，只是集装箱是特殊容器。国际标准化组织（ISO）根据保证集装箱在装卸、堆放和运输中的安全需要，总结出了作为一种运输工具的货物集装箱应具备以下基本条件：具有足够的强度，可长期反复使用；装有方便装卸及搬运的装置，尤其是方便两种运输工具换装；便于货物的装满和卸空；能够适于一种或多种运输方式运送货物，无须中途换装；内容积为1立方米（35.315立方英尺）或1立方米以上。

注：①在以上集装箱的定义中并不包括车辆及一般包装；②目前，许多国家（包括中国）基本上采用国际标准化组织ISO对集装箱的定义；③集装箱是具有一定强度、刚度和规格，专供周转使用的大型装货容器。

二、集装箱的发展历史

集装箱（Container）外形的构思首先源自卡车的车斗，英国最早将集装箱用在铁路运输中，而美国则最早将其应用于海上运输。

1. 初始阶段（1801～1966年）

在初始阶段，欧美发达国家在国内小规模、短距离地开始尝试陆上集装箱运输。

集装箱运输起源于英国。早在1801年，英国的詹姆斯·安德森博士已提出将货物装入集装箱进行运输的构想。1845年英国铁路曾将车厢当作集装箱，采用载货车厢互相交换的方式，使集装箱运输的构想得到了初步应用。到了19世纪中叶，兰开夏（英国）已出现运输棉纱、棉布的一种载货工具，这种带活动框架的工具即是集装箱的雏形。

一直到20世纪初期才开始正式使用集装箱来运输货物。1900年，集装箱运输首次在英国铁路上试行，后来陆续传到美国（1917年）、德国（1920年）、法国（1928年）及其他欧美国家。1966年以前，集装箱运输仅限于欧美一些先进国家，虽然集装箱运输发展较快，但主要从事铁路、公路运输和国内沿海运输。

2. 发展阶段（1967~1983年）

1966~1983年，是世界交通运输进入集装箱化时代的关键时期。集装箱运输的优越性得到普遍认可，以海上运输为主导的国际集装箱运输发展迅猛。集装箱船舶的行踪已遍布全球范围。1970年约有23万TEU，1983年达到208万TEU。

伴随着海上集装箱运输的发展，各国港口纷纷建设专用集装箱泊位，世界集装箱专用泊位在1983年已增加到983个。世界主要港口的集装箱吞吐量在20世纪70年代的年增长率高达15%。专用泊位配套装备了装卸桥，甚至出现了第二代集装箱装卸桥（鹿特丹港），每小时可装卸50TEU。同时，码头堆场上轮胎式龙门起重机、跨运车等机械设备得到了普遍应用，而底盘车工艺则逐渐趋于没落。

3. 成熟阶段（1984年以后）

1984年以后，石油危机所带来的影响渐渐变小，世界航运市场开始走出低谷，集装箱运输又重新走上稳定发展的道路。此阶段发达国家件杂货运输的集装箱化程度已超过80%。据统计显示，到1998年世界上大约有各类集装箱船舶6800多艘，总载箱量达579万TEU。此时，世界上所有的海运国家集装箱运输已经非常普遍，集装箱运输也进入成熟阶段。

三、集装箱运输的特点

1. 高效益的运输方式

集装箱运输的经济效益高主要体现在以下几方面：

（1）简化包装并大量节约包装费用。集装箱具有坚固、密封的特点，能避免货物在运输途中受到损坏，其本身就是一种极好的包装。同时使用集装箱可以简化包装甚至无须包装，尤其实现件杂货无包装运输，可大大节约包装费用。

（2）减少货损货差从而提高货运质量。由于集装箱是一个坚固密封的箱体包装，货物装箱并铅封后，即使经过长途运输或多次换装，也不易损坏箱内货物。集装箱运输还可减少被盗、潮湿、污损等引起的货损和货差，减少不必要的浪费。

（3）减少营运费用和降低运输成本。集装箱的装卸很少受恶劣气候的影响，因此船舶非生产性停泊时间缩短，加上装卸效率高，缩短了装卸时间，船公司可以提高航行率，降低船舶运输成本，港口则可以提高泊位通过能力，从而提高吞吐量，增加收入。

2. 高效率的运输方式

相较于传统的运输方式装卸环节多、劳动强度大、装卸效率低、船舶周转慢等缺点，集装箱运输从根本上改变了这种状况。

（1）普通货船装卸一般每小时为 35 吨左右，而集装箱装卸每小时可达 400 吨左右，装卸效率大幅度提高。同时，由于集装箱装卸机械化程度很高，所需装卸工人数很少，劳动生产率大大提高。

（2）由于集装箱装卸受气候影响小、效率很高，船舶在港停留时间大大缩短，因而船舶周转加快，船舶生产效率随之提高，从而提高了船舶运输能力，在船舶艘数不变的情况下，可完成更多的运量，增加船公司收入，既实现高效率又实现高效益。

3. 高投资的运输方式

集装箱运输既是一种高效率的运输方式，也是一种资本高度密集的行业。

（1）船公司必须对船舶和集装箱进行巨额投资。集装箱船每立方英尺的造价大约为普通货船的 3.7～4 倍。集装箱的投资相当大，主要是船公司的总成本中固定成本占有相当大的比例，高达 2/3 以上。

（2）集装箱运输中港口的投资巨大。专用集装箱泊位的码头设施包括码头岸线和前沿、货场、货运站、维修车间、控制塔、门房及集装箱装卸机械等，需要巨额资金。

（3）开展集装箱多式联运需要有相应的设施及内陆货运站等，配套建设公路、铁路、桥梁、涵洞等，这些方面的投资更加惊人。

4. 高协作的运输方式

集装箱运输是一项复杂的运输系统工程，涉及面广、环节多、影响大。此系统涵盖海运、陆运、空运、港口、货运站以及与集装箱运输有关的海关、商检、船舶代理公司、货运代理公司等诸多单位和部门，如果配合不当，将会影响整个运输系统功能的发挥，某一环节如若失误则将影响全局，甚至导致运输生产停顿和中断。因此，要求搞好整个运输系统各环节、各部门之间的高度协作。

5. 适于组织多式联运

由于集装箱运输在不同运输方式之间换装时不用转移箱中货物，提高了换装作业效率，适用于多种不同运输方式之间的联合运输。即使在换装转运时，海关及有关监管单位只需加封或验封转关放行，大大提高了运输效率。此外，就国际集装箱运输与多式联运这个行业而言，其既是一个资金密集、技术密集及管理要求很高的行业，又是一项复杂的运输系统工程，因而要求管理人员、技术人员、业务人员等必须具有较高的素质才能胜任此工作，有利于充分发挥国际集装箱运输的优越性。

第二节　集装箱基本知识

一、集装箱的种类

运输货物用的集装箱种类繁多，从形式到功能多样化，这里仅介绍在海上运输中常见的国际货运集装箱类型。

1. 按用途分类

集装箱按箱内所载货物一般可分为以下几类：

(1) 通用干货集装箱（Dry Cargo Container），也被称为杂货集装箱，用于运输无须控制温度的件杂货，使用范围广泛。据1983年的统计，世界上300万个集装箱中，杂货集装箱可占85%，大约为254万个。其外表通常为封闭式，在一端或侧面设有箱门，可以用来装运电子机械、文化用品、化工用品、医药、工艺品、日用品、纺织品及一些仪器零件等。这是平时最常用的集装箱。不易受温度变化影响的各类固体散货、颗粒或粉末状的货物可用这种集装箱装运。

（2）保温集装箱（Keep Constant Temperature Container），是为了运输需要冷藏或保温的货物的集装箱，箱壁采用导热率低的材料隔热而制成，具体可分为以下三种：

第一种，冷藏集装箱（Reefer Container），即以运输冷冻食品为主，能保持所定温度的集装箱，专门为运输肉类、新鲜水果、蔬菜等食品而特殊设计。目前国际上采用的冷藏集装箱大致分两种：一种是箱内带有冷冻机的机械式冷藏集装箱；另一种是箱内无冷冻机而只有隔热结构，在集装箱端壁上有进气孔和出气孔，箱子装在舱中，由船舶的冷冻装置供应冷气，称为离合式冷藏集装箱（又称外置式或夹箍式冷藏集装箱）。

第二种，隔热集装箱，指载运水果、蔬菜等货物，为防止温度上升过大，用以保持货物鲜度而具有充分隔热结构的集装箱，通常用冰作制冷剂，保温时间为72小时左右。

第三种，通风集装箱（Ventilated Container），指为装运水果、蔬菜等不需要冷冻但具有呼吸作用的货物，在端壁和侧壁上均设有通风孔的集装箱，如果将通风口关闭，就可以作为杂货集装箱使用。

（3）罐式集装箱（Tank Container），指专门用来装运酒类、油类（如动植物油）、液体食品以及化学品等液体货物的集装箱，也可以装运其他液体的危险货物。这种集装箱有单罐和多罐之分，罐体四角通常由支柱、撑杆构成整体框架。

（4）散货集装箱（Bulk Container），是一种密闭式集装箱，分为玻璃钢制和钢制两种。玻璃钢制的由于侧壁强度较大，一般用于装载麦芽和化学品等相对密度较大的散货，钢制的则用于装载相对密度较小的谷物。散货集装箱顶部的装货口必须设水密性良好的盖，防止雨水侵入箱内。

（5）台架式集装箱（Platform Based Container），指无箱顶和侧壁，甚至无端壁，仅有底板和四个角柱的集装箱。此类型集装箱可以从前后、左右及上方进行装卸作业，适合装载长大件和重货件，例如钢管、木材、钢锭、重型机械、钢材等。台架式的集装箱无水密性，怕水的货物不能装运，可使用帆布遮盖装运。

（6）平台集装箱（Platform Container），指在台架式集装箱上再简化而只保留底板的一种特殊结构集装箱。平台的长度和宽度与国际标准集装箱的箱底尺寸相同，可用与其他集装箱相同的紧固件和起吊装置。这一集装箱的采用打破了过去一直认为集装箱必须具有一定容积的概念。

（7）敞顶集装箱（Open Top Container），是一种无刚性箱顶的集装箱，但有顶篷，顶篷用可折叠式或可折式顶梁支撑的帆布、塑料布或涂塑布制成，其余构件与通用集装箱类似，适于装载大型货物和重货，如钢铁、木材，特别是像玻璃板等易碎的重货，利用吊车从顶部吊入箱内，既不易损坏，也便于在箱内固定。

（8）汽车集装箱（Car Container），是一种运输小型轿车用的专用集装箱，在简易箱底上装一个钢制框架，通常没有箱壁（包括端壁和侧壁），有单层和双层之分。因为小轿车的高度为 1.35 米 ~ 1.45 米，如装在 8 英尺（2.438 米）的标准集装箱内，其容积要浪费 2/5 以上，因而出现了双层集装箱。双层集装箱的高度有两种：一种为 10.5 英尺（3.2 米），另一种为 8.5 英尺高的 2 倍。因此，汽车集装箱一般不是国际标准集装箱。

（9）动物集装箱（Pen Container or Live Stock Container），这是一种装运鸡、鸭、鹅等活家禽和牛、马、羊、猪等活家畜用的集装箱。箱顶采用胶合板露盖是为了遮蔽太阳，侧面和端面都有用铝丝网制成的窗，达到良好的通风，侧壁下方设有清扫口和排水口，同时配有上下移动的拉门，可将垃圾清扫出去，另装有喂食口。动物集装箱在船上一般应装在甲板上，因为甲板上空气流通，便于清扫和照顾。

（10）服装集装箱（Garment Container），这种集装箱在箱内上侧梁上装有许多根横杆，每根横杆上垂下若干条皮带扣、尼龙带扣或绳索，成衣可利用衣架上的钩直接挂在带扣或绳索上。这种服装无包装运输装载法不仅节约了包装材料和包装费用，而且减少了人工劳动，提高了服装的运输质量。

2. 按箱体材料分类

集装箱按其主体材料构成可分为四类：

（1）钢集装箱，外板采用钢板，结构部件采用钢材。其最大优点是强度大、结构牢、焊接性和水密性好，同时价格低廉。但是其重量大，易腐蚀生锈，同时由于自重大，降低了装货量；一般每年需要进行两次除锈涂漆，使用期限一般为 11 ~ 12 年，比较短。

（2）铝集装箱，又称铝合金集装箱，并非纯铝制成，而是各主要部件使用最适量的各种轻铝合金，一般都采用铝镁合金。其最大优点是重量轻，铝合金的相对密度约为钢的1/3，20英尺的铝集装箱的自重为1700千克，比钢集装箱轻20%～25%，故同一尺寸的铝集装箱能装更多的货物。铝集装箱不生锈，外表美观。铝镁合金还能在大气中自然形成氧化膜，可以防止货物腐蚀，但遇海水则易受腐蚀，如采用纯铝包层，可以起到很好的防蚀作用，最适用于海上运输。铝合金集装箱的弹性好，受外力后易变形，外力除去后一般能复原，最适合于在全集装箱船上（有箱格结构）使用。此外，铝集装箱加工方便，加工费低，一般外表需要涂其他涂料，维修费用低，使用年限较长，可达15～16年。

（3）玻璃钢集装箱，指采用玻璃纤维和合成树脂混合在一起制成薄薄的加强塑料，用粘合剂贴在胶合板的表面上形成玻璃钢板而制成的集装箱。玻璃钢集装箱的特点表现为强度大、刚性好。同时，玻璃钢的隔热性、防腐性、耐化学性都比较好，能防止箱内产生结露现象，有利于保护箱内货物不遭受湿损。玻璃钢板可以整块制造，防水性好，也容易清洗，还有不生锈、容易着色的优点，故外表美观。其维修简单，维修费用也低。玻璃钢集装箱的主要缺点是重量较大，跟一般钢集装箱差不多，价格也较高。

（4）不锈钢集装箱，不锈钢作为新的集装箱材料，其优点显著：强度大、不生锈、外表美观；在整个使用期内无须进行维修保养、耐蚀性能好，故使用率高。其缺点是：价格高，初始投资大；材料少，大量制造有困难，目前一般都用作罐式集装箱。

3. 按结构分类

（1）内柱式和外柱式集装箱。这里所说的“柱”指的是集装箱的端柱和侧柱。内柱式集装箱即侧柱和端柱位于侧壁和端壁之内；反之是外柱式集装箱。一般玻璃钢集装箱和钢集装箱均没有侧柱和端柱，故内柱式和外柱式集装箱均指铝集装箱。内柱式集装箱的优点是外表平滑、美观，在受斜向外力时不易损坏，印刷标记时比较方便。同时外板和内衬板之间隔有一定空隙，防热效果较好，能减少货物的湿损。而外柱式集装箱的优点是受外力作用时，外力由侧柱或端柱承受，起到了保护外板的作用，使外板不易损坏。由于集装箱内壁面平整，有时也不需要有内衬板。

（2）折叠式和固定式集装箱。折叠式集装箱是侧壁、端壁和箱门等主要部件能折叠起来，使用时可再次撑开的一种集装箱。反之，各部件永久固定地组合在一起的称固定式集装箱。折叠式集装箱一般主要用在货源不平衡的航线上，可以减少回空时的舱容损失。目前，使用最多的还是固定式集装箱。

（3）预制骨架式和薄壳式集装箱。集装箱的骨架由许多预制件组合起来，并承受主要载荷，外板和骨架通过铆接或焊接的方式连为一体，称之为预制骨架式集装箱。通常铝质和钢质的预制骨架式集装箱，外板采用铆接或焊接的方式与骨架连接在一起，而玻璃钢的预制骨架式集装箱，其外板则用螺栓与骨架连接。薄壳式集装箱则把所有构件结合成一个刚体，其优点是重量轻，受扭力作用时不会引起永久变形，以集装箱的结构来看，一般或多或少都采用薄壳理论进行设计。

4. 按外部尺寸分类

目前国际标准集装箱的宽度均为 8 英尺；而高度有 8 英尺、8 英尺 6 英寸和小于 8 英尺三种；长度则有 40 英尺、30 英尺、20 英尺和 10 英尺四种。

此外，还有一些国家颁布的各自标准下所使用的集装箱，以及一些集装箱运输的先驱者，如美国的海陆公司和麦逊公司，根据本公司的具体条件，制定的本公司使用的集装箱标准。

二、集装箱的规格和标准

常用集装箱尺寸如表 4 -1 所示。

表 4 -1　常用集装箱尺寸

箱型尺寸	20GP	40GP	40HQ	45HQ	20FR	40FR	20PF	40PF	20RF	40RF	40HRF
内长（M）	5. 900	12. 036	12. 036	13. 580	5. 620	12. 080	6. 058	12. 18	5. 425	11. 493	11. 557
内宽（M）	2. 350	2. 350	2. 350	2. 347	2. 200	2. 438	2. 438	2. 400	2. 275	2. 270	2. 294
内高（M）	2. 393	2. 392	2. 697	2. 269	2. 233	2. 103	2. 233	1. 950	2. 260	2. 197	2. 500
门宽（M）	2. 342	2. 340	2. 338	2. 340	—	—	—	—	2. 258	2. 282	2. 294
门高（M）	2. 280	2. 280	2. 585	2. 585	—	—	—	—	2. 216	2. 155	2. 440
容积（m^3）	30	67. 7	76. 3	86. 0	—	—	—	—	28. 3	57. 8	66. 6
柜重（ton）	2. 230	3. 700	3. 970	3. 800	2. 530	5. 480	2. 750	5. 800	3. 200	4. 900	4. 500
载重（ton）	21. 770	26. 780	26. 510	28. 700	21. 470	39. 000	24. 000	39. 200	20. 800	25. 580	25. 980

注：GP = 通用集装箱，HQ = 高柜，FR = 框架柜，PF = 平板柜，RF = 冷冻柜，HRF = 高冷冻柜。

三、集装箱的标记

近十种标记分布在各个集装箱的六个面上，出现次数最多且意义最重要的有两行标记，如：

CBHU 8001249　　　　CBHU 8001219
45G1　　　或　　　45G1

一般此两行字符会标注于柜两侧右上角、后门（前两行）和顶部（注：货柜的前后称为“端”（end），左右称为“侧”（side），上下分别称为“顶”（top）、“底”（bottom））。

1. 第一行

（1）箱主代号（Owner No. 或 Owner's Code）。此代号由四个大写拉丁字母组成并且最后一个必是 U（它为集装箱这种特殊设备的设备识别码），前三个由公司制定，并经国际集装箱局（BIC）注册（一个公司可申请几个箱主代号）。例如，中远为 CBHU，中海为 CCLU，商船三井为 MOLU，总统轮船为 APLU，去英为 EMCU，东方海外为 OCLU。

例如，近十几年来，中远曾使用过的箱主代号有 HTMU、COSU、NCLU、MINU；中远长租惠航公司箱代号有 FBZU、CBHU、FRSU。近几年，中远使用的集装箱大部分为 FLORENS 柜（FLORENS 为中远控股公司），其箱主代号为 CB-HU。

标于柜子上的箱主代号约七成为 Liner（即班轮公司），三成为租箱公司（Container Leasing Company，这些公司几乎不涉足班轮运输业，而拥有许多货柜专供出租）。常见的租箱公司如下：①TEX；②CAI；③XTRA；④MATSON；⑤INTERPOOL；⑥NIPPON（日本）⑦TIPHOOK；⑧GOLD；⑨TRANSOCEAN；⑩TRANSAMERICA；⑪TRITON；⑫GENSTAR；⑬CRONOS；⑭UCS。柜侧面打印的公司名称中有些是竖着写的。

（2）顺序号（Serial No.）。它由公司自定，共六位阿拉伯数字，不足六位以 0 补之。

（3）核对数字或校验码（Check Digit）。校验码是按规定的计算方法算出，用来检验、核对箱主号、设备识别码与顺序号在数据传输或记录时的正确性与准确性，它与箱主代号、设备识别码和顺序号有直接的关系。它仅有一位数，不由箱主公司制定，是通过箱主代号、设备识别码和顺序号计算出校验码的，若算出的校验码与实际记录的校验码一致，则说明箱主代号、设备识别码和顺序号在数据传输或记录时并未出错，否则应重新核对。核对号排列于顺序号之后，在柜子上加方框以醒目（单证上无须加方框，箱号的 11 个字符中最后一个即为核对数字）。

核对号的计算方法如下：首先，将表示箱主代码的四位字母转化成相应的等效数字，字母和等效数字的对应关系见表 4－2。从表中可以看出，去掉了 11 及其倍数（22、33）等数字，因为后面的计算将把 11 作为模数。其次，将前四位字母对应的等效数字和后面顺序号的数字采用加权系数法进行计算求和。最后，以 S 除以模数 11，取其余数，即得核对号。

表 4－2　核对号计算中箱主代码的等效数值

字母	A	B	C	D	E	F	G	H	I	J	K	L	M
等效数值	10	12	13	14	15	16	17	18	19	20	21	23	24
字母	N	O	P	Q	R	S	T	U	V	W	X	Y	Z
等效数值	25	26	27	28	29	30	31	32	34	35	36	37	38

注：箱主代号、顺序号、核对数字共 11 个字符统称为箱号（Container No.），其作用、功能及重要性好比一个人的姓名一样。

2. 第二行

（1）国别代码（Country Code），即是箱主公司所在国家的代码，非强制性的，是一种自选代号，现在许多柜上并不打此代码。国别代码以两个或三个英文字母表示。比如：以 US 或 USA 表示美国（United States of America），以 GB 或 GBX 表示英国（GB = Great Britain = UK = United Kingdom），以 FR 或 FXX 表示法国（France），JP 或 JXX 表示日本（Japan），SG 或 SGP 表示新加坡（Singapore），CN 或 PRC 表示中国（China，People's Republic of China），TW 或 PCX 表示中国台湾（地区代码），HK 或 HKX 表示中国香港，IT 或 IXX 表示意大利（Italy），GR 或 GRX 表示希腊（Greece），NL 或 NLX 表示荷兰（Netherlands），DK 或 DKX 表示丹麦（Denmark），DE 或 DXX 表示德国（Germany），KR 或 ROX 表

示韩国（S. Korea），CA 或 CDN 表示加拿大（Canada）等。

（2）尺寸代码（Size Code），此代码中包含了箱子的长度、高度及是否有鹅颈槽三个信息。

1）尺寸代号由两位阿拉伯数字组成，不管第二位为几，凡第一位为 2 者，其代表的柜子长度为 20′（即 20 英尺），凡第一位为 4 者，代表柜长为 40′。

2）尺寸代号中第二位数字若为 0、1 则柜高为 8′，若为 2、3 则柜高为 8′6″（即 8 英尺 6 英寸），若为 4、5 则柜高为 9′6″。

3）尺寸代号为奇数者，表示有鹅颈槽（Goose－neck Tunnel）；尺寸代号为偶数者：表示无鹅颈槽。通常长为 20′的柜没有鹅颈槽，而 40′HQ 者则大多都有（Goose－neck 鹅颈，拖车板架上的机构；Goose－neck Tunnel 鹅颈槽，在货柜底部，用于二者相扣，目的是增大拖车行驶时的安全系数。在发达国家，拖车板架上一般有鹅颈，而大部分发展中国家则没有，主要原因是前者对安全很重视）。如图 4－1 所示。

图 4－1　集装箱底部的鹅颈槽

4）全球大多数国家已经不使用 8′与 9′高的柜，因此，几乎见不到尺寸代号为 20′、21′、40′、41′的柜。

5）高度为 9′6″的柜称为 HQ（High Cube）柜。HQ 柜多见于 40′柜，而 20′柜几乎无 HQ，因此现实生活中极少见到尺寸代号为 24′、25′的柜，有些人用 HC

(High Container) 来表示超高柜（也有人称之为“高箱”）。与 HQ 相对应的称为平柜（高度为 8′6″），英文简写为 GP 柜）。

6）长为 45′的超长柜其尺寸代码为 L5（L：Length），长为 48′者其尺寸代码为 L8（注：45′长的柜多为 HQ 柜）。

基于以上原因，最常见的货柜尺寸代码为 22′、45′、42′、44′。常见尺寸代码的含义如表 4－3 所示。

表 4－3　常见尺寸代码的含义

尺寸代码	柜长（ft）	柜高（ft）	有无鹅颈槽	计几个 T/几个 F
22	20	8′6″	无	1T/0.5F
42	40	8′6″	无	2T/1F
43	40	8′6″	有	2T/1F
44	40	9′6″	无	2T/1F
45	40	9′6″	有	2T/1F
L5	45	9′6″	有	2.5T/1.25F

注：①有些公司使用箱量考核业务员的业绩时（比如 CHINA SHIPPING、COSCO），在淡季一个 HQ 柜通常计为 2.3T，旺季计为 2T。②实务中通常所言之 40 尺柜指 40′GP 柜，HQ 或高柜、高箱指 40′HQ 柜。

（3）柜类型代码。ISO1995 年前的旧标准中以两位阿拉伯数字表示类型代码（例如第二行若为 2210，则后两位数字 10 即表示柜子类型——封闭式集装箱）；1995 年后的新标准则采用一个英文字母加一个阿拉伯数字组成。

1）G0 ~ G9：General Purpose 通用柜（干货柜）。

2）V0 ~ V9：Ventilated 通风柜。

3）B0 ~ B9：Bulk 散装柜。

4）S0 ~ S9：Sample（样品），以货名命名之柜（S0——牲畜；S1——小汽车；S2——活鱼；S3 ~ S9——备用号）。

5）R0 ~ R9：Reefer 冷柜，冻柜。

6）H0 ~ H9：Heated 保温隔热柜。

7）U0 ~ U9：Up 敞顶柜，开顶柜。

8）P0 ~ P9：Platform Based 分平台式（Platform，PF）与台架式（Flatrack，FR）。

9）T0～T9：Tank 罐装柜。

10）A0：Air 空/水/陆/联运柜。

注：许多单证上常用两个大写的英文字母简写货柜类型，如表 4－4 所示。

表 4－4　常见柜类型代码

通用柜	通风柜	散装柜	冷柜	开顶柜	平台式	台架式	罐装柜	挂衣柜	超高柜
DC，DV	VH	BK	RF	OT	PF	FR	TK	HT	HQ，HC

知识贴

一、箱型代码“规律”

➢ 箱型代码第一个字母为“G”的都是普通集装箱（普通箱和挂衣箱、冷冻箱、框架箱等特种箱相对），因为 G 就是 General，表示普通的、一般的、通用的。

➢ 箱型代码第二个字母为“H”的都是高箱，因为 H 就是 High，表示高的。

➢ 95 码第一位数字为 2 的是 20 英尺，开头为 4 的是 40 英尺，开头为 L 的是 45 英尺。

➢ 95 码第二位数字为 2 的是非高箱（8.5 英尺高）；为 5 的是高箱（9.5 英尺高）——这个要特别注意，5 并不代表 45 英尺，如 40HQ 的 95 代码为 45G1，这个极易让人误以为是 45HQ 的柜子，其实 45G1 指的是 40HQ。

二、八种常见的集装箱及代码（以 20 英尺为例）

➢ 干货箱　箱型代码 GP；95 码 22G1。

➢ 干货高箱　箱型代码 GH（HC/HQ）；95 码 25G1。

➢ 挂衣箱　箱型代码 HT；95 码 22V1。

➢ 开顶箱　箱型代码 OT；95 码 22U1。

➢ 冷冻箱　箱型代码 RF；95 码 22R1。

➢ 冷高箱　箱型代码 RH；95 码 25R1。

> ➢油罐箱　箱型代码 TK；95 码 22T1。
> ➢框架箱　箱型代码 FR；95 码 22P1。

第三节　集装箱运营

一、集装箱运输系统的主要关系人

1. 集装箱堆场

集装箱堆场（Cntr Yard，CY），特指 Cntr 码头里的堆场，并非指其他地方的集装箱堆场。

2. 大门

指 Shipper 或 CNEE（Consignee）的工厂或 W/H（Warehouse，仓库）大门（Door，DR），有些人将 Door 写作 House。

3. 集装箱货运站

集装箱货运站（Cntr Freight Station，CFS），又叫拼装货站或中转站。主要为拼箱货（LCL）服务，它是 LCL 办理交接的地方。其主要职能表现为：对出口货，从发货人处接货，把流向一致的货进行拼装；对进口柜，负责拆柜并交货给收货人。大多 CFS 设在港口内或港区附近，少数设于内陆，称为内陆货站（Inland Depot）。

除上面三个以外，还有班轮公司（Liner，实为 Actual Carrier）、无船承运人（或译为无船承运业务经营者，NVOCC = Non – Vessel Operating Common Carrier）、集装箱出租公司（Cntr Leasing Co.）、船代公司（Ocean Shipping Agency Co.）、货代公司（Freight Forwarder，Forwarding Agent）、外轮理货公司（Tallying Co.）、

全程联运保赔协会（P&I）、一关三检、公路铁路承运人等。

知识贴

一、集装箱货运站的主要功能

- 集装箱货物的承运、验收、保管和交付。
- 对库存的货物进行堆存保管及有关统计管理。
- 重箱和空箱的堆存和保管，整箱货的中转。
- 货运单证的交接及签证处理。
- 运费、堆存费的结算。
- 集装箱的检验、修理、清洗、熏蒸等业务，集装箱车辆的维修、保养。
- 其他服务，如为办理海关手续提供条件、代办海关业务等。

二、集装箱码头大门的主要业务

- 集装箱（重箱或空箱）在接收、交付时的检查与交接，检查集装箱箱号、铅封号、箱体外表状况是否完整、有无破损，如有破损应做记录。
- 接收出口箱有关单证，并输入电脑系统。
- 编制整理门票并为进场集装箱指定场箱位。
- 接收货主提货时出具的提货单，并核对交货记录记载内容是否正确。
- 集装箱出入大门时，备妥设备交接单，并会同驾驶员签字。
- 填写门卫值班记录。
- 编制堆场报告，以便对堆场的集装箱进行检查，并将进场堆场的集装箱交接单输入电脑系统。

二、集装箱货物的交接

1. 集装箱货物的两种交接形态

（1）FCL（Full Container Load），称作整箱货或柜货，指发货人一次托运的货物数量足以装满一个或多个集装箱的货载。由发货人自行装箱，负责填写好装箱单、场站收据，并加铅封；通常理解为一个发货人、一个收货人。需要指出的是，承运人在提单中订有“不知条款”，从表面上看可保护其利益，但其保护范围有限，一旦货主能举证说明承运人明知集装箱内货物的详细情况且又订上“不知条款”时，承运人仍不能免责。

（2）LCL（Less than Container Load），称作拼柜、拼箱货及散货，指发货人一次托运的货物数量较少，需要一个或多个发货人将少量货物拼装在一个集装箱进行运输的货载。一般由集装箱货运站负责装箱，并负责填写装箱单和加铅封；通常理解为有几个发货人、几个收货人。即把不足装满一整箱的零散的货拼装于同一只20′或40′柜中（几个 Shipper 的货装于一只柜中）。LCL 柜由 Carrier 负责装箱，计数，加封；至 Destination 后，由 Carrier 负责拆柜并将货交给几个或一个 CNEE。Carrier 从 Shipper 处接货时，应于每件货物外表情况良好下接收，至目的地须每件货外表情况良好，方可交货。

2. 集装箱货物的不同交接方式

（1）按流转形态划分。在集装箱货物的流转过程中，其流转形态分成整箱货和拼箱货，因此货物在起运港和目的港的交接方式经过排列组合就得到以下四种方式：

1）整箱接/整箱交（FCL/FCL）。双方以整箱为单位进行交接，货物的装箱与拆箱均由货主负责。

2）整箱接/拼箱交（FCL/LCL）。在始发地，装箱由货主负责完成，双方以箱为单位进行交接；在目的地拆箱由承运人负责实施，双方以货物为单位进行交接。

3）拼箱接/拼箱交（LCL/LCL）。双方以货物为单位进行交接，货物的装箱与拆箱均由承运人负责完成。

4）拼箱接/整箱交（LCK/FCL）。在始发地，装箱由承运人负责实施，双方以货物为单位进行交接；在目的地拆箱由货主人负责实施，双方以整箱货物为单位进行交接。

（2）根据整箱货和拼箱货的不同交接地点进行排列和组合，集装箱货物交接方式还可以分为以下几种：

1）门到门（Door to Door）：集装箱运输经营人从发货人的工厂或仓库接受

货物，负责将货物运至收货人的工厂或仓库交付。货物的交接形态均是整箱交接。运输经营人的责任在于保证集装箱数量的正确和外表的良好。

2）门到场（Door to CY）：集装箱运输经营人在发货人的工厂或仓库接受货物，并负责将货物运到卸货港码头堆场或其内陆堆场，在 CY 处向收货人交付。货物的交接形态均是整箱交接。运输经营人的责任在于保证集装箱数量的正确和外表的良好。

3）门到站（Door to CFS）：集装箱运输经营人在发货人的工厂或仓库接受货物，并负责将货物运抵卸货港码头的集装箱货运站或其在内陆地区的货运站，经拆箱后向各收货人交付。运输经营人一般是以整箱形态接受货物，却以拼箱形态交付货物。运输经营人应保证货物数量的正确和外表的良好。

4）场到门（CY to Door）：集装箱运输经营人在码头堆场或其内陆堆场接受发货人的货物（整箱货），并负责将货物运到收货人的工厂或仓库向收货人交付。

5）场到场（CY to CY）：集装箱运输经营人在装货港的码头堆场或其内陆堆场接受货物（整箱货），并负责运到卸货港码头堆场或其内陆堆场，在堆场向收货人交付。

6）场到站（CY to CFS）：集装箱运输经营人在装货港的码头堆场或其内陆堆场接受货物（整箱货），并负责运到卸货港码头集装箱货运站或其在内陆地区的货运站，一般经拆箱后向各收货人交付。

7）站到门（CFS to Door）：集装箱运输经营人在装货港码头的集装箱货运站或其在内陆的集装箱货运站接受货物（经拼箱后），负责运至收货人的工厂或仓库交付。即运输经营人一般以拼箱形态接受货物，以整箱形态交付货物。

8）站到场（CFS to CY）：集装箱运输经营人在装货港码头或其内陆的集装箱货运站接受货物（经拼箱后），负责运到卸货港码头或其内陆地区的堆场交付。即运输经营人一般是以拼箱形态接受货物，以整箱形态交付货物。

9）站到站（CFS to CFS）：集装箱运输经营人在装货港码头或其内陆的集装箱货运站接受货物（经拼箱后），并负责运到卸货港码头或其在内陆地区的货运站，（经拆箱后）向收货人交付。在这种运输方式下，货物的交接形态一般都是拼箱交接。

知识贴

集装箱租赁

➢长期租赁

金融租赁：租用期满后租箱人买下租用的箱子。

实际使用期租赁：租用期满后租箱人将箱子退还给租箱公司。

➢短期租赁

期租：租用人在一定时间内租用集装箱的租赁方式。

程租：也称即期租赁，是指租期由航程时间决定的租赁方式。

➢灵活租赁

在费用上类似于长期租赁，在使用上与短期租赁相似，可灵活使用。

三、集装箱码头机械设备的功能

1. 岸壁集装箱装卸

岸壁集装箱装卸（Quayside Container Crane）属于码头前沿机械，主要承担集装箱装、卸船作业。

2. 跨运车

跨运车（Straddle Carrier）（使用较少）是一种专门用于集装箱码头短途搬运和堆码的机械，搬运集装箱、堆码集装箱、装卸集装箱底盘车，一般能堆码或跨越2~3层集装箱，可以一机多用，既可作码头前沿至堆场的水平运输，又可以作堆场的堆码、搬运和装卸车作业。

3. 集装箱叉车

集装箱叉车（Container Forklift）用于搬运集装箱、堆码集装箱、装卸集装箱

底盘车、装拆箱作业等；可以一机多用，既可作水平运输，也可作堆场堆码、搬运及装卸底盘车作业。

4. 集装箱正面吊运机

集装箱正面吊运机（Front - handling Mobile Crane）使用较多，用于搬运集装箱、堆码集装箱、装卸集装箱底盘车；其机动性强，可以一机多用，可作吊装作业，也可作短距离搬运。

5. 轮胎式龙门起重机

轮胎式龙门起重机（Rubber - Tired Transtainer）主要用于集装箱码头堆场的堆码及装卸底盘车作业，能在堆场上行走，可堆 3 ~ 4 层集装箱，还可跨 6 列集装箱和 1 个车道。

6. 轨道式龙门起重机

轨道式龙门起重机（Rail Mounted Transtainer）是集装箱码头堆场进行堆码和装卸集装箱的专用机械。可跨 14 列以上集装箱和一个车道，能堆 4 ~ 5 层。

7. 空箱堆高机

空箱堆高机用于空箱堆场进行空箱堆码及搬运作业。

8. 集装箱牵引车—底盘车

集装箱牵引车—底盘车（Semi - Traller Tractor）专门用于牵引集装箱底盘车，底盘车能够直接承载集装箱的车辆。

9. 集装箱吊具

集装箱吊具（Container Spreader）是用于起吊集装箱的属具（包括三种类型：固定式、伸缩式、组合式）。

10. 拆装箱机械

拆装箱机械，集装箱码头场站的拆装箱作业一般采用 1.5 ~ 3.0 吨的低门架叉车、手推搬运车等。

四、集装箱码头装卸工艺（作业过程及特点）

装卸工艺是指装卸集装箱的方法，从集装箱码头的装卸来看包括以下几个系统，对于装卸效率提升有较大的帮助。以下对它们的作业过程和优缺点进行介绍：

1. 底盘车工艺系统

（1）作业方式。进口时，从船上卸下来的集装箱直接装到底盘车上，使用牵引车拉到堆场上整齐排列，不予堆码，当进行内陆运输时，底盘车与牵引车连接后，便可拖走；出口则是相反操作。

（2）使用机械。装卸桥、底盘车、牵引车。

（3）优点。堆场上不需要其他辅助装卸机械，能够将水平搬运与堆场堆码作业合二为一，适合“门到门”运输。

（4）缺点。要求较大堆场，所需底盘车数量大，投资大。

（5）适用。集装箱通过量小而场地大的情况，码头建设起步阶段。

底盘车工艺系统作业活动流程如图 4 - 2 所示。

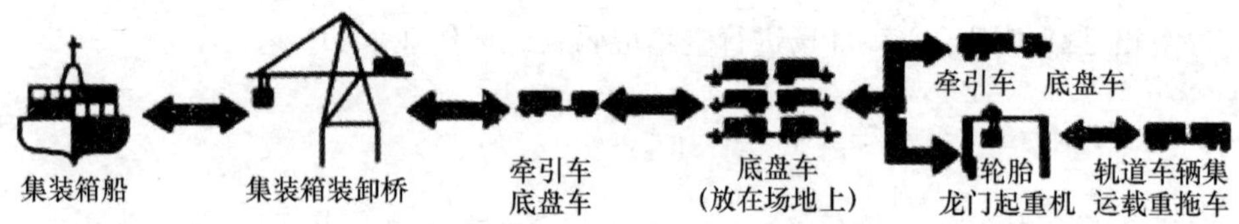

图 4 - 2　底盘车工艺系统作业活动流程

2. 跨运车工艺系统

（1）作业方式。进口时先通过集装箱装卸桥将集装箱从船上卸下，放在码头前沿，再通过跨运车将集装箱从码头前沿运往堆场堆存，需要进行内陆运输时再用跨运车对底盘车进行换装作业，然后用牵引车牵引底盘车；出口时相反。

（2）使用机械。装卸桥、快运车、牵引车。

（3）优点。跨运车可以完成多项作业，减少机械设备，利于现场生产组织

管理；机动灵活，在作业时箱角对位快，能够充分发挥装卸桥效率；可搬运和堆码，减少了作业环节，作业效率高；跨运车可堆码 2 ~ 3 个箱高，堆场比较好。

（4）缺点。其机械结构复杂，液压部件多，且易损坏漏油，维护工作量大且对技术要求高；同时初始投资大，堆场建设费用高。

（5）适用。进口重箱量大而出口重箱小的码头。

跨运车工艺系统作业活动流程如图 4 – 3 所示。

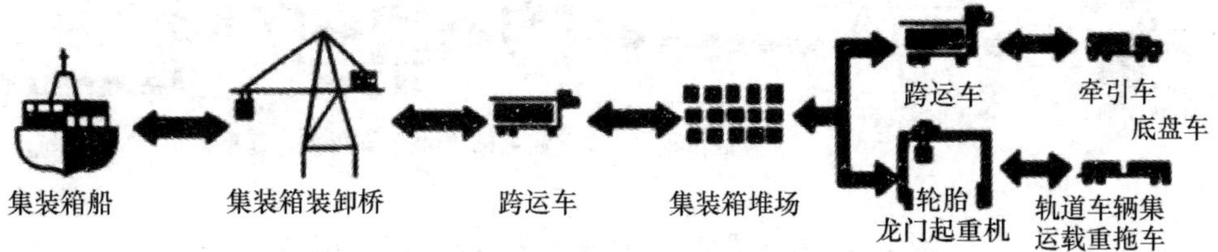

图 4 – 3 跨运车工艺系统作业活动流程

3. 正面吊运机工艺系统

（1）优点。正面吊运机能够完成搬运、堆码、装卸车作业，减少码头机械配备，便于机械维护保养。能跨箱作业，一般吊装达 4 层箱高，有的甚至可达 5 层。相对于叉车系统，其堆场利用率高，同时作业灵活、方便，减少箱损、货损，可以一机多用。

（2）缺点。正面吊运机只能跨越 1 ~ 2 个集装箱作业，作业范围小；作业时需较宽敞通道，堆场利用率较低，对堆场、路面的要求高；单机作业时效率低，需配备的机械数量较多，多台机械同时作业时又互相干扰，影响作业效率；水平搬运作业时易发生故障；造价较高。

4. 轮胎式龙门起重机工艺系统

（1）作业方式。进口时将从船上卸下的集装箱用堆场底盘车从码头前沿拖运至堆场，在堆场上使用轮胎式龙门起重机进行堆码和换装作业，在进行内陆运输时，由牵引车牵引底盘车出场。

（2）使用机械。装卸桥、底盘车、牵引车、轮胎式龙门起重机等。

（3）优点。能够有效地利用堆场，堆场建设费用相对较低，设备操作相对简单，设备维修和管理技术相对成熟。

（4）缺点。对比跨运车系统而言其灵活性不够，提箱作业比较困难，有时还需倒箱作业；一台岸桥需配置四台轮胎式龙门起重机，考虑维修的情况下，需配六台，初始投资较大；采用内燃动力系统，设备维修量及能源消耗大。

轮胎式龙门起重机工艺系统作业活动流程如图 4 – 4 所示。

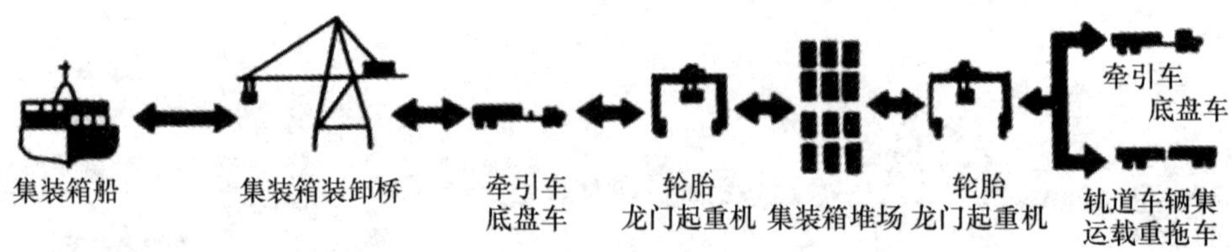

图 4 – 4　轮胎式龙门起重机工艺系统作业活动流程

5. 轨道式龙门起重机工艺系统

（1）作业方式。跟轮胎式龙门起重机工艺系统一样，跨距比轮胎式工艺系统更大，可以横跨 14 列集装箱或更多，能够堆码 4 ~ 5 层高集装箱。

（2）使用机械。装卸桥、底盘车、牵引车、轨道式龙门起重机等。

（3）优点。堆场利用率高，机械结构也相对简单，易维修，作业可靠；采用电力驱动，节约能源，减少污染；使用计算机控制，容易实现堆场作业自动化。

（4）缺点。只能沿轨道运行，作业范围受到很大限制，其机动性差；由于跨度大，装卸车、倒箱作业会较困难；初始投资大，同时受电力供应影响。

轨道式龙门起重机工艺系统作业活动流程如图 4 – 5 所示。

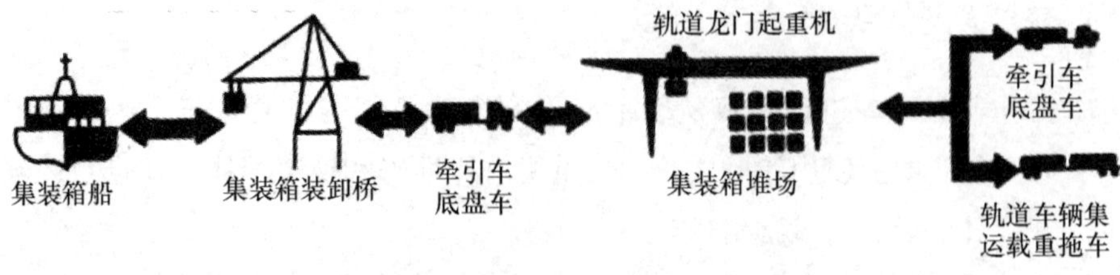

图 4 – 5　轨道式龙门起重机工艺系统作业活动流程

五、集装箱货物装载的一般要求

1. 合理积载

当不同性质的货物拼装在同一箱内时，应保证它们的物理、化学性质不会发生冲突（不相容）以及气味污染，并且防止货损；包装牢固、重件货物应装在箱子底部，包装不牢、轻货应装在上部；不同发货人（或收货人）的货物拼箱时，应首先考虑货物的流向要一致。

2. 均衡分布货物重量

通常要求沿高度、方向、重量分布应均衡或下重、上轻、沿长度和宽度方向应均衡，一旦箱子的某一部位、某一端或某一侧负荷过重，容易引起吊运过程中箱子倾斜、装卸机械及运输工具（特别是拖车）损坏等事故的发生。

3. 做好货物的堆码、衬垫和紧固

多层堆码时，堆码的层数应根据货物包装强度及箱底承载能力规定（单位面积负荷重量）来确定；为防止下层货物被压坏和防止装箱、运输过程中引起的撞击损，应适当考虑在各层之间垫入缓冲器材；货物的装载应严密、整齐。货区之间、货物与货物之间、货物与箱体之间的空隙应增加适当的隔垫来防止货物的移动、撞击、沾湿和污损；对靠近箱门附近的货物要采取紧固措施，防止开箱和关箱时货物倒塌造成货物损坏和人身伤亡事故。

4. 其他应注意的事项

首先货物总重量不得超过箱子允许的额定载重量，其次装箱时使用的垫隔料（草席、缓冲器材、胶合板、隔垫板等）和系固所用材料应该清洁、干燥，确保防止污渍、水渍等货损事故。

六、集装箱船舶箱位编号方法

采用 ISO/TC104 委员会规定的方法来进行集装箱船箱位代码的编号：首先以

集装箱在船上呈纵向布置为前提；每一箱位坐标采用六位数字表示；前两位表示行号，中间两位表示列号，后两位表示层号；行号、列号及层号的每组代码不足十位要在前一位置加0。

下面分别对编号方式进行介绍：

1. 行号

装20英尺箱的箱位上依次用01、03、05、07……奇数表示。当纵向两个连续20英尺箱位上被用于装载40英尺集装箱时，那么该40英尺集装箱箱位的行号以介于所占的两个20英尺箱位奇数行号之间的那个偶数表示。如图4－6所示。

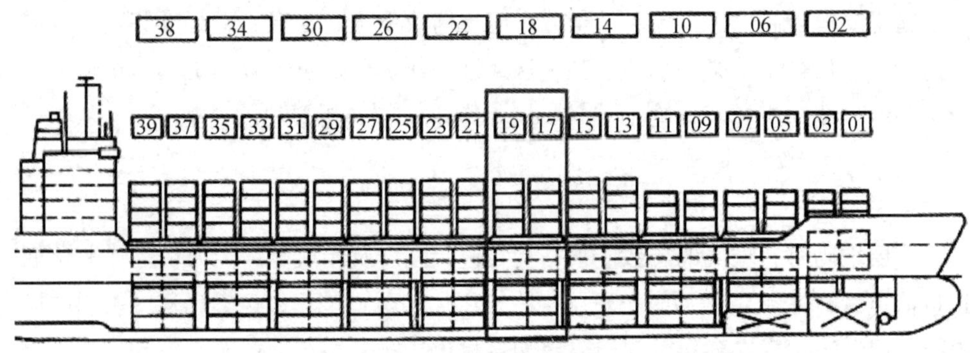

图4－6　集装箱船舶箱位行号表示方法

2. 列号

以船舶纵中剖面为基准：自船中向右舷以01、03、05、07……奇数表示；自船中向左舷以02、04、06、08……偶数表示；若在船舶纵中剖面上存在一列，该列列号取为00。

3. 层号

（1）舱内。全船舱内最低层作为起始层，自下而上以02、04、06、08……偶数表示。

（2）舱面。全船舱面最低层作为起始层，自下而上以82、84、86、88……

偶数表示。

集装箱船舶箱位列号、层号表示方法如图 4－7 所示。

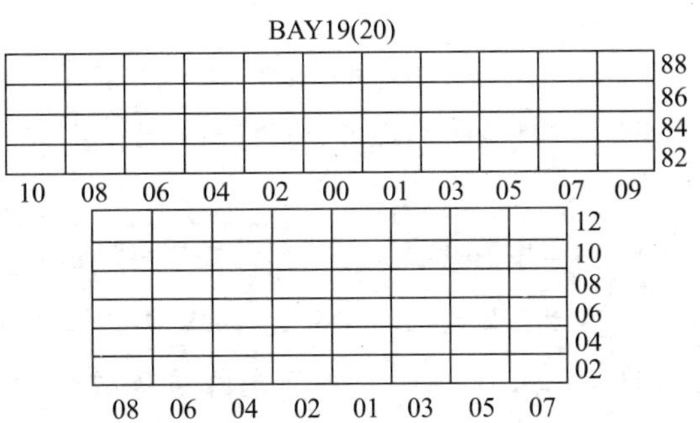

图 4－7　集装箱船舶箱位列号、层号表示方法

第四节　集装箱运费介绍

一、拼箱货运费计算方式

其一，按货物重量（重量吨 W）。

其二，按货物体积（尺码吨 M）。按照货物最外轮廓所量取的最大长、宽、高尺度来算出体积，也称作货物满尺体积。

其三，按货物重量或尺码（选高）。

其四，按货物特殊计算单位（比如起码运费按每提单计收，不足 1 吨或 1 立方米按 1W/M 计收）。

二、整箱货运费计算方式

包箱费率可分为 FAK 包箱费率及 FCS 包箱费率两种。

1. 按 FAK 包箱费率计收

FAK 包箱费率（Freight for All Kinds，FAK），也即均一包箱费率，指不论货

物的类别（危险品、冷藏货除外），只按箱型规定的包箱费率。

在采用包箱费率的航线上通常对一般普通货物不分等级，但对特殊货物会再分为四种：

（1）一般化工品（Chemical Non - hazardous）：无害化工品，指国际危规中未列名的化工品，易燃、易爆危险品除外，此类化工品通常在运价本中有附录会列明。

（2）半危险品（Semi - hazardous Cargo）：列于国际危规的商品，国际危规等级为3.2、3.3、4.1、4.2、4.3、5.1、6.1、6.2、8、9。

（3）全危险品（Hazardous Cargo）：列于国际危规的商品，国际危规等级为2、3.1、5.2。除（2）、（3）中所指的半危险品及全危险品外，国际危规中的等级为1类爆炸品和7类放射物品的运价通常需要议定。

（4）冷藏货物（Reefer or Refrigerated Cargo）：需用温度控制、使用专用冷藏箱运输的货物。

2. 按FCS包箱费率计收

FCS包箱费率（Freight for Class）是分箱型对货物按不同货物种类和等级制定的包箱费率，也即货物（或商品）包箱费率（CBR）。

此费率中对普通货物进行分级，通常在件杂货1~20级中分四档，对传统件杂货等级进行了简化，级差远低于件杂货费率的级差。

三、几个海运附加费的计算

1. 超重附加费

超重附加费（Heavy Additional）：仅拼箱货收取，如果集装箱交接形态为FCL - LCL或LCL - FCL则按50%计收。

2. 超长附加费

超长附加费（Bulky Additional）：仅拼箱货收取，如果集装箱交接形态为FCL - LCL或LCL - FCL则按50%计收。

3. 燃油附加费

燃油附加费（Bunker Adjustment Factor，BAF）：因国际市场上燃油价格上涨而征收的附加费。集装箱分别按拼箱货和整箱货不同计算标准征收。如整箱货则以20英尺或40英尺一个箱子加收若干元征收。

4. 币值附加费

币值附加费（Currency Adjustment Factor，CAF）：因某一挂靠港所在国货币币值与美元相比升值为补偿船舶港口使用费而征收的附加费。

5. 港口拥挤附加费

港口拥挤附加费（Port Congestion Surcharge）：在集装箱运输中主要指港口拥挤或集装箱进出不平衡，导致船舶长时间等泊或集装箱在港积压而加收的附加费。

6. 选港附加费

选港附加费（Optional Additional）：集装箱运输仅对整箱货收取。因拼箱货关系到不同收货人，船公司通常不接受选港的要求。整箱货选港附加费以每箱（20英尺/40英尺）计收。

7. 转船附加费

转船附加费（Transshipment Additional Factor）：集装箱班轮不直接挂靠非基本港，但它又是托运人指定的目的港，承运人要把集装箱从基本港运到非基本港，为此需要额外支付转运费用。此时承运人向托运人加收转船附加费。

8. 变更卸港附加费

变更卸港附加费（Optional Additional）：集装箱运输仅对整箱货收取。因拼箱货关系到不同收货人，船公司通常不接受变更卸货港的要求。整箱货变更卸港附加费以每箱（20英尺/40英尺）计收。

9. 空箱调运费

空箱调运费（Equipment Repositioning Surcharge，ERS）：由于调运空箱而征收的一种附加费，为中海（CSCL）转美国内陆点所特有的费用。

10. 旺季附加费

旺季附加费（Peak Season Surcharge）：用于集装箱货源旺季，船公司因舱位不足所征收的一种附加费。

11. 港口附加费

港口附加费（PAF）：某些港口的情况比较复杂，装卸效率低或者港口收费率较高，在这种情况下，都会增加承运人的运输经营成本，承运人为弥补这方面的损失，所增收的附加费。

12. 港口设施保安费

港口设施保安费（Port Facility Security Fee）：各国港口为履行在2002年12月通过的《1974年国际海上人命安全公约》海上保安修正案和《国际船舶和港口设施保安规则》，从而增收港口设施保安费，专项用于港口保安设施的建设、维护和管理等。

第五节　集装箱进出口的货运单证

一、场站收据

1. 定义

场站收据（Dock Receipt，D/R），也称港站收据或码头收据，是国际集装箱运输专用的出口货运单证，它是由承运人委托CY、CFS或内陆CFS在收到FCL

或 LCL 后，签发给托运人的证明，表示已收到托运货物并对货物开始负有责任的凭证。场站收据一般是在托运人口头或书面订舱，与船公司或船代达成货物运输的协议，船代确认订舱后通过船代交托运人或货代填制，在承运人委托的码头堆场、CFS 或内陆 CFS 收到 FCL 或 LCL 后签发生效，托运人或其代理人可以凭场站收据向船代换取已装船或待装船的提单。

2. 作用

场站收据具有以下作用：船公司或船代确认订舱，并在场站收据上加盖有报关资格的单证章后，场站收据即交给托运人或其代理人，则意味着运输合同开始执行；是出口货物报关的凭证之一；是承运人收到货物并对货物开始负责任的证明；是换取海运提单或联运提单的凭证；是船公司、港口组织装卸、理货、配载的资料；是运费结算的依据；如信用证中有规定，可作为向银行结汇的单证。

3. 场站收据组成

作为集装箱运输重要出口单证，其组成格式在不同的港、站使用的有所不同，联数有 7、10、12 等几种。这里以十联单格式为例说明场站收据的组成情况。

第一联：集装箱货物托运单——货主留底，白色。

第二联：集装箱货物托运单——船代留底，白色。

第三联：运费通知（1），白色。

第四联：运费通知（2），白色。

第五联：场站收据副本——装货单（关单），白色。

第六联：场站收据副本——大副联，粉红色。

第七联：场站收据（正本联），淡黄色。

第八联：货代留底，白色。

第九联：配舱回单（1），白色。

第十联：配舱回单（2），白色。

标准格式为 12 联的其中第 11 联、第 12 联供仓库收货和清点数目使用。标准格式为七联的场站收据则无上述第一联、第三联、第四联、第十联，但同时增加集装箱理货留底联。

4. 场站收据的流转

在集装箱货物出口托运过程中，场站收据将在多个机构和部门之间流转。在流转过程中涉及的机构和人员包含了托运人、货代、船代、海关、堆场、理货公司、船长或大副等。现以十联单为例说明场站收据的流转过程及程序。

(1) 发货人或代理填制场站收据一式十联，留下第一联（发货人留底联），余下九联送船代订舱。

发货人或代理填制场站收据时需要注意以下事项：

第一，“场站收据”各栏目由托运人清晰填制，尤其是注意下列栏目的内容：货物装卸港、交接地；运输条款、运输方式、运输要求；货物详细情况，包括种类、唛头、性质、包装、标志等；装船期，能否分批出运；所需箱子、规格、种类、数量等。

第二，场站收据的收货方式和交货方式应根据运输条款如实填写，在同一单内不能出现两种收货方式或者交货方式。

第三，冷藏货出运应正确填写冷藏温度。

第四，危险品出运应该正确填报类别、性能、《国际危规》页数和联合国编号等。如《国际危规》规定除主标以外还有副标，在性能项目栏用“主标/副标”方式填报。

第五，第二联、第三联、第四联和第八联、第九联、第十联右下角空白栏供托运人备注用。

第六，托运人对场站收据内容变更必须要及时通知变更时已经办好手续的有关各方，并在24小时内出具书面通知，办理相关变更手续。

(2) 船代接受场站收据第二至第十联，经编号后留下第二联（船代留底联）、第三联（运费计收联（1））和第四联（运费计收联（2）），并在第五联（关单联）上盖章确认订舱，然后退回发货人或代理第五至第十联。

船代订舱签单时，应将场站收据编号用打字机打上，并在第五联上盖章签单时仔细核对托运人所填项目是否完整，出现问题时应及时联系托运人或其货运代理。应注意以下栏目：①是否指定船公司、船名；②是否规定货物运抵日期或期限；③有无特殊运输要求；④对发货人提出的运输要求能否做到；⑤是否应收订舱押金。

(3) 发货人或货代将第五至第十联报送海关报关，海关经核对无误后在第五联（关单联）上盖章放行。

托运人或代理的出口货物一般要求在装箱前24小时向海关申报，海关须在场站收据上加盖放行章后方可装箱，必须经海关同意并在装船前24小时将海关盖章的场站收据送交收货的场站业务员。

发货人或承运人切记未经海关放行的货物一律不能装箱出运，一旦发现以走私论处。

(4) 海关在第五联盖章放行后，留下第九联，将其余联（第五至第八联、第十联）退回给发货人或代理。

(5) 发货人或代理负责将箱号、封志号、件数等信息填入第五联至第七联，并将货物连同第五联至第八联、第十联在规定时间一并送交堆场或 CFS。

场站收据中出口重箱的箱号允许在装箱后由货代或装箱单位正确填写，海关验放时允许无箱号，但进场完毕时必须正确填写所有箱号、封志号和箱数等信息。

(6) 堆场或 CFS 在接受货物时进行单与货的核对。如若无误，则在第七联（场站收据正本）上填入实收箱数、进场完毕日期并加盖场站公章进行签收，然后退回发货人。堆场或 CFS 自留第五联（关单联）。

各承运人委托场站签发场站收据必须有书面协议，各场站与承运人签订委托协议后签发的场站收据可以向船代换取提单，已签出场站收据的集装箱货物在装船前的风险和责任将由船公司承担。如采用 CY 交接条款，货主需要对箱内货物的准确性负责；采用 CFS 交接条款，装箱单位则对货物负责。

注意事项如下：

➢ 第五联（关单联）上是否有海关放行章。海关没有放行时不得签发场站收据，并不能安排集装箱装船

➢ 进堆场或 CFS 的货物与单证记载的内容是否相符

➢ 进堆场的箱号、关封号是否与单证的记载相符

➢ 一起送交的单证，其内容是否单单相符

➢ 货箱未进堆场或 CFS 不能签收

➢ 船公司是否已给舱位

➢ 堆场内一旦发生倒箱，新箱号是否报海关

➢ 一批货分批进堆场，最后一批进场完毕后签发场站收据

➢ LCL 物以箱为单位一票一单签发场站收据

(7) 发货人凭签收的第七联到船代处换取待装船提单，或者在装船后换取已装船提单。

注意事项如下：

➢ 货物是否已经实际装上船舶

➢ 货物是否在装运期内装船出运场

➢如货物是预付运费，该运费是否已经支付

➢提单记载内容是否与装箱单、商检证、发票、信用证一致

➢场站收据上运输条款与提单记载内容是否一致

➢场站收据上对货物有无批注

➢货运代理人是否已经先签发 HOUSE－B/L

➢签发几份正本提单

船代在货箱装船后，应核对单据与集装箱装船的情况是否一致。如出现不一致即迅速与港方和理货联系，避免出现差错。凭场站收据的正本，船代应该立即签发待装船提单。在船舶开航后 24 小时内，船代应核对并签发已装船提单。

（8）货物装船时，堆场将第六联、第八联、第十联送交外理，外理于货物实际装船后在第八联（外理联）上签收并自留。

（9）等货箱全部装上船舶，外理将第六联（大副联）和第十联（空白联）交船方留存。第十联也可供有关方使用。

堆场业务员须在装船前 24 小时内将场站收据第六联（大副联）分批送外轮理货人员，最后一批不得迟于开装前四小时。外轮理货在港区的理货员收齐港区场站业务员送来的场站收据（大副联）后，在装船时将装船集装箱与单据核对无误后交给大副。

外轮理货人员应根据交接条款在承运人指定的场站或船边理箱，并在有关单证上加批注，提供理货报告和理箱单。出现变更应及时更正场站收据，并在船舶开航后 24 小时内通知船代。船舶开航后 24 小时内，外轮理货人员将装船集装箱理箱单交给船代。

在船舶开航后港区堆场业务员立即将已签场站收据而未装上船舶的出口箱信息通知船代，并在 24 小时内开出工作联系单。港区场站受船公司委托签发场站收据，应对工作中的过失而造成的后果负责。

场站收据具体样式见本章附录一。

二、设备交接单

设备交接单是集装箱所有人或租用人委托集装箱装卸区、中转站或内陆站与货方（用箱人或其代表）之间交接集装箱及承运设备的凭证。当集装箱或机械设备在集装箱码头堆场（或货运站）借出或回收时，由码头堆场（或货运站）

签发设备交接单（Equipment Interchange Receipt，EIR），作为设备交接的一种凭证。集装箱设备交接单分进场和出场两种。

集装箱交接手续均在码头堆场大门口办理。出码头堆场时，码头堆场工作人员与用箱人、运箱人就设备交接单上的相关内容共同进行审核：用箱人名称和地址、出堆场时间与目的，集装箱箱号、规格、封志号以及是空箱还是重箱、有关机械设备的情况（正常还是异常）等。

进码头堆场时，码头堆场的工作人员与用箱人、运箱人就设备交接单上的以下内容共同进行审核：集装箱、机械设备归还日期、具体时间及归还时的外表状况、集装箱和机械设备归还人的名称与地址、进堆场的目的、整箱货的交箱货主的名称和地址，拟装船的船次、航线、卸箱港等。

设备交接单具有以下作用：①是管箱人发放（回收）集装箱或者用箱人提取（还回）集装箱的凭证；②是证明双方交接时集装箱状态的凭证以及划分双方责任、义务和权利的依据；③有集装箱所有者掌握集装箱分布动态，加强箱务管理的功能。

设备交接单样式见本章附录二。

三、装箱单（CLP）

装箱单的作用如下：是向承运人、收货人提供箱内货物明细的清单；是集装箱货物向海关申报的主要单证之一；是货方、港方、船方之间货、箱交接的凭证；是船方编制船舶积载计划的现实依据，同时单证上所记载的货箱重量是计算船舶积载性能数据的基本数据；是办理集装箱货物保税运输、安排拆箱作业的资料；是集装箱运输货物商务索赔的依据。

四、集装箱提单

集装箱提单（Container B/L），即为装运集装箱所签发的提单，是集装箱货物运输中主要的货运单据，是负责集装箱运输的经营人或其代理人在收到集装箱货物后而签发给托运人的提单。

普通船舶的货运提单是在货物实际装船完毕后经船方在收货单上签署，表明了货物已装船，发货人凭经船方签署的收货单（大副收据）去船公司或其代理公司换取已装船提单。而集装箱提单则应该以码头收据换取，它同普通船舶运输下签发的提单有所不同，是一张收货待运提单。因此，在大多数情况下，船公司会根据发货人的要求，在提单上填注具体的装船日期和船名，从而该收货待运提单也便具有了与已装船提单同样的性质。

表4－5所示为装箱单。

表4－5　装箱单

装箱单缮制

PACKING LIST

<table>
<tr><td colspan="2" rowspan="2">TO</td><td colspan="2">NO</td><td colspan="3">DATE</td></tr>
<tr><td colspan="2">FROM</td><td colspan="3">TO</td></tr>
<tr><td colspan="2" rowspan="2">SHIPPING MARKS</td><td colspan="5">S/C NO</td></tr>
<tr><td colspan="5">L/C NO</td></tr>
<tr><td>C/NOS</td><td>NOS&KINDS OF PKGS</td><td>ITEM</td><td>QTY</td><td>G. W.</td><td>N. W.</td><td>MEAS（M3）</td></tr>
<tr><td></td><td></td><td></td><td></td><td></td><td></td><td></td></tr>
<tr><td colspan="2">TTL：大包装数量总额</td><td></td><td>数量总额</td><td>毛重总额</td><td>净重总额</td><td>体积总额</td></tr>
</table>

TOTAL：SAY　　　　　　　　　　PACKING IN…

签名签章

（出口公司名称及法定代表签名）

集装箱提单与普通货物提单的作用和法律效力大致相同，但也有其特点：

（1）由于集装箱货物的交接地点不同，一般情况下会由集装箱堆场或货运站在收到集装箱货物后签发场站收据，托运人以此换取集装箱提单用于结汇。

（2）集装箱提单的承运人责任分为两种：一是在运输的全过程中，各段承运人只对自己承担的运输区间所发生的货损负责；二是多式联运经营人要对整个运输承担责任。

（3）集装箱内所装货物必须在条款中加以说明。尤其由发货人装箱，承运人不可能知道内装何物，一般都有“Said to Contain”条款，否则损坏或灭失时整个集装箱按一件进行赔偿。

（4）提单内必须说明箱内货物数量、件数，铅封是由托运人来完成的，承运人对箱内所载货物的灭失或损坏不予负责，从而保护承运人的利益。

（5）在提单上不出现“On Deck”字样。

（6）集装箱提单上无“装船”字样，它们属于收讫待运提单，而提单上却并没有“收讫待运”字样。

知识贴

一、船代签发集装箱提单（B/L）时应注意事项

- 货物是否已实际装上船舶。
- 货物是否在装运期内装船出场。
- 货物是预付运费，该运费是否已支付。
- B/L 记载内容与装箱单、商检证、发票、信用证是否一致。
- D/R 上运输条款与 B/L 记载内容是否一致。
- 站收据上对货物有无批注。
- 货运代理人是否已先签发 House B/L。
- 签发几份正本提单。

二、堆场或货运站在凭提货单交货时应查核事项

- 应凭收货人 D/O 放货（不凭 B/L 放货），并注意承运代理人和海关是否已在 D/O 上盖章同意放行。
- 单货是否相符，箱号/关封号与记载是否相符。
- 提货时若有货损，是否已作货损交货记录并签收。
- 因堆场或货运站经办交付货物而引起的（如再次搬运费、滞期费等），收货人是否已支付。

本章附录

附录一
集装箱货物托运单（货主留底）（B/N）十联单第一联

集装箱货物托运单

SHIPPER 托运人 PUJIANG HONGSHENG ART&CRAFTS CO.，LTD. NO. 188 JINLEIPOAD，PUJIANG，ZHENJIANG，CHINA	D/R NO.	抬头 TO THE ORDER OF WACHOVIA BANK，NATIONAL

续表

<table>
<tr><td colspan="4">CONSIGNEE 承运人
TO THE ORDER OF WACHOVIA BANK, NATIONAL</td><td colspan="4">集装箱货物托运单</td></tr>
<tr><td colspan="4">NOTIFY PARTY
ASSOCIATION, HONG KONG BRANCH, 7/F, CITIC TOWER, 1 TIM MEI AVENUE, CENTRAL, HONG KONG</td><td colspan="2">船代留底</td><td colspan="2">第
一
联</td></tr>
<tr><td colspan="4">PRE – CARRIAGE BY × × × × PLACE OF RECEIPT SHANGHAI</td><td colspan="4"></td></tr>
<tr><td colspan="4">OCEAN VESSEL VOY. NO. PORT OF LOADING NORFOLK</td><td colspan="4"></td></tr>
<tr><td colspan="5">PORT OF DISCHARGE PLACE OF DELIVERY NORFOLK</td><td colspan="3">FINAL DESTINATION FOR THE MERCHANT'S RETER – ENCE</td></tr>
<tr><td>CONTAINER NO.
TRLU4202856</td><td>SEAL
NO. 2552717</td><td>NO. OF CONTAINERS OR PKGS
480CARTONS</td><td colspan="3">KIND OF PACKAGES: DESCRIPTION OF GOODS
PO NO. 9008467
QUILT SETS, SHAMS AND PILLOWS</td><td>GROSS WEIGHT
5336KGS</td><td>MEASURE-MENT
54. 04</td></tr>
<tr><td colspan="2">TOTAL NUMBER OF CONTAIN-ERS OR PACKAGES(IN WORDS)
480CARTONS</td><td></td><td colspan="5"></td></tr>
<tr><td colspan="2">FREIGHT & CHARGES</td><td>REVENUE TONS</td><td>RATE</td><td>PRE</td><td>PREPAID</td><td colspan="2">COLLECT</td></tr>
<tr><td rowspan="2">EX. RATE</td><td colspan="2">PREPAID AT
SHANGHAI</td><td colspan="3">PAYABLE AT
NORFOLK</td><td colspan="2">PLACE OF ISSUE</td></tr>
<tr><td colspan="2">TOTAL PREPAID</td><td colspan="3">NO. OF ORIGINAL B/L THREE</td><td colspan="2"></td></tr>
<tr><td>SERVICE TYPE ON RECEIVE</td><td colspan="2">SERVICE TYPE ON DELIVERY</td><td colspan="3">REETER TEMPERATURE RE-QUIRED</td><td>F</td><td>C</td></tr>
<tr><td rowspan="2">TYPE OF GOODS</td><td colspan="2">ORDINARY, REETER, DANGEROUS, AUTO</td><td colspan="3" rowspan="2">危险品</td><td colspan="2" rowspan="2">CLASS:
PROPERTY:
IMDG CODE PAGE:
UN NO.</td></tr>
<tr><td colspan="2">LIQUID, LIVE ANIMAL, BULK</td></tr>
<tr><td>可否转船 NO</td><td colspan="2">可否分批 NO</td><td colspan="5" rowspan="4"></td></tr>
<tr><td>装期</td><td colspan="2">效期</td></tr>
<tr><td colspan="3">金额:</td></tr>
<tr><td colspan="3">制单日期:</td></tr>
</table>

附录二

集装箱设备交接单（进场）

集装箱发放/设备交接单 IN 进场

EQUIPMENT INTERCHANGE RECEIPT

No.

用箱人/运箱人（CONTAINER USER/HAULIER）			提箱地点（PLACE OF DELIVERY）
来自地点（DELIVERED TO）			返回/收箱地点（PLACE OF RETURN）

航名/航次（VESSEL/VOYAGE NO）		集装箱号（CONTAINER）	尺寸/类型（SIZE. TYPE）	营运人（CNTR. ORTR）
	NO.	外尺寸：61 米×2.44 米×2.59 米 内容积： 5.85 米×2.23 米×2.15 米/20GP.		
提单号（B/L NO.）	船封号（SEAL NO.）	免费期限（FREE TIME PERIOD）	运载工具牌号（TRUCK WAGON. BARG NO.）	

出场目的/状态（PPS OF GATE－OUT/STATUS）	进场目的/状态（PPS OF GATE－IN/STAUS）	出场日期（TIME－OUT）

出场检验记录（INSPECTION AT THE TIME OF INTERCHANGE）

普通集装箱（GP CONTAINER）	冷藏集装箱（RF CONTAINER）	特种集装箱（SPECIAL CONTAINER）	发电机（GEN SET）
□正常 □异常	□正常 □异常	□正常 □异常	□正常 □异常

损坏记录及代号（DAMAGE & CODE） BR 破损（BROKEN） D 凹损（DENT） M 丢失（MISSING） DR 污箱（DIRTY） DL 危标（DGLABEL）

左侧（LEFT SIDE） 右侧（RIGHT SIDE） 前部（FRONT） 集装箱内部（CONTAINER INSIDE）

顶部（TOP） 底部（FLOOR BASE） 箱门（REAR）

如有异状，请注明程度及尺寸（REMARK）

除列明者外，集装箱及集装箱设备交换时完好无损。铅封完整无误。

THE CONTAINER ASSOCIATED EQUIPMENT INTERCHANGED IN SOUND CONDITION AND SEAL INTACT UNLESS OTHERWISE STATED

用箱人/运箱人签署（CONTAINER USER HAULIERS SIGNATURE）

码头堆场值班员签署（TERMINAL/DEPOT CLERK，S SIGNATURE）

课后思考题

1. 集装箱的基本条件有哪些?
2. 集装箱运输的特点。
3. 集装箱按用途分类有哪些?
4. 集装箱货物的两种交接形态。
5. 集装箱货物的不同交接方式。
6. 集装箱货物装载的一般要求。

章后案例

物流型自贸区的集装箱运输发展——以鹿特丹为例

自贸区有很多种，如以新加坡、中国香港为代表的整体型自由港，德国汉堡和韩国釜山为代表的自由贸易港区，以及荷兰鹿特丹港为代表的物流型自贸区。

早在20世纪80年代中期，在劳动力成本昂贵和熟练劳动力匮乏的地区，自动化运转集装箱码头首先受到关注，英国泰晤士港、日本川崎港以及荷兰鹿特丹港纷纷规划建设自动化运转的集装箱码头。1993年，全球第一个自动化运转集装箱码头——荷兰鹿特丹港ECT码头Delta Sea Land建成投产。之后，ECT又分别于1997年和2000年建成自动化运转码头Delta Dedicated East（DDE）及Delta Dedicated West（DDW）。2002年德国汉堡Altenwerdet自动化运转码头也建成投产。

1. 概况

鹿特丹港区是鹿特丹市的主体，占地100多平方千米，港口水域277.1平方千米，水深6.7米~21米，航道无闸，冬季不冻，泥沙不淤，常年不受风浪侵袭，最大可泊54.4万吨超级油轮。海轮码头总长56千米，河船码头总长33.6千米，实行杂货、石油、煤炭、矿砂、粮食、化工、散装、集装箱专业化装卸，

可同时供600多艘千吨船及30多万艘内河船舶，年吞吐货物3亿吨左右。鹿特丹港作为世界上主要的集装箱港口之一，集装箱运量1991年为371.2万标准箱（TEU），居世界第三位。

2. 集装箱发展

早在1967年，一些码头装卸公地发现集装箱在世界上的发展潜力，并进行了巨额投资。如今鹿特丹港已成为欧洲最大的集装箱码头，它的装卸过程完全用电脑控制，码头上各种集装箱井井有条地堆放在一起。

1982年鹿特丹港就可装卸216万标准箱，超过了纽约港的190万标箱。现在鹿特丹集装箱装卸量已超过320万标箱。20世纪90年代以来，鹿特丹开始实施新的扩能计划，建造10万~15万吨级的第五、第六代集装箱码头。截至2010年，鹿特丹集装箱吞吐能力已达600万箱，确保了欧洲最大集装箱运输中心的地位。

3. 鹿特丹的集装箱运输形式

（1）公路集装箱运输。从鹿特丹出发，只需8~10小时就可以到达巴黎、法兰克福和汉堡，即使是北欧这样较远的地区也可以在24小时之内到达。荷兰的公路运输拥有雄厚的实力，欧盟30%的国际公路运输是由荷兰承担的。

（2）铁路集装箱运输。鹿特丹几乎每天都有一系列的集装箱列车向欧洲各地发车。

（3）驳船集装箱运输。近年来，由于运价低等原因，鹿特丹驳船集装箱运输得到了迅速发展。几乎每天都有驳船将集装箱由鹿特丹运至莱茵河沿岸各集装箱码头。随着集装箱运输的发展，内陆集装箱码头开始大量出现。

经过一系列的集装箱基础设施建设，鹿特丹成为典型的物流型自贸区。世界上许多自贸区（港口型的）都先后建起了集装箱自动化无人堆场，如新加坡和汉堡等。2006年9月19日，在上海，我国第一个全自动无人集装箱堆场正式投入生产。借助现代港口集装箱物流智能化、数字化管理平台，港口集装箱综合作业效率可提高5%~8%。在上海建设自贸区的新背景下，集装箱自动化无人堆场标志着港口数字化、智能化体系的建设向前迈进一大步，对上海港的发展奠定了技术基础。

（资料来源：https：//wenku. baidu. com/view/251fe5dca58da0116c174933. html？from = search。）

第五章
国际海运代理

知识目标

1. 了解班轮公会、班轮运输的分类
2. 熟悉杂货班轮运输的货运流程
3. 掌握国际集装箱的交接方式
4. 掌握班轮运输的特点及运费计算

技能目标

1. 掌握集装箱班轮货运流程并会应用
2. 熟悉提单、海运单的填写

海上运输的运量在国际贸易运输中占80%以上，是现在所有国际货运方式中采用最多的一种运输形式。根据船舶运营方式的不同，国际海上运输大体可分为定期船运输（班轮运输）及不定期船运输（租船运输）。本章向学生介绍国际海运的基本知识，着重介绍班轮运输中的集装箱班轮运输及集装箱使用的有关知识，要求学生掌握班轮运输方式下运费的计算，同时能模拟集装箱班轮运输的实际流程及各种货运单据的使用。

第一节　国际海运代理概述

一、水路运输的概念、分类以及海洋运输的优缺点

1. 水路运输

在现代常用的运输方式中，水路运输是一种最古老、最经济的运输方式。水路运输是由船舶、航道及港口等组成的交通运输系统。水运通常主要承担大数量、长距离的运输，是在干线运输中作为主力使用的运输形式。

水运大体上分为海洋运输及内河运输两大部分，海洋运输根据运距长短又分为沿海运输、远洋运输及近洋运输三种类型。

海洋运输指船舶在海洋上的运输，通常使用中、大型船舶。沿海运输即指使用船舶通过大陆附近沿海航道运送客货的一种方式，一般使用中、小型船舶，如上海至广州、青岛至大连等。远洋运输通常指使用船舶跨洋的长途运输形式，主要依靠运量大的大型船舶，例如东行航线可到达日本，横渡太平洋能到达美洲各国港口；西行航线能到达东南亚、南亚、西亚、非洲及欧洲各港口；南行航线能到达南亚、大洋洲各港口；北行航线能到达韩国及俄罗斯远东沿海港口。

内河运输是指船舶在陆地内的河流、湖泊等水道的运输，通常使用中小型的船舶，如长江航线、京杭运河航线、珠江航线等。

2. 海洋运输的优点

（1）运量大。目前船舶正在向大型化方向发展，如 50 万 ~ 60 万吨的巨型油轮，以及大型集装箱货船等。船舶的承载能力远远大于火车、汽车和飞机，是运输能力最大的货运工具。

（2）通过能力大。海洋运输利用天然航道，不像火车、汽车受轨道及道路的限制，其通过能力远超火车和汽车。一旦政治、经济、贸易条件发生变化，还能随时改变航线驶往目的港。

（3）运费低。海运运费一般仅为铁路运费的1/5、公路运费的1/10、航空运费的1/30，为低值大宗货物的运输提供了有利的运输条件。

（4）适应运输各种货物。海洋运输适应运输各种货物，特别是一些火车、汽车无法运输的特种货物，比如石油井架、机车等都可利用海洋运输。

3. 海洋运输的缺点

（1）速度慢。海洋运输速度与其他运输方式相比较慢，班轮的航线速度为30海里/小时左右，其他商船的速度则更慢。因而鲜活、易腐烂、保质期短的货物不宜采用此种运输方式。

（2）风险大。商船在海上航行，受气候和自然条件影响较大，航期有时不能得到保证，遇险的可能性很大。据统计，全世界每年遇险的沉船一般都在300艘左右。此外，海洋运输还存在着诸多社会风险，如战争、罢工、贸易禁运等。因此，海洋货物运输需要保险，以减少损失。

尽管海洋货物运输存在一定不足，但它依旧在国际贸易中占有重要的地位，起到重要的作用。

二、国际海运行业组织

1. 国际性海运组织

（1）国际海事组织（IMO），是一个政府性组织（IGO），设有大会和理事会，以及海上安全、法律、海上环境保护、技术合作、便利运输五个委员会及一个秘书处。

（2）波罗的海国际海事协会（BIMCO），是一个具有100多年历史的非政府航运组织，也是当前世界上最大、最具影响力的国际航运组织，总部设在哥本哈根。BIMCO平均每天为世界各地会员提供多达150项咨询服务。BIMCO的会员能免费从网站www. bimco. org上获得各类港口和航运市场信息，了解全球港口情况、货物资料、冰冻信息、成本建议、费率信息、燃料价格、公司信息查询、航运市场报告、海运技术协助、航运安全指南、航运贸易限制等信息。同时，BIMCO向会员提供租约争议的咨询和协助介入服务。

（3）国际海事委员会（CMI），该组织总部设在布鲁塞尔，组织目标是促进海商法、海运关税及各种海运惯例的业务，并编撰各种有关海上运输的公约。

（4）班轮协会（即航轮工会或运价协会），是同一条航线上的两家以上的运输企业，为了避免恶性竞争，通过制定统一的费率和最低费率的标准以及在经营活动方面签订协议而形成的组织，分为封闭型（Closed Conference）和公开型（Open Conference）。

（5）联营体（Consortium），指两个或两个以上主要通过集装箱方式提供国际班轮服务的船公司之间的协议，在提供海运服务时共同经营、互相合作、提高服务质量。

2. 班轮公会（Freight Conference）

在 19 世纪末，国际航运竞争日趋激烈，为避免因恶性价格竞争争揽货源而损害双方的利益，1875 年七家英国航运公司组成了联合王国—加尔各答班轮公会，在协议中规定了各自的船舶发航艘次及最低运价。在此之后，班轮公会有了很大发展，如今全世界已有 360 多个班轮公会，分布于各主要班轮航线，大多由海运发达国家的航运公司控制。

班轮公会分为开放式公会及关闭式公会两种。开放式公会大多是与美国港口有关的航线，受美国政府有关当局调节，其入会条件是同意公会规定的运价并遵守公会协议。关闭式公会的入会条件则要求入会者须经全体会员通过。大多数班轮公会是关闭式公会。

就任务而言，班轮公会要规定共同遵守的最低运价；通过对船舶发航次数、船舶吨位及挂靠港口的限制，控制会员公司之间的竞争；采用折扣、回扣、延期回扣及合同优惠等办法给货主一定优惠来控制货源，并排挤会外航运公司及垄断航线上的班轮业务。

海运发达国家通过班轮公会垄断航运业务的做法，严重阻碍了发展中国家航运业的发展。1974 年，在第三世界国家的争取下，联合国贸易和发展会议全体代表在会议上通过了《班轮公会行动守则公约》，规定了货载分配原则、入会条件及公会提高运价的期限。《班轮公会行动守则公约》的制定及实施促进了国际海上货运有秩序发展，使班轮运输更有效地为国际贸易服务，为发展中国家发展自己的商船队提供了机会，限制了发达国家对班轮航运的垄断。

第二节　国际海运基础知识

一、主要海运航线

世界有三大集装箱海运航线：

1. 远东—北美航线

远东—北美航线实际上又可以分为两条航线，即远东—北美西岸航线和远东—北美东海岸、海湾航线。

（1）远东—北美西岸航线。该航线包括从中国、朝鲜、日本、苏联远东海港至加拿大、美国、墨西哥等北美西海岸各港的贸易运输线。从中国的沿海地各港出发，偏南的经大隅海峡出东海；偏北的经对马海峡穿日本海后，或经过津轻海峡进入太平洋，或经过宗谷海峡，穿过鄂霍次克海进入北太平洋。

该航线主要由远东—加利福尼亚航线和远东—西雅图、温哥华航线组成。它涉及的港口主要包括远东的高雄、釜山、上海、香港、东京、神户、横滨和北美西海岸的长滩、洛杉矶、西雅图、塔科马、奥克兰和温哥华等，涉及的国家和地区包括亚洲的中国大陆地区、韩国、日本和中国台湾地区以及北美的美国和加拿大西部地区。这两个区域经济总量巨大，人口非常稠密，相互贸易量相当大。近年来，随着东亚经济的稳定增长，在这条航线上的集装箱运量越来越大。现在仅上海港往来于美国西部海岸的班轮航线就多达四十几条。

该航线随季节也有波动，一般夏季偏北、冬季南移，以避开北太平洋的海雾和风暴。本航线是“二战”后货运量增长最快、货运量最大的航线之一。

（2）远东—北美东海岸、海湾航线。该航线主要由远东—纽约航线等组成，涉及北美东海岸地区的纽约—新泽西港、查尔斯顿港及新奥尔良港等。该航线将海湾地区也串了起来。在该航线上，有的船公司开展“钟摆式”航运，不断往返于远东和北美东海岸之间，有的是经营环球航线，即从东亚出发，东行线为：太平洋—巴拿马运河—大西洋—地中海—苏伊士运河—印度洋—太平洋，西行线反向而行，航次时间一般为80天。

该航线不仅要横渡北太平洋，还要越过巴拿马运河，因此一般选择偏南位置，横渡大洋的距离也较长，以夏威夷群岛的火奴鲁鲁港作为添加燃料和补给品的航站。本航线也是太平洋货运量最大的航线之一。

优势是区域经济总量巨大，人口特别稠密，相对贸易量大。

劣势是随着季节波动，航线不是很稳定，海上有海雾和风暴，给航行带来风险。

2. 北美—欧洲、地中海航线

处于北美、欧洲、远东三大地域与经济板块另一极的，是北美—欧洲、地中海航线。北美—欧洲、地中海航线实际由三条航线组成，分别是北美东海岸、海湾—欧洲航线，北美东海岸、海湾—地中海航线及北美西海岸—欧洲、地中海航线。这一航线将世界上最发达、富庶的两个区域联系起来，在集装箱海运运输方面船公司的竞争最为激烈。

北美—欧洲、地中海航线的主要港口包括西欧（鹿特丹、汉堡、伦敦、哥本哈根、圣彼得堡以及北欧的斯德哥尔摩、奥斯陆等）—北大西洋—北美洲东岸（纽约、魁北克等）、南岸（新奥尔良港，途经佛罗里达海峡）。

优势：连接世界上最发达和富庶的两个区域，是两个区域经济交往的重要航线。

劣势：竞争激烈，集装箱公司经营环境相对恶劣；航线经过苏伊士运河，运力受到限制。

3. 远东—欧洲、地中海航线

远东—欧洲、地中海航线也被称为欧洲航线，又可分为远东—欧洲航线和远东—地中海航线两条。

远东—欧洲航线是世界上最古老的海运定期航线。这条航线在欧洲地区涉及的主要港口有荷兰的鹿特丹港，德国的汉堡港、不来梅港，比利时的安特卫普港，英国的费利克斯托港等。该航线大量采用了大型高速集装箱船，组成了大型国际航运集团进行运输。该航线将中国、日本、韩国及东南亚的许多国家与欧洲联系起来，贸易量和货运量十分庞大。另有西伯利亚大陆桥、新亚欧大陆桥等集装箱多式联运与之相配合。

远东—地中海航线由远东经过地中海到达欧洲。与这条航线相关的欧洲港，主要有西班牙南部的阿尔赫西拉斯港、意大利的焦亚陶罗港及地中海中央马耳他南端的马尔萨什洛克港。

（1）优势。贸易量和货运量十分庞大，与西伯利亚大陆桥、新亚欧大陆桥等欧亚之间的大陆桥集装箱多式联运相连接。

（2）劣势。周边地区政治环境不是很稳定，给海洋运输带来影响，这条航线也经过苏伊士运河，客观上限制了船舶的运力。

世界主要海港和航线如图 5 - 1 所示。

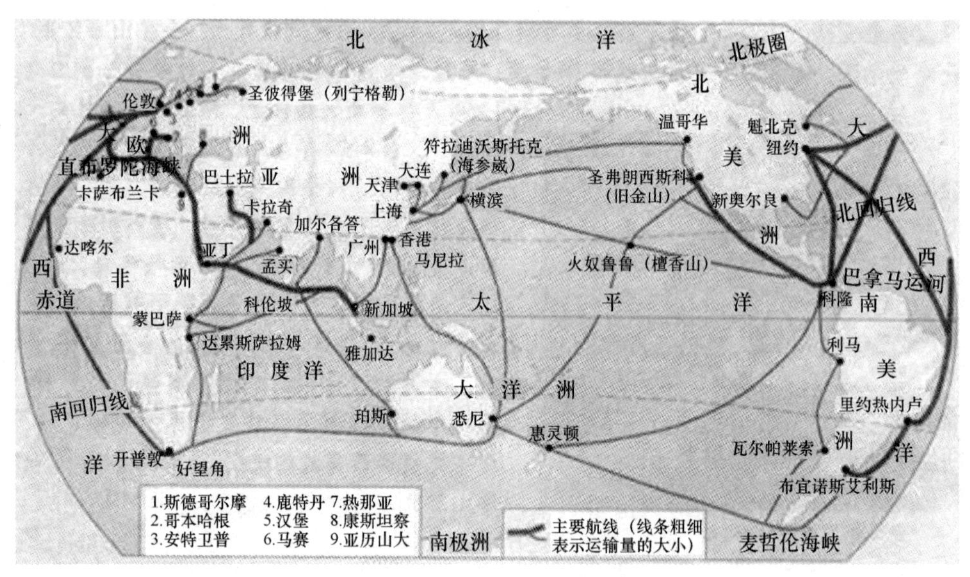

图 5 - 1　世界主要海港和航线示意图

二、主要基本港口考虑的因素

1. 地理因素

应地处集装箱航线之上或离航线不远处；需要考虑基本港与其附近港口之间的地理位置，利于支线运输和与内陆运输相连接，便于开展多式联运。

2. 货源因素

选择和确定航线基本港的前提条件和重要因素是货源是否充足及稳定。

3. 港口因素

必须考虑港口的自然条件、装卸设施及装卸效率、港口的集疏运条件等。

4. 其他因素

还应具有高度发达的金融、保险、服务设施等行业和服务部门。

三、贸易术语与货运代理

1. FOB

（1）FOB 术语的含义。FOB 的全称是 FREE ON BOARD，即船上交货，习惯称为装运港船上交货。FOB 风险转移界限为装运港船舷；适用于水上运输；交货地点是装运港口。

（2）买卖双方的义务。

1）卖方义务。①须在合同规定的时间及装运港口，将合同规定的货物交到买方指定的船上，并及时通知买方（交货）。②承担货物交到装运港船上之前发生的一切费用和风险（费用和风险）。③自负风险和费用，取得出口许可证或其他官方批准证件，还要办理货物出口所需的一切海关手续（证件、手续）。④提交商业发票，提供卖方已按规定交货的清洁单据，或具有同等作用的电子信息证明（单据）。

2）买方义务。①订立从指定装运港口运输货物的合同，支付运费，并将船名、装货地点及要求交货的时间及时通知卖方（运输）。②根据买卖合同的规定受领货物并支付货款（受货、付款）。③承担受领货物之后所发生的一切费用和风险（费用、风险）。④自负风险和费用，取得进口许可证或其他官方证件，并办理货物进口所需的海关手续（证件、手续）。

2. CFR

（1）CFR 术语的含义。CFR 的全称是 COST AND FREIGHT，即成本加运费。

CFR 适用于水上运输；在装运港越过船舷时风险转移；交货地点在装运港口。

（2）买卖双方的义务。

1）卖方义务。①签订从指定装运港将货物运往约定目的港的合同；在买卖合同规定的时间和港口，将合同要求的货物装上船并且支付到目的港的运费；装船后及时通知买方（运输）。②承担货物在装运港越过船舷之前产生的一切费用和风险（费用和风险）。③自负风险和费用，取得出口许可证及其他官方证件，以及办理货物出口所需的一切海关手续（证件、手续）。④提交商业发票，自费向买方提供为买方在目的港提货所用的相关的运输单据，或具有同等作用的电子信息（单据）。

2）买方义务。①接受卖方提供的有关单据，受领货物，且按合同规定支付货款（受货、付款）。②承担货物在装运港越过船舷以后遇到的一切风险（风险）。③自负风险和费用，取得进口许可证或其他官方证件，同时办理货物进口所需的海关手续，支付关税和其他有关费用（证件、手续）。

3. CIF

（1）CIF 术语的含义。CIF 的全称是 COST INSURANCE AND FREIGHT，即成本加保险费加运费。CIF 适用于水上运输；装运港货物越过船舷时风险转移；交货地点为装运港口。

（2）买卖双方的义务。

1）卖方义务。①签订从指定装运港承运货物的合同；在合同规定的时间和港口，将合同要求的货物装上船并支付到目的港的运费；装船后须及时通知买方（运输）。②承担货物在装运港越过船舷之前产生的一切费用和风险（费用和风险）。③按照买卖合同的约定，自负费用办理水上运输保险（保险）。④自负风险和费用，取得出口许可证或其他官方批准证件，并且办理货物出口所需的一切海关手续（证件、手续）。⑤提交商业发票及在目的港提货所用的通常的运输单据或具有同等作用的电子信息，同时自费向买方提供保险单据（单据）。

2）买方义务。①接受卖方提供的有关单据，受领货物，并按合同规定支付货款（受货、付款）。②承担货物在装运港越过船舷之后的一切风险（风险）。③自负风险和费用，取得进口许可证或其他官方证件，并且办理货物进口所需的海关手续（证件、手续）。

以上三种常见价格术语的主要异同点如表 5－1 所示。

表 5－1　三种常见价格术语的主要异同点

价格术语	交货地点	风险划分	出口报关	进口报关	租船订舱	运费支付	保险办理	运输方式
FOB	装运港口	装运港船舷	卖方	买方	买方	买方	买方	水上运输
CFR	装运港口	装运港船舷	卖方	买方	卖方	卖方	买方	水上运输
CIF	装运港口	装运港船舷	卖方	买方	卖方	卖方	卖方	水上运输

第三节　班轮运输

一、班轮运输概述

1. 班轮运输的概念

班轮运输也称定期船运输，一般是指具有固定航线，沿途停靠若干个固定港口，按照事先规定的船期表及事先规定的运价航行的运输方式。此运输方式对于停靠的港口，一般无论货物数量多少，都可以接受托运。

2. 班轮运输的特点

其一，四固定。航线、停靠港口、航期都固定，运价也相对固定。

其二，一负责。承运人负责装货作业、卸货作业和理舱作业以及全部费用，承运人和托运人双方不计算装卸货时间以及速遣费、滞期费。

其三，承运人及货主之间权利、义务和责任豁免一般是以承运人签发的提单背面条款作为依据并且受国际公约的制约。

其四，承运人对货物所承担的责任期间一般为“舷至舷”或“钩至钩”，指从货物装上船起到货物卸下船为止。

其五，货物种类和数量均可接受，指班轮船舶承运货物的品种、数量较为灵活，既可接运一般货物，也可接运冷冻、易腐、散装、液体、危险品之类的货物，既可接运大宗货物，也可接运零星货物等。

3. 国际班轮公司经营方式的趋势

国际班轮公司经营方式的趋势主要有以下几种：舱位租用、舱位互换、共同派船、战略联盟、并购等。

二、拼箱货进口的业务流程

拼箱货班轮货运业务流程如下：

第一步，A、B、C 等不同货主（发货人）将不足一个集装箱的货物（LCL）交与集拼经营人。

第二步，集拼经营人将拼箱货拼装成整箱后，向班轮公司办理整箱货物运输。

第三步，整箱货装船后，班轮公司签发 B/L 或其他单据（如海运单）给集拼经营人。

第四步，集拼经营人在货物装船后也签发自己的提单（House B/L）给各个货主（发货人）。

第五步，集拼经营人将货装船及船舶预计抵达卸货港等信息告知其卸货港的机构（代理人），同时将班轮公司 B/L 及 House B/L 的复印件等单据交与卸货港代理人，以便向班轮公司提货及向收货人交付货物。

第六步，货主之间办理包括 House B/L 在内的有关单证的交接。

第七步，集拼经营人在卸货港的代理人凭班轮公司的提单等提取整箱货。

第八步，A′、B′、C′等不同货主（收货人）凭 House B/L 等在 CFS（集装箱货运站）提取拼箱货。

三、杂货班轮出口运输业务流程

杂货班轮出口运输业务流程如下：

第一步，出口企业根据合同或信用证填制海运出口货物代运委托单，随附商业发票、装箱单等必要单据，委托货运代理订舱，还可委托其代理报关及货物储运等事宜。

第二步，货运代理人根据出口商的海运出口货物代运委托书，向船公司在装

货港的代理人（也可以直接向船公司或其营业所）提出货物装运申请，缮制并递交托运单（B/N），随同商业发票、装箱单等单据一并向船公司或船舶代理人办理订舱手续。

第三步，船公司同意承运后，则在托运单上编号（该号将来即为提单号），填上船名、航次，并签署装货单，同时把配舱回单、装货单（Shipping Order，S/O）等与托运人有关的单据退还给货运代理人。

第四步，货运代理人以船公司签署的装货单及报关所需的全套必要文件，向海关办理货物出口报关、验货放行手续。

第五步，海关进行查验，在装货单（关单）上盖放行章同意出口，并将装货单退还给货运代理人。

第六步，船公司在装货港的代理人根据留底联编制装货清单，送船舶及理货公司、装卸公司。大副根据装货清单编制货物积载计划交代理人，分送给理货、装卸公司等，按计划装船。

第七步，海关货运代理人将经过检验的货物送至指定的码头仓库准备装船。

第八步，货物装船后，理货长将装货单交给大副，大副核实无误后留下装货单、签发收货单，并在收货单上注明所收货物的实际情况（大副批注）。理货长将大副签发的收货单即大副收据（M/R）转交给货运代理人。

第九步，货运代理人持大副收据到船公司在装货港的代理人处付清运费（在预付运费的情况下）换取正本已装船提单（B/L）。如果是持有“表面状况良好”的大副收据，则换取的是清洁提单；如果是货物有不好批注的大副收据，则换取的只能是不清洁提单。由于不清洁提单在出口商办理议付结汇时，银行拒收，故在装船时应得到一张“表面状况良好”的大副收据。船公司在装货港的代理人审核大副收据无误后，留下大副收据（M/R）签发提单（B/L）给货运代理人。

第十步，出口企业向货运代理人支付运费，取得全套已装船提单，凭此结汇。

第十一步，货物装船完毕，船公司在装货港的代理人编制出口载货清单（M/F）送船长签字后向海关办理船舶出口手续，并将出口载货清单交船随带，船舶起航。船公司在装货港的代理人则根据提单副本（或大副收据）编制出口载货运费清单，连同提单副本、大副收据送交船公司结算代收运费，并将卸货港需要的单证寄给船公司在卸货港的代理人。

知识贴

目的港收货人提货流程

- 先根据提单上显示的联系方式，联系换单事宜；
- 换出提货单后，向所在国海关申报进口；
- 通关放行后，去货物所在堆场办理清关事宜；
- 组织运输工具，将货物（或者集装箱）送往收货人指定目的地。注意提单的类型，类型不同换单次数和金额都不同。

四、杂货班轮进口货运业务流程

杂货班轮进口货运业务流程如下：

第一步，出口船公司在卸货港的代理人接到船舶抵港电报后，通知收货人船舶的到港日期，安排做好提货准备。

第二步，在信用证支付方式下，收货人到开证行付清货款赎取提单等单据，准备到港口提取货物。

第三步，出口船在卸货港船公司的代理人根据装货港船公司的代理人寄来的货运单证，编进口载货清单以及有关船舶进口报关和卸货所需的单证，约定装卸公司、理货公司，并联系安排泊位，做好接船及卸货的准备工作。

第四步，船舶抵港后，船公司在卸货港的代理人随即办理船舶进口手续，船舶靠泊后即开始卸货。

第五步，收货人持正本提单向船公司在卸货港的代理人处办理提货手续，付清应付的费用后，换取代理人签发的提货单（D/O）。

第六步，收货人办理货物进口手续，支付进口关税。

第七步，收货人持提货单到码头仓库或船边提取货物。

五、班轮运费计算

班轮公司运输货物所收取的运输费用是依据班轮运价表的规定计收的。不同

的班轮公司或班轮公会有不同的班轮运价表。班轮运价表通常包括说明及有关规定、货物分级表、航线费率表、附加费表、冷藏货及活牲畜费率表等。现在我国海洋班轮运输公司使用的等级运价表，就将承运的货物分成若干等级，每个等级的货物都有一个基本费率，称之为等级费率表。

班轮运费是承运人为承运货物而收取的报酬，而计算运费的单价（或费率）则称班轮运价。班轮运价的收取包含了货物从起运港至目的港的运输费用以及货物在启运港及目的港的装卸费用。班轮运价通常以运价表的形式公布，比较固定。班轮运费包括了基本运费及附加费两部分：基本运费是构成全程运费的主要部分，是指货物从装运港到卸货港所应收取的费用；附加费是指对一些需要特殊处理的货物，或者由于突然事件或客观情况变化等而需另外加收的费用。

班轮运价表一般包括以下内容：航线费率表，即不同的航线和不同等级货物的基本运费率；附加费率表，即各种附加费及其计收的标准；冷藏货费率表和活牲畜费率表，即各种冷藏货物及活牲畜的计费标准及费率。

1. 基本运费

基本运费率是班轮航线内基本港口之间对每级商品规定的必须收取的费率。在货物分级表内不同的商品划分为 20 个等级，随着等级的增加，其基本运费率也随之增加，按班轮运价表规定的计收标准收取。在班轮运价表中，班轮运费的计算标准根据不同的商品通常采用下列几种方式：

其一，按货物毛重（重量吨）计收，运价表内用“W”表示。

其二，按货物的体积（尺码吨）计收，运价表中用“M”表示。

计费的重量吨及尺码吨统称为运费吨，又称计费吨，现在国际上一般都采用公制（米制），其重量单位为公吨（M/T），尺码单位为立方米（M）。计算运费时 1 立方米作为 1 尺码吨。

其三，按毛重或体积计收，由船公司选择其中收费较高的作为计费吨，运价表中以“W/M”表示。

其四，按货物 FOB 价收取一定的百分比作为运费，称从价运费，以“AD VALOREM”或“AD. VAL.”表示。这原是拉丁文，英文是按照价值的意思（即 According to Value）。

其五，在货物重量、尺码或价值三者中选择最高的一种计收，运价表中用“W/M or AD. VAL.”表示。

其六，按货物重量或尺码最高者，再加上从价运费计收，运价表中以“W/M plus AD. VAL.”表示。

其七，按每件货物作为一个计费单位收费，如活牲畜按“每头”（Per Head），车辆按“每辆”（Per Unit）收费。

其八，临时议定价格，即由货主和船公司临时协商议定。

2. 附加费

附加费是因一些需要特殊处理的货物或因为客观情况的变化等使运输费用大幅度增加，班轮公司为弥补损失而额外加收的费用。附加费随着客观情况的变化而变化，因此种类很多，如超重附加费、超长附加费、燃油附加费、港口附加费、绕航附加费、转船附加费、直航附加费、选卸附加费、货币贬值附加费等。

附加费的计算方法主要有两种：一种是以百分比表示，是指在基本费率的基础上增加一个百分比；另一种则用绝对数表示，是指每运费吨或每集装箱增加若干金额，可以与基本费率直接相加计算。

（1）BAF。燃油附加费，大多数航线都有，但标准不一。

（2）SPS。上海港口附加费（船挂上港九区、十区）。

（3）FAF。燃油价调整附加费（日本航线专用）。

（4）YAS。日元升值附加费（日本航线专用）。

（5）GRI。综合费率上涨附加费，通常南美航线、美国航线使用。

（6）DDC、IAC。直航附加费，美加航线使用。

（7）IFA。临时燃油附加费，某些航线临时使用。

（8）PTF。巴拿马运河附加费，美国航线、中南美航线使用。

（9）ORC。本地出口附加费，和SPS类似，通常在华南地区使用。

（10）EBS、EBA。部分航线燃油附加费的表示方式，EBS通常是澳洲航线使用，EBA通常是非洲航线、中南美航线使用。

（11）PCS。港口拥挤附加费，通常是以色列、印度某些港口和中南美航线使用。

（12）PSS。旺季附加费。

3. 班轮运费的计算公式

（1）班轮运费的具体计算方法。先根据货物的英文名称从货物分级表中查

出货物的计算等级及其计算标准，再从航线费率表中查出有关货物的基本费率，最后加上各项需支付的附加费率，得到的总和就是有关货物的单位运费（每重量吨或每尺码吨的运费），再乘以计费重量吨或尺码吨，可得该批货物的运费总额。如果是从价运费，就按规定的百分率乘 FOB 货值即可。

（2）计算公式。

$F = F_b + \Sigma S$

其中，F 表示运费总额，F_b 表示基本运费，S 表示某一项附加费。基本运费是所运货物数量（重量或体积）与规定的基本费率的乘积，即 $F_b = f \times Q$，其中 f 表示基本费率，Q 表示货运量（运费吨）。

附加费是指各项附加费的总和。在多数情况下，附加费按基本运费的一定百分比计算，其公式为：

$\Sigma S = (S_1 + S_2 + \cdots + S_n) \times F_b = (S_1 + S_2 + \cdots + S_n) \times f \times Q$

其中，S_1、S_2、…、S_n 为各项附加费。

第四节 租船运输

一、租船运输的基本概念

1. 租船运输的概念

租船运输（不定期船运输），指依照租船合同的规定，船舶出租人提供船舶或船舶的部分舱位，装运约定的货物，从一个港口运到另一港口，由租船人支付约定的运费，包含定程租船（航次租船）、定期租船（期租船）、光船租船、包运租船、航次期租（日租租船）等几种形式。

2. 租船运输的特点

与班轮运输方式下的“四固定、一负责”不同，租船运输的诸多事宜可由船东和租船人临时议定。

3. 租船方式的主要种类

船舶租赁方式（租船运输方式）可分为三大类：航次租船（Voyage/Trip Charter）、定期租船（Time Charter）、光船租船（Bareboat/Demise Charter）。在这三大类中，因为航次数、时间或某些特殊规定，又可再分为不同的小类，具体分法如下：

（1）光船租船，分为光船租船（Voyage/Trip Charter）和光船租购（Leasing and Purchase Contract）。

（2）定期租船，分为定期租船（Time Charter）和航次期租船（Time Charter on Trip Basis）。

（3）航次租船，分为单航次租船（Single Voyage Charter）、往返航次租船（Return Voyage Charter）、连续单航次或连续来回航次租船（Consecutive Single or Consecutive Return Voyage Charter）、包运合同（Contract of Affreightment）。

二、光船租船方式的性质和特点

光船租船也称租船，指船东在租期内将一艘空船出租给租船人使用，并将船舶的控制权及占有权也一并交给租船人。租船人按合同规定在租期内按期向船东支付租金，负责提供船员、供应和装备船舶、船舶的营运管理及费用。租船人则在租期内成为该船临时特定的船东使用船舶。此租船方式的基本特点如下：

（1）光船租船方式基于船东和租船人的特殊目的而形成。首先船东的目的在于仅把船舶作为投资的对象，他们本身并未建立常规的航运公司，也无整套经营航运的管理人员，在造好船后就将船舶长期光租给航运公司，收取租金作为投资回报和赚取利润。此外，一些不愿经营运输业务的船公司，因其经营管理能力不高，不愿冒竞争的风险，可能也会将船舶以光租形式出租给其他船公司。虽然出租利润不高，但稳定的租金收入有保证，比自己经营保障更大。其次对于租船人来说，愿意光船租的原因一方面可能是在某段时期内缺少船舶或希望扩充船队但又不愿花大笔钱买船，也可能贷款有困难而买不起船舶；另一方面是对租进的船舶拥有完全的控制权，包括控制船舶的航行驾驶及管理。

(2) 此方式属于一种财产租赁方式，并非运输承揽的性质，类似于房东将空房出租给房客一样。光船租船合同完全属于一种财产租赁合同，它与海上货运合同有许多不同之处。船东对出租的船舶仅有财产所有权，并无控制权和占有权。同时，船东对运输过程中产生的责任及费用均不负责。

(3) 租船人负责雇佣船只，负担船员工资及伙食等。通常情况下，船长和船员均由租船人雇佣和任命，是一种标准的光船租船方式，英文为 Bareboat Charter，即指出租的是一艘船壳。在国际上还有一种做法，即船东自己雇佣和任命船长，而由租船人雇佣其余高级船员和普通船员。采用这种方式，船东通过自己雇佣的船长对船舶也有所掌握，可以维护船东权益。这种形式在英文中只能称为 Demise Charter，而不能称为 Bareboat Charter。

(4) 租船人负责船舶的调度及营运安排，同时负担所有营运费用。时间的风险也在租船人一边。船东按期收取租金，而船舶的使用效率与船东无关。

(5) 租金率的确定则根据船舶装载能力及租期等因素由双方协商而定。租金支付方式一般以每月或每半月预付租金率乘以一个月时间为一次预付的租金数。

(6) 如果光租的船舶是一艘将要建造的新船，则船东与船厂的造船合同和建造规范须事先征得租船人同意才能与船厂签约建造。此外在建造中，未征得租船人同意，船东不能自作主张与船厂更改船舶的规范标准。

(7) 光船租船经营中的费用划分如表 5－2 所示。

表 5－2　光船租船经营中的费用划分

船东负责	租船人负责
折旧费	燃油费
船舶保险费△	港口使用费
船舶检验费△	货物装卸费
经纪费	扫舱洗轮费
	垫舱物料费
	空航费（若产生的话）
	代理费和经纪费
	货物索赔

续表

船东负责	租船人负责
	船员工资、伙食
	维修保养
	物料、供应品和设备
	润滑油
	淡水
	船舶保险费△
	船舶检验费△
	企业一般管理费

注："△"符号表示该项目根据合同规定由船东负责或由租船人负责。作为船东，在考虑租金率时，上述所承担的费用应作为起码的保本费率（Break - even Bareboat Charter Rate），再加上预期盈利来洽谈租金率。

（8）光船租购方式是指在光船租船合同中规定一条分期付款协议（Hire/Purchase Agreement）或租购协议。一旦船舶租期届满，此船就被认为已卖给租船人。

三、定期租船的性质及特点

1. 定期租船性质

定期租船是指船舶所有人将船舶租给租船人使用一定时期的租船方式。它以约定的某段期间为租期，在此租期内船东收取租金，租船人使用该船的运载能力。

2. 定期租船特点

定期租船具有下列特点：

（1）采用这种方式的主因之一是租船人在某段期间需要船舶承运货物或补充船队运力的不足。

（2）定期租船合同究竟是财产租赁合同还是运输合同，在国际上还存在认识分歧。一方面，定期租船下船东将船舶出租给租船人使用，类似于财产出租，不过船东对船舶可以控制，对驾驶和管理船舶负有责任。船东提供船舶为租船人

在一定的租期内独家承运货物来赚取租金。一旦期租船人为货主时，船东则明显是承运人，该合同性质体现运输承揽更明显。另一方面，当期租船人将租船承揽运输他人货物时，根据国际上的判例和仲裁案例，船东及期租船人则为共同承运人，船东对承运的货物要承担部分责任和风险，体现出承揽运输的特点。

（3）船东对船舶拥有占有权及控制权，船东通过自己配备的船员来行使对该船舶的占有和控制。船东负责船员的工资和伙食、负责船舶的驾驶及管理责任。租船人则在租期内拥有使用船舶运力的权利，负责船舶的调度及营运。租船人不但运输自己的货物，还可承揽他人货物运输赚取运费，并在租期内按约支付船东租金。因此租船人承担了时间的风险。

（4）租金率以船舶的装载能力为基础来确定，并结合市场行情等因素洽谈。有些合同规定租金率为每天每载重吨××美元，还有不少规定每天租金率为××美元。租金的支付期限也在合同中有规定，如每半个月预付一次，或每一日历月预付一次，或每30天预付等。

（5）定期租船经营费用划分。联合国贸易和发展会议出版的《租约》一书中将定期租船中船东及期租船人应负担的费用进行了划分，如表5－3所示。

表5－3　定期租船经营费用划分

船东负担	租船人负担
船员工资	燃油费
船员伙食	港口使用费
维修保养	扫舱洗舱费
物料、供应品和设备	货物装卸费
润滑油	垫舱物料费
淡水△	空航费用
船舶保险费	淡水△
企业一般管理费	承运货物产生的经纪费和代理费
船舶折旧费	部分货损、差索赔△
经纪费	
部分货损货差索赔	

注：“△”符号表示该项费用视合同规定由谁负责。对船东来说，上述负担费用是考虑租金率时的最低保本费率（Break－even Time Charter Rate）所应包括的，再根据市场行情以及自己的谈判地位来定报价的租金率。

（6）租期较长的合同中通常订有“自动递增条款”（Escalation Clause）。因租金率一旦在合同中确定，整个租期内将不会改变，但船舶的各种劳动费用日后却可能会增长，例如船员工资、船舶修理费、保险费等，船东就可能盈利受损，甚至赔本，那时候又不能中途毁约来摆脱赔本合同，所以船东在洽谈长期的定期租约时往往力争订立“自动递增条款”（Escalation Clause）来保护自己。该条款能说明当租期内船东费用上涨时，租金率也应相应提高或者由租方补偿船东所增加的费用部分，避免在订约后因费用上升而减少盈利的风险。

（7）航次期租（TCT）是定期租船中的一种特殊方式。它以一个航次运输为目的，按完成该航次的日数及合同规定的日租金率计算并支付租金。以一个固定的航次为限，将货物从装货港运至卸货港，从形式上看类似航次租船方式，但它是定期租船方式，只不过租期的时间以完成一个航次为限。合同格式采用的是期租格式。

四、航次租船的性质和特点

1. 航次租船性质

航次租船是指船东负责提供一条船舶，在指定的港口之间或区域之间（多个装货港或卸货港）进行一个或数个航次承运租船人指定的货物，租船人向船东支付相应运费的租船运输方式。

2. 航次租船特点

航次租船一般有下列特点：

（1）船东占有和控制船舶，负责船舶的营运调度工作。租船人指定装卸港口及货物。

（2）租船人向船东支付运费（Freight），而非租金（Hire）。运费的确定以货物品种、数量、航线及装卸港条件好坏、租船市场行情等多种因素综合考虑，每吨货物的运费率或采用包干运费（Lump Sum）方式，提出一笔总运费，不按每吨费率计收运费，让租船人装足为止。若租船人运量不足也得支付包干总运费。因此，在承运某些难以精确计算吨位或容积的货物时，船东通常喜欢包干运费，比如木材运输等。

(3) 船东负责营运费用，除装卸费由谁支付这一点可以协商之外，其余的营运费用都由船东负担，包括船员工资和伙食、维修保养营运费、物料、供应品及设备、润滑油、燃油费、港口使用费、船舶保险费、淡水费、船舶折旧费、公司管理费、扫舱费、垫舱费、代理费、佣金、货物索赔等。

(4) 航次租船中都规定可用于在港装卸货物的时间（Lay Time）、装卸时间的计算方法、滞期及规定（Demurrage and Dispatch）。这源于船东要控制该船在港装卸大约需要多少天，与航次的经济效益紧密相关。如果装卸时间超过规定的天数，则租船人要支付滞期费；反之，船东就要向租船人支付速遣费。但双方也可以同意 CQD（Customary Quick Dispatch），即不规定装卸时间而按港口习惯装卸速度，由船东承担时间风险。

(5) 航次租船方式根据双方约定的航次数又可分以下几种方式：

其一，单航次租船，即洽租单个单程航次的租船方式。船东负责将指定的货物从一个或几个装货港运往另一个或几个卸货港，当货物运抵卸货港，卸货完毕时合同即告终止。航次租船中以单航次租船为多。

其二，来回航次租船，即洽租一个往返航次的租船。所租用的船舶在完成一个单航次后，即在本合同中的卸货港装上回程货运回原装货港，卸完货后合同才告终止。这种来回航次租船很少见。

其三，连续单航次或连续来回航次租船，这是洽租连续完成几个单航次或几个来回航次的租船。采用此种方式时，同一艘船舶在同一航线上连续完成合同规定的两个或两个以上的单航次或来回航次，合同方才终止。通常连续完成几个单航次的合同占绝大多数，空放回程航次的费用由船东负担，也往往会有给予船东指定另一船（基本条件大致相同）代替行为的权利。

其四，包运合同，即在规定的期限内，同时在船东及租船人预先同意的港口或区域内，船东指派船舶将规定的货物数量在规定的期限内平均分多个航次有规律地运完。履行各航次的船舶分别由船东指派同一或不同的船舶。

五、租船业务的流程

常规情况下，船东和租船人通过经纪人洽谈租船交易，从租船人提出租船要求到最终与船东拍板成交，签署合同需要一个过程，常见的程序如下：

1. 询价（Order/Enquiry）

租船人根据自己对货物运输的需要或对船舶的特殊要求，将基本租船要求及货物信息用传真或电传通过经纪人传递到租船市场上，寻找合适的船东，并进一步了解船东能否提供合适的船舶以及报价。

（1）航次租船。航次租船询价一般包括下列内容：租船人姓名全称和地址（the Charterer's Full Name and Domicile）；货物名称和数量（Cargo Description and Quantity）；装货港和卸货港（Loading and Discharging Ports）；船舶受载期和解约日（Laydays and Canceling Date，Laycan for Short）；装卸时间（Laytime）；装卸费负担（Loading and Discharging Cost）；运费率（Freight Rate）（有些询价中不报运费率，而写明请船东报运费率）；对船舶类型和尺码特殊要求（Special Requirements Regarding Type or Size of Ship）；租方建议的标准合同范本（Charter Party Form）（有些询价不提标准合同范本，将由船东在报价时提出）；佣金（Commissions）。

（2）定期租船。定期租船询价一船包括下列内容：租船人姓名全称和地址（Charterer's Full Name and Domicile）；船舶吨位和船型（Ship's Size and Type）；租船期（Charter Period）；交/还船地点（Places for Delivery and Redelivery）；交船日期和解约日（Laycan）；对船舶的特殊要求（Special Requirements Regarding the Ship）；租船人建议的标准合同范本（Charter Party Form）（也有的不提标准范本，由船东在报价时提出）；佣金（Commissions）。

租船人发出的询价中的措辞通常能反映货物买卖合同是已签署，还是尚在谈判过程中。船东更愿意与货物买卖合同签署完毕的租船人洽谈。

2. 报价（Offer）

船东收到租船人询价信息后，通过比较或估算或其他询价条件，如果觉得可以考虑该询价，就通过经纪人向租船人报价，将所能提供的船舶、运费率、租金等条件报出。如果船东收到几位经纪人发送来的内容条件相同的询价，应和最接近租船厂的那位经纪人联系，通过他向租船人发出报价。报价也称发盘。

若是货物买卖已落实的询价（Firm Order），船东可以立即报实盘（Firm Offer），或者航运市场不景气，船东面临激烈竞争时，为争取揽到这笔租船业务，

也应立即报实盘。但在租船实务中，比较常见的习惯做法是当租船人发出的是意向性询价时船东即报出意向性报价（Indications），这种意向性报价一般只提供船舶概况、运费或租金率意向以及其他能满足询价中要求的意向。意向性报价一般没有附应予答复的时间限制（Times Limit for Reply），因此不约束谈判当事人，仅为继续谈判打下基础。

（1）报价的主要条款。船东和租船人洽谈租约条款通常分为两步，首先洽谈主要条款（Main Terms），在谈妥主要条款后，再进一步谈细节（Details）。船东第一个主要条款报价一般包括下列内容：

1）航次租船报价的主要内容如下：

船东姓名全称（Ship Owner's Full Name）；船名和规范（Ship's Name and Particulars）；运费率和运费支付条件（Freight Rate and Conditions for Payment of Freight）；受载期和解约日（Laycan）；装卸港（Loading and Discharging Ports）；装卸时间（Lay Time）；装卸费负担（Loading and Discharging Costs）；滞期/速遣费率（Demurrage and Dispatch Rates）；佣金（Commission）；采用的合同范本（Charter Party Form to Bemused）；报价有效时间（Period for Which the Offer is Valid）。有些主要条款报价还可以包括战争风险条款（War Risks Clause）、燃油条款（Bunker Clause），附加保险费条款（Extra Insurance Premiums）、税收条款（Due and Taxes）等。

2）定期租船报价的主要条款如下：

船东姓名全称（Ship Owner's Full Name）；船名和规范（Ship's Name and Particulars）；租期形式等（Description of the T/C Engagement）；交/还船地点（Places of Delivery and Redelivery）；交船期和解约日（Laycan for the Delivery）；航行区域（Trading Limits）；租金率和支付条件（Hire Rate and Conditions for Hire Payment）；交还船时船上剩油数量和价格（Quantity and Price for Bunkers on Board on Delivery and Redelivery）；其他船东愿做主要条款谈判的条款（Other Clauses Which the Owner Wishes to Negotiate as Main Terms）；采用的合同范本（Charter Party Form to be Used）；佣金（Commissions）。报价中船舶规范应写明船名、建造年份、船旗、登记吨、载重吨、包装和散装容积、舱口数以及尺寸、装卸设备、航速、燃油消耗等。船东对所报规范的正确性一般留有余地，在规范内容最后加"所有规范细节为大约"（all details about），或写"对所有提供的规范细节不保证，但真诚地提供，相信是正确的"（all details given without guarantee, but given in good faith and believed to be correct），或写“不作保证”（without guarantee）。

（2）洽谈主要条款阶段。船东报价或租船人还价（Counter - offer），末尾都写有“有待细节”（subject to details or sub details），这表示正在谈判主要条款，谈妥主要条款后继续洽商细节内容。

船东所报实盘中一般都规定答复期限，期限长短视具体限制可以不一样。船东一旦发出报价，应受其发出报价的约束，在一定期限内不得撤回、变更或限制报价。报价的约束力有下列两种情况：

第一种，若船东用口头或电话形式发出报价，如果该口头报价中规定答复期限，那么在期限之前，该报价就约束船东，使之不得撤回或变更。如租船人在规定的期限内未作答复，该报价不再约束船东。若报价时没有规定答复期限，租船人在对话当时未立即答复，船东即不再受该口头报价的约束。

第二种，若船东用电传、传真或电报发出报价，如果其中规定答复期限，那么该报价就在答复期限届满之前对船东有约束力。如果没有规定答复期限，通常认为在得到受盘所需的期间内该报价对船东有约束力。

但是，若船东在发出的实质报价（实盘）中带有一定条件，即我们常说的条件报价或条件实盘（Conditional Firm Offer），它对船东的约束力与上述不同。

3. 还价（Counter Offer）或称还盘

租船人接到船东主要条款报价后，鲜有全部接受（Clean Accept）报价的情况，通常是接受部分内容，对某些条款提出还价，比如表述为“租方接受船东报价，但……除外”（charterers accept owner's offer，except...），然后，租方在还价中列出还价内容，与船东继续谈判。当然，船东对租船人的还价要么全部接受，要么接受部分还价，要么对不同意部分提出再还价或新报价。若全部不接受还价，则可能终止谈判。

若租船人对船东报价中的绝大多数条款不能接受，但仍想与船东谈判，他可以给船东发出这样的还价“租船人拒绝船东的报价，但提出实盘如下……”（charterers decline owner's offer and offer firm as follows...）。

若租船人完全不接受船东报价，想终止谈判，就可以这样回答“租船人毫无还价地拒绝船东报价”（charterers decline owner's offer without counter），还价时，亦常附有答复期限，例如在××小时内答复。

4. 受盘（Acceptance）以及编制订租确认书（Fixture）

若船东和租船人经过商定后，双方对合同主要条款意见一致并且租方接受全部主要条款，此时船东根据双方约定的主要条款，编制出一份主要条款确认书（Main Term Fixture），将双方共同承诺的主要条款汇总，发给租船人。因双方暂时只谈妥主要条款，细节尚未谈判，所以不论在受盘中还是在订租确认书中都加有"另定细节"（subject to details）。

此类有附带条件的受盘并不构成真正的受盘，实质上还是处于还价或还盘阶段。受盘必须是没有任何附带条件地接受对方发盘的全部内容。若提出附带条件的一方不能在规定期限内放弃这些条件，另一方就可以终止谈判，不受任何约束。

5. 编制、审核、签署租船合同

当租约谈妥后，船东或船东经纪人依据已达成协议的内容编制出正式的租船合同，同时送交租船人审核。若租船人发现与原协议内容有不相符的地方，需及时向船东提出异议，要求改正。若租船人对编制的合同没有什么异议，就可签字。

因有些航次租约下的装货日期较近，也可能还未编制正式租约和让双方签字，船舶就已在装货港开始装货，所以船公司管理人员及船长仅凭订租确认书内容履行合同也属常见的情况。

第五节 海运提单

一、海运提单的性质和作用

《中华人民共和国海商法》第七十一条给提单下的定义是：提单（Bill of Lading，B/L），即用以证明海上货物运输合同及货物已经由承运人接受或者装船，以及承运人保证据以交付货物的单证。提单在国际班轮运输中既是一份非常重要的业务单据，同时还是一份非常重要的法律文件。国际海上货物运输中最具有特色的运输单据就是提单。国际海洋运输中，托运人与承运人之间通常需订立运输合同及签发提单来确立双方的权利和义务以及责任豁免，所以提单十分重要，需要对其性质和作用有一个清楚的认识，才能按提单正确处理运输的各项业务。提单的性质和作用主要表现在以下三个方面：

第一，海运提单是承运人签发给托运人的表明货物已被承运人收讫的货物收据。它可以证实承运人已按提单的记载收到托运人的货物，并承诺按收据内容将货物交付给收货人。因此，提单也是托运人凭以向银行结汇的主要单据之一。

第二，海运提单是能够代表货物所有权的凭证。提单代表货物的所有权，谁拥有提单就表明谁拥有了货物，因此提单的持有人拥有支配货物的权利。因提单具有这样的性质，提单的拥有者即可凭提单向银行议付货款，获取银行的融资，还能凭提单向承运人提货以及用来办理抵押货款或转让。

第三，海运提单也是承运人和托运人双方订立的运输契约的证明。提单本身并非运输契约，因运输契约是在装货前商订，而提单通常是在装货后签发的，所以提单只是运输契约的证明。

二、提单的种类

随着世界经济的发展，国际海上货物运输中所遇到的海运提单（Ocean B/L or Marine B/L）种类也越来越多。提单可按照不同的要求，从不同的角度进行分类。不同类型的提单，其适用范围也不相同。

1. 根据货物是否装船来划分

（1）已装船提单（On Board B/L，Shipped B/L），即整票货物全部装船后，由承运人或其代理人签发给托运人的，同时载明船名和装船日期的提单。此类提单对收货人按时收货有保障，所以买方在订立合同时，通常都要求卖方必须提供已装船提单。

（2）收货待运提单（Received for Shipment B/L），这一类称为待装提单、待运提单或备运提单，即承运人虽已收到货物但尚未装船，应托运人要求而向其签发的提单。此类提单没有载明装货日期及船名，因此买方通常不愿接受这种提单，银行通常也不接受这种提单。但当货物装船后，承运人在待运提单上加注装运船舶的船名及装船日期后，就可以使待运提单成为已装船提单。

2. 根据提单收货人抬头来划分

（1）记名提单（Straight B/L）。即在提单“收货人”一栏内具体填上指定收货人名称的提单。此类提单只能由指定的收货人提货，不能转让。

（2）不记名提单（Bearer B/L，Blank B/L，Open B/L），即在提单“收货人”一栏内不填写收货人名称而留空或填“来人”，即记明应向提单持有人交付货物（to the bearer 或 to the holder）。不记名提单无须背书即可转让。也就是说，不记名提单由出让人将提单交付给受让人即可转让，谁拥有提单，谁就有权提货。

（3）指示提单（Order B/L），即在提单“收货人”一栏内填写“凭指示”（to order）或“凭某人指示”（to the order of ×××）字样的提单。此类提单对收货人的规定采用“凭指示”或“凭某人指示”方式，不过在“凭某人指示”时，须明确指定人。

指示提单常见的收货方式如下：

其一，记名指示提单。此提单在“收货人”一栏填写“to the order of ×××”。记名的指示人（×××）可以是银行，也可以是贸易商等。例如凭开证行指示（to order of Issuing Bank）或凭开证申请人指示（to order of Applicant）。前一种提单须经银行背书方可转让给买方，开证银行比较乐意接受，但对于议付行则不能给予充分保证。后一种提单须经开证申请人背书方可转让，银行难以掌握物权，所以并不乐于接受。

其二，托运人指示提单。此提单在“收货人”一栏内只填写“to order”或“to the order of the shipper”。指示提单是可以背书转让的，转让时有两种背书方式：空白背书及记名背书。空白背书只由背书人（提单转让人）在提单的背面签字盖章，并不注明被背书人（提单受让人）的名称；记名背书则指在提单背面既有背书人签字盖章，也有被背书人的名称。空白指示、空白背书提单一般又称为空白抬头、空白背书提单，是在国际贸易中使用最多的一种提单。指示提单在托运人（卖方）为指定收货人之前，卖方仍拥有货物所有权，若空白背书，就成为不记名提单，成为凭提单提货的凭证，但记名背书后即成为记名提单。

3. 根据对货物外表状况有无不良批注来划分

（1）清洁提单（Clean B/L）。在装船时，如货物外表状况良好，承运人在签发提单时，未在提单上加注任何有关货物残损、包装不良的批注，或其他妨碍结汇的批注，这种提单被称为清洁提单。国际商会 UCP500 第三十二条中规定，除非信用证中明确规定可以接受的条款或者批注，否则银行只接受清洁提单。清洁提单也是提单转让时所必备的条件之一。

（2）不清洁提单（Unclean or Foul B/L）。即承运人在提单上加注有货物和包装状况不良或存在缺陷，如水湿、油渍、污损、锈蚀等批注的提单。承运人通过批注来声明货物是在外表状况不良的情况下装船的，则在目的港交付货物时，一旦发现货物损坏可归因于这些批注的范围，即可减轻或免除自己的赔偿责任。在正常情况下，银行将拒绝以不清洁提单办理结汇。

4. 根据运输方式不同来划分

（1）直达提单（Direct B/L）。是由承运人签发的，货物从装货港装船后，中途不经过转船而直接运抵卸货港的提单。此类提单一般在提单上不得有“转船”或“在××港转船”字样。在实际操作中，若信用证规定不得转船，卖方就只能凭直达提单向银行交单议付。

（2）转船提单（Transshipment B/L）。是指在装运港装货的船舶，不直接驶往目的港，需要中途转船后再驶往目的港，并由第一承运人在装运港签发运往最后目的港的提单。

（3）联运提单（Through B/L）。此类提单主要适用于海运及其他运输方式所组成的联合运输。它作为承运人或其代理人在货物起运地签发运往货物最终目的地的提单，并收取全程运费。由于联运提单包括全程运输，因此第一承运人或其代理人应将货物转交给下一程承运人，运输风险采用分段责任制，不过有关货物中途转换运输工具及交接工作，都不需托运人办理。

（4）多式联运提单（Multimodal Transport B/L or Intermodal Transport B/L）。此类提单主要是用于集装箱运输，是指一批货物的运输需要包括两种以上不同运输方式，由一个承运人负责全程运输所签发的提单。多式联运提单与联运提单是两种不同的运输单据，两者主要有以下几点区别：

其一，签发人不同。多式联运提单的签发人是多式联运经营人，但是联运单据的签发人必须是货物的承运人或其代理人，是由第一承运人作为总承运人，签发包括全程运输的提单。

其二，责任范围不同。多式联运提单的签发人要对全程运输负责，是指不论

货物在哪种运输方式下发生属于承运人责任范围内的灭失或损害，均由多式联运提单的签发人负赔偿责任。联运提单的签发人则是第一程承运人，也是总承运人，只承担第一程运输的责任，后面各段的运输责任就由各实际承运人或货主自己承担。

其三，适用的运输方式不同。多式联运提单适用于任何运输方式所组成的联合运输，既可以用于海运与其他运输方式的联运，也可用于不包括海运的其他运输方式的联运。联运提单只适用于海运与其他运输方式所组成的联合运输。

5. 根据提单的内容繁简不同来划分

（1）全式提单（Long Form B/L）。此类提单主要指既有正面条款又有背面条款，对承运人及托运人的权利、义务有详细规定的提单。由于条款比较烦琐，所以又称繁式提单。

（2）简式提单（Short Form B/L）。此类提单指提单上只有正面的必要记载项目而无背面详细条款。该提单多用于租船合同下所签发的提单，并注有“所有条件均根据×年×月×日签订的租船合同”（All terms and conditions as provisions and exceptions as contained in the carriers regular long form bill of lading）。

6. 根据提单使用的有效性来划分

（1）正本提单（Original B/L）。是指由承运人正式签字并注明签发日期的提单。此类提单在法律上和商业上是公认的有效的单据。正本提单的份数若干，如果没有明文规定，通常是一套两至三份并且必须在提单上注明签发的份数。此外，提单上必须要标明“正本”（original）字样，以区别于副本提单。

（2）副本提单（Copy B/L）。是指与正本提单相对的提单，即提单上没有承运人签字盖章，仅提供工作上参考使用。副本提单上一般都标有“Copy”或“Not negotiable”字样，用以区别正本提单。

7. 根据运费支付方式不同来划分

（1）运费预付提单（Freight Prepaid B/L）。即运费在货物装船后即支付的提单。

（2）运费到付提单（Freight to be Collected B/L）。即运费在货物到达目的

港，收货人提取货物前支付的提单。

8. 按签发提单的时间不同来划分

（1）倒签提单（Anti - dated B/L）。指承运人或代理人应托运人的要求，在货物装船完毕后，以早于货物实际装船完毕的日期作为提单签发日期的提单。

（2）顺签提单（Postdate B/L）。指货物装船完毕后，承运人或其代理人应托运人的要求，以晚于该票货物实际装船完毕的日期作为提单签发日期的提单，也即为符合有关合同关于装运期的规定，应托运人要求而顺延日期签发的提单。承运人签发顺签提单的做法没有反映提单签发时的真实情况，要承担由此引起的风险责任。

（3）预借提单（Advanced B/L）。指在信用证所规定的结汇期，即信用证的有效期快到但货物尚未装船或尚未装船完毕的情况下，托运人为了能及时结汇，而要求承运人提前签发的已装船清洁提单，是托运人为了能及时结汇而从承运人那里借用的已装船清洁提单。当托运人未能及时备妥货物，或者船期延误使船舶不能如期到港，托运人估计货物装船完毕的时间或许要超过信用证规定的装运期甚至结汇期时，就可能采取从承运人那里借出提单用以结汇的办法。不过，承运人签发预借提单要冒极大风险，因为没有反映提单签发时的真实情况。许多国家法律的规定都表明，一旦货物损坏，承运人不但要负责赔偿，同时还会丧失享受责任限制及援用免责条款的权利。

倒签提单、顺签提单、预借提单都侵犯了收货人的合法权益，构成侵权行为，一旦被发现，托运人及承运人要承担严重后果，所以应尽量减少或杜绝使用。

9. 根据船舶经营性质来划分

（1）班轮提单（Liner B/L）。指经营班轮运输的船公司出具的提单。

（2）租船提单（Charter Party B/L）。指根据租船合同签发的一种提单。提单上批注有“根据××租船合同出立”字样，所以这种提单要受租船合同条款的约束。

10. 其他种类提单

（1）过期提单（Stale B/L）。指出口商在取得提单后未能及时到银行议付的提单，也称滞期提单。根据《跟单信用证统一惯例》第四十三条的规定，在信用证支付方式下，若信用证没有规定交单的特定期限，就要求出口商在货物装船日起21天内到银行交单议付，也不能晚于信用证的有效期限，一旦超过这一期限，银行将不予接受。过期提单是商业习惯的一种提单，在运输合同下并不是无效提单，提单持有人可以依据提单要求承运人交付货物。

（2）舱面货提单（On Deck B/L）。是俗称的甲板货提单，即指将货物积载于船舶露天甲板承运，并在提单上注明“装于舱面”（on deck）字样的提单。这种提单的托运人通常都向保险公司加保舱面险，以保障货物运输安全。

（3）并提单（Omnibus B/L）。应托运人要求，承运人将同一船舶装运的相同港口、相同货主的两票或两票以上货物合并而签发的一套提单称为并提单。

托运人为节省运费，一般会要求承运人将属于最低运费提单的货物与其他提单的货物合在一起只签发一套提单，即将不同装货单号下的货物合起来签发相同提单号的一套提单。

（4）分提单（Separate B/L）。指应托运人要求，承运人将属于同一装货单号下的货物分开，并分别签发的提单（多套提单）。托运人为满足商业上的需要，有时会要求承运人将同一票多件货物分别签发提单，如有三件货物时，分别为每件货物签发提单，就会签发三套提单，即将相同装货单号下的货物分开签发不同提单号的提单。

（5）交换提单（Switch B/L）。指在直达运输的条件下，应托运人要求，承运人同意在约定的中途港，凭起运港签发的提单换以该中途港为起运港的提单，并记载有“在中途港收回本提单，另换发以中途港为起运港的提单”或“Switch B/L”字样的提单。

（6）交接提单（Memo B/L）。指由于货物转船或联运或其他原因，在不同承运人之间签发的不可转让、不是物权凭证的单证。交接提单只具有货物收据及备忘录的作用。

（7）最低运费提单（Minimum B/L）。也称起码提单，指对每一提单上的货物按起码收费标准收取运费所签发的提单。若托运人托运的货物批量过少，则按其数量计算的运费额低于运价表规定的起码收费标准时，承运人都按起码收费标准收取运费，为这批货物签发的提单就是最低运费提单。

三、提单的背面内容（运输的条款）

1. 提单背面条款适用的公约

国际上规定提单背面条款的公约有《海牙规则》《维斯比规则》《汉堡规则》。

2. 提单的背面内容

（1）托运人（Shipper）。指与承运人签订运输契约，委托运输的货主，即发货人。在信用证支付方式下，通常以受益人为托运人，在托收方式下以托收的委托人为托运人。

（2）收货人（Consignee）。收货人要按合同及信用证的规定来填写，通常的填法有以下几种：

其一，记名式。在收货人一栏填写上指定的公司或企业名称。这种提单不能背书转让，必须由收货人栏内指定的人提货或收货人转让。

其二，不记名式。是指在收货人栏留空不填，或填“To Bearer”（交来人/持票人）。此方式下承运人交货给提单的持有人，只要持有提单就能提货。

其三，指示式。指示式的收货人又分为不记名指示和记名指示两种。

（3）被通知人（Notify Party）。原则上该栏一定要按信用证的规定填写。被通知人即是收货人的代理人或提货人，货到目的港后承运人凭该栏提供的内容通知其办理提货。所以，提单的被通知人一定要有详细的名称和地址，供承运人或目的港及时通知其提货。托收方式下的被通知人通常填托收的付款人。

（4）收货地（Place of Receipt）。如果货物不需要转运，收货地一栏空白；如果货物需要转运，此栏需填写收货的地点和港口名称。

（5）船名（Ocean Vessel）。即由承运人配载的实际装货的船名。

（6）航次（Voyage No.）。班轮运输下需填写实际货运轮船的航次。

（7）装运港（Port of Loading）。填写实际装运货物的港名。L/C 项下一定要符合 L/C 的规定和要求。如果 L/C 规定为“中国港口”（Chinese Port），此时不能照抄，而是要按装运的我国某一港口实际名称填。

（8）卸货港（Port of Discharge）。一般是目的港。原则上，L/C 项下提单卸货港一定要按 L/C 规定办理。但若 L/C 规定两个以上港口，或笼统写“××主要港口”如“European Main Ports”（欧洲主要港口）时，只能选择其中之一或填明具体卸货港名称。

（9）交货地点（Place of Delivery）。此栏要填写最终目的地的名称，当目的港就是目的地时，此栏可以空白。

（10）提单号码（B/L No.）。通常位于提单的右上角，是为便于工作联系和核查，承运人对发货人所发货物承运的编号。其他单据中，如保险单、装运通知的内容往往也要求注明提单号。

（11）唛头（Shipping Marks/Marks & Nos.）。如果信用证有明确规定，则按信用证填制。如果信用证没有规定，则按买卖双方的约定，或由卖方决定缮制，并注意做到单单一致。

（12）包装与件数（No. & Kind of Packages）。按货物包装的具体情况填写，单位件数与包装都要与实际货物相符，并在大写合计数内填写英文大写文字数目。若是散装货物，该栏只需填“In Bulk”。

（13）商品名称（描述）（Description of Goods）。原则上提单上的商品描述应按信用证规定填写并与发票等其他单据相一致。但若信用证上货物的品名较多，提单上允许使用类别总称来表示商品名称。

（14）毛重（Gross Weight）。除非信用证有特别规定，提单上通常只填货物的总毛重，而不表明净重，一般重量均以千克表示。

（15）体积（Measurement）。除非信用证有特别规定，提单上通常只填货物的总体积，而不表明单位体积，一般体积用立方米表示。

（16）集装箱或包装的总数量（Total Number of Containers or Packages）。用英文方式表示集装箱或其他形式最大外包装的件数，要求与前面的小写包装与件数一致。

（17）运费支付（Freight & Charges）。信用证项下提单的运费支付情况，按其规定填写，一般根据成交的价格条件分为两种：如果在 FOB 条件下则填“Freight to Be Collect”或“Freight Payable at Destination”（即“运费到付”）；CIF 和 CFR 条件下，则注明“Freight Prepaid”或“Freight Paid”（即“运费已付”）。有时信用证还要求注明运费的金额，按实际运费支付额填写即可。

（18）签发地点与日期（Place and Date of Issue）。提单的签发地点一般在货物装运港所在地，日期则按信用证的装运期要求，通常要早于或与装运期为同一天。

（19）提单签发的份数（No. of Original B/Ls）。信用证支付方法下提单正本的签发份数一般都有明确规定，所以一定要按信用证的规定出具要求的份数。例如信用证规定“Full Set 3/3 Original Clean on Board Ocean Bill of Lading . . . ”，这就表明提单签发的正本有三份，在提交给银行议付时必须是三份正本。

（20）承运人签章（Signed for the Carrier）。提单必须由承运人或船长或其代理人签字才能生效，若信用证要求手签的也要照办。

四、提单的正面内容

国际公约及各国国内立法都对提单需要记载的内容做了规定，以保证提单的效力。根据《中华人民共和国海商法》第七十三条的规定，提单内容主要包括下列事项：

（1）货物的品名、标志、包装或者件数、重量或者体积，以及运输危险货物时对危险性质的说明；

（2）承运人的名称和主要营业场所；

（3）船舶名称；

（4）托运人的名称；

（5）收货人的名称；

（6）装货港和在装货港接收货物的日期；

（7）卸货港；

（8）多式联运提单增列接收货物地点和交付货物地点；

（9）提单的签发日期、地点和份数；

（10）运费的支付；

（11）承运人或者其代表的签字。

提单缺少上述某一项或某几项并不影响提单的性质，不过必须符合《海商法》第七十一条的规定。为了满足业务上的需要，在实践中，提单正面记载的内容还会增加一些项目。现对以上项目做详细说明：

1. 货物的品名、标志、包装、件数、重量和体积等（Description of Goods, Marks & No. , Number of Package or Container, Gross Weight, Measurement, etc）

（1）货物的品名指托运货物的名称，如果信用证列明的货物名称比较复杂，又是提单上不使用的复杂货名，采用统称或简称也是可以接受的，但不能与信用证列明的货物名称有本质的冲突。

（2）货物的标志又称唛头，如果信用证中对货物的唛头有明确规定，那么提单的唛头应与信用证的规定完全一致。另外，提单的唛头应与发票、装箱单等单证完全一致。

（3）提单上的件数应以大小写两种文字表示，对无法计件的散装货，不但要注明“散装货”字样，还要注明净重。如为集装箱运输，要注明集装箱数量。

（4）提单上应有对货物包装的描述，例如散装、托盘装、集装箱装等，还必须与信用证中对货物包装的规定完全一致。

（5）毛重是按质量吨计算运费的依据。一般写货物的总毛重，以千克为单位。如果信用证规定提单上注明货物的净重，则也应列明在此栏内，但前面要注明“净重”字样。

（6）货物的体积一般写货物的总尺码，以立方米为单位。

2. 承运人名称(Name of the Carrier)及承运人或船长或其授权人签字或盖章

承运人是运输合同的一方当事人，在提单记载其名称，通常收货人清楚谁是合同中的承运人。提单正面必须印明承运人全名，最好表明承运人的完整身份，同时提单必须由承运人本人或其代理人（代表）签署后才能生效，此条款按 UCP500 第二十三条执行。例如：中远公司（COSCO）海运提单，以中国外轮公司作为中远公司的代理，则提单此栏 SIGN FOR THE CARRIER 处，须由中远公司自己人员签章。如果由外轮公司签章，外轮公司须表明自己的身份，加上 AS AGENT 字样，否则可能遭银行拒付。签章的方式应按 L/C 的规定。

3. 船舶名称（Ocean Vessel）、航次（Voyage No. ）

船名、航次均按配舱回单填写。没有航次的船舶可以不填航次。

4. 托运人名称（Name of the Shipper）

即发货人，一般为 L/C 的受益人，一般此栏应详细列明托运人的名称和地址，并且必须与信用证的规定一致。

5. 收货人的名称（Name of the Consignee）

即提单抬头人，按 L/C 填写。

6. 装货港、卸货港和转运港（Port of Loading，Port of Discharge，Port of Transshipment）

一般这几栏填写必须列明具体港口名称，同时与 L/C 中规定完全一致。

7. 通知人名称（Name of the Notified Party）

几乎所有的提单上都有通知人名称这一项基于记名提单上已经写明了具体收货人的名称，在记名提单上就没有必要再填上通知人名称了。不过在指示提单上，由于没有写明具体收货人的名称，船公司在卸货港的代理人就无法与收货人联系，及时办理报关、提货手续，托运人一般在通知人栏目内写明通知人的名称、地址、公司名称。通知人通常为预定的收货人或收货人委托的代理人。

8. 运费的支付（Payment of Freight）

运费一栏必须要列明运费的支付方法，一般 L/C 中对此都有规定。运费的支付方法通常有以下几种：运费预付（Freight Prepaid）、运费到付（Freight Collect）、运费由租船人支付（Freight Pay by Charter Party）。

运费预付一般由托运人（出口公司）支付运费。运费到付一般由收货人（进口公司）支付运费。由收货人支付运费时，通常应列明运费的金额。运费支付地点一栏必须列明运费的支付地点，特别是当 L/C 有特别规定时。

9. 提单的签发日期、地点和份数（Place and Date of Issue，Number of Original B/L）。

（1）提单的签发日期应该是提单上所列货物实际装船完毕的日期，并且应该与收货单上大副所签的日期是一致的。

（2）提单签发的地点原则上应是装货地点，通常是在装货港或货物集中地签发。

（3）提单签发的份数，依照航运惯例一般是正本提单一式两至三份。每份具有同等效力，收货人凭其中一份提取货物后，其他各份自动失去效力。不过副本提单的份数可根据托运人的需要而定。但是，副本提单不能作为物权凭证或背书转让，只能供有关作业参考。

五、提单正面和背面的印刷条款

1. 提单正面的印刷条款

在提单的正面通常会有以下印刷条款：确认条款、不知条款、承诺条款、签署条款。

2. 提单背面的印刷条款

提单背面的印刷条款规定了承运方与货方之间的权利、义务及责任豁免，是双方处理争议时的主要法律依据，其主要内容包括名词定义条款、首要条款、承运人的责任和豁免条款、责任期间条款、包装和标志条款、运费和其他费用条款、其他费用未付清、自由转船条款、错误申报条款、责任限额条款、特定货物条款等。

六、提单的签发

1. 提单的签发形成

在实际使用中提单的签发主要有以下几种形式：

（1）承运人签发。承运人是指本人或者委托他人以本人名义与托运人订立海上运输合同的人。所以，承运人作为海上货物运输合同的当事人的一方同时承担货物运输责任，有权签发提单。

（2）船长签发。各国有关海上货物运输的法律都规定船长是承运人的法定代理人，所以无须经过承运人的授权，船长就有权签发提单，并且与承运人本人签发的提单具有同样的法律效力。

（3）货代公司签发。现在的国际航运中，尤其是班轮运输中，常由承运人的代理人签发提单。不过由承运人代理人签发提单须经承运人委托授权，未经授权的，代理人无权签发提单。货代公司签发提单，是在开船以后签发，然后寄给发货人，再由发货人寄给收货人据以到码头提货。

2. 签发提单时的注意事项

（1）提单的签发日期应与提单上所列货物实际装船完毕的日期即收货单的日期一致。

（2）承运人签发提单的凭证是大副收据，其批注也是从大副收据上转移到提单上的。所以，签单时应使提单上的批注与大副收据上的一致。

（3）若提单上注有“on board”字样，应在其上盖章，以表示承运人已确认货物已装船。此外，若提单有更正痕迹，也需在更正处加盖更正章。

七、提单的更正与补发

1. 提单的更正

货运代理人特别需要注意，提单的更正要尽可能赶在载货船舶开航之前办理，减少因更正而产生的费用和手续。

在实际操作中，提单可能是在托运人办妥托运手续后、货物装船前，在缮制有关货运单证的同时缮制的。在货物装船后，这种事先缮制的提单有可能与实际装载情况不符而需要更正或者重新缮制。另外，货物装船后，因托运货物时申报材料有误，或者信用证要求的条件有所变化，也可能是其他原因，由托运人提出更正提单内容的要求时，通常情况下，承运人一般都会同意托运人提出的更正提单内容的合理要求，重新缮制提单。

若货物已经装船，并已经签署了提单后托运人才提出更正的要求，承运人就要在考虑各方面的关系后，方能决定是否同意更改。因为更改内容而引起的损失和费用，均由提出更改要求的托运人负担。

2. 提单的补发

若提单签发后遗失，托运人提出补发提单，承运人会根据不同情况进行处理。通常是要求提供担保或保证金，同时还要按照一定的法定程序将提单声明作废。

3. 电子提单

所谓电子提单，是一种利用 EDI（Electronic Data Interchange，电子数据交换）系统，即计算机联网设备使用专用密码交换信息，将运输途中的货物支配权予以转移的一种程序。传统的国际贸易主要是通过纸质单证交换来完成买卖双方的交货和付款流程。但纸制单证流转速度慢导致其可能晚于货物到达目的地，给收货人提货和承运人放货带来麻烦；纸制单证还易产生欺诈行为等。而电子单证则是能解决上述问题的一种方案。电子提单作为最重要的电子单证，可以加快流转速度、减少欺诈行为、提高贸易的安全性和工作效率。

本章附录

附录一　商业发票及装箱单

商业发票

COMMERCIAL INVOICE

<table>
<tr><td colspan="2">TO</td><td colspan="3">NO.:
DATE:
L/C NO.:
S/C NO.:</td></tr>
<tr><td colspan="2">FROM</td><td colspan="3">TO</td></tr>
<tr><td>MARKS & NOS</td><td>DESCRIPPTIONS OF GOODS
KIND&NUMBER OF PACKAGE</td><td>QUANTITY</td><td>UNIT PRICE</td><td>AMOUNT</td></tr>
<tr><td></td><td></td><td></td><td></td><td></td></tr>
<tr><td colspan="2">TOTAL:</td><td colspan="3">SAY . . . ONLY</td></tr>
<tr><td colspan="5">公司名称
出单人签名　盖章</td></tr>
</table>

装箱单缮制

PACKING LIST

<table>
<tr><td colspan="2" rowspan="2">TO</td><td colspan="3">NO.</td><td colspan="3">DATE</td></tr>
<tr><td colspan="3">FROM</td><td colspan="3">TO</td></tr>
<tr><td colspan="2" rowspan="2">SHIPPING MARKS</td><td colspan="6">S/C NO.</td></tr>
<tr><td colspan="6">L/C NO.</td></tr>
<tr><td>C/NOS</td><td>NOS & KINDS OF PKGS</td><td>ITEM</td><td>QTY.</td><td>G. W.</td><td>N. W.</td><td colspan="2">MEAS (M^3)</td></tr>
<tr><td></td><td></td><td></td><td></td><td></td><td></td><td colspan="2"></td></tr>
<tr><td colspan="2">TTL：大包装数量总额</td><td></td><td>数量
总额</td><td>毛重
总额</td><td>净重
总额</td><td colspan="2">体积
总额</td></tr>
</table>

TOTAL：SAY　　　　PACKING IN . . .

签名签章

（出口公司名称及法定代表签名）

附录二　海运出口委托书

<table>
<tr><td colspan="3">外运编号：</td><td colspan="3" rowspan="4">委托你公司承运以下货物，请于出运后据次向我方（我指定方）收取费用。
委托方（盖章）
联系人：
Dated on：
TEL：</td></tr>
<tr><td colspan="3">SHIPPER（发货人）</td></tr>
<tr><td colspan="3">CONSIGNEE（收货人）</td></tr>
<tr><td colspan="3">NOTIFY PARTY（通知人）</td></tr>
<tr><td>PLACE OF DELIVERY
（目的港）</td><td>预备船名、船期：</td><td>预配箱量：</td><td>L/C 装箱</td><td colspan="2">L/C 效期</td></tr>
<tr><td>MARK & NOS
（标记、号码）</td><td>NO. OF P'KGS
（件数、包装）</td><td>DESCRIPTION OF GOODS
（货物）</td><td>GROSS WEIGHT
（Per each P'KGS）
（每件重量）</td><td>DIMENSION
（长×高×宽）</td><td>MEASUR MNT
尺码
（立方米）</td></tr>
<tr><td></td><td></td><td></td><td></td><td></td><td></td></tr>
<tr><td colspan="2">TOTAL：P'KGS</td><td colspan="3">KGS</td><td>M^3</td></tr>
</table>

续表

B/L份数	运费方式（预付/到付）：		准/不准分批		准/不准转船
L/C要求 特别条款：					
货物存放地		货妥日期	联系人：		TEL：
自送我库/车站/码头到货	自送/货物公司派车进港		是/否危险品	性能	国际危规号
海运付款人		外汇账号			TEL：
中文名称及地址：					邮编：
人民币付款人名称：			账号及开户行：		
地址：			TEL：		邮编：
此部分由我司填制	实配船名：	航次：		海运费：	
	B/L	件数		包干费：	
	W：　M：　箱量　备注：	货运拼箱			

附录三　海运提单

Shipper	B/L NO. PIL PACIFIC INTERNATION LINES（PTE）LTD., (Incorporated In Singapore) COMBINED TRANSPORT BILL OF LADING., Received in apparent good order and condition except as othervise noted the total number or container or other packages or units enumerated below for transportation from the place of receipt to the place of delivery subject to the terms hereof. One of the signed Bills of Lading Must besurrendered duly endorsed in exchange for the Goods or delivery order. On presentation of this document (duly) Endorsed to the Carrier by or on behalf of the Holder, the rights and liabilities arising in accordance with the terms hereof shall (without preludice to any rule of common law or statute rendering them binding on the Merchant) become binding in all respects between the Carrier and the Holder as though the contract evidenced hereby had been made between them. SEE TERMS ON ORIGINAL B/L.,
Consignee	
Notify Party	

续表

Vessel and Vayage Number	Port of Loading	Port of Discharge
Place of Receipt	Place of Delivery	Number of Original Bs/L

PARTICULARS ASDECLARED BY SHIPPER – CARRIER NOT RESPONSIBLE

Container Nos/Seal Nos. Marks and Numbers	No. of Container/Packages/ Description of Goods. ,	Gross Weight (Kilos) .	Measurement (cu – metres)

FREIGHT & CHARGES.	Number of containers Packages (In words) .
	Shipped on Board Date. ,
	Place and Date of Issue
	In Witness whereof this number of Original bills of Lading stated. , Above all of the tenor and date one of which being accomplished, the others to stand wold. , for PACIFIC INTERNATIONAL LINES (PTE) LTD as Carrier. ,

课后思考题

1. 海洋运输的优点和缺点。
2. 世界三大集装箱航线。
3. 主要基本港口考虑的因素有哪些?

4. 班轮运输的特点。
5. 租船方式的主要种类。
6. 租船业务的流程。
7. 海运提单的种类如何划分?
8. 海运提单主要包括的事项和内容。

实训要点

国际货代公司国际海运出口实际操作流程和注意事项

1. 接受货主询价

(1) 海运询价：①需掌握发货港至各大洲、各大航线常用的及货主常需服务的港口价格；②主要船公司船期信息；③需要时应向询价货主问明一些类别信息，如货名、危险级别等（水路危规）。

(2) 陆运询价（人民币费用）：①需掌握各大主要城市公里数和拖箱价格；②各港区装箱价格；③报关费、商检、动植检收费标准。

(3) 不能及时提供的，需请顾客留下电话、姓名等联系要素，以便在尽可能短的时间内回复货主。

2. 接单（接受货主委托）

接受货主委托后（一般为传真件）需明确的重点信息：

(1) 船期、件数。

(2) 箱型、箱量。

(3) 毛重。

(4) 体积。各箱型最大体积（长×宽×高）为可装体积，可装重量为：

1×20′GP=31CBM 6×2.38×2.38 25 17MT

1 ×40′GP =67CBM 12 ×2. 38 ×2. 38 55 25MT

1 ×40′HC =76CBM 12 ×2. 7 ×2. 38

1 ×45′GP =86CBM

（注：GP，General Purpose，普通箱；CBM，Cubic Metre，立方米；MT，Metric Ton，公吨；HC，High Cubic，高箱。）

（5）付费条款、货主联系方法。

（6）做箱情况。门到门或内装。

3. 订舱

（1）缮制委托书（十联单）。制单时应最大程度保证原始托单的数据正确、相符性，以减少后续过程的频繁更改。

（2）加盖公司订舱章订舱。需提供订舱附件的（如船公司价格确认件），应一并备齐方能去订舱。

（3）取得配舱回单，摘取船名、航次、提单号信息。

4. 做箱

（1）门到门：填妥装箱计划中做箱时间、船名、航次、关单号、中转港、目的港、毛重、件数、体积、门点、联系人、电话等要素，先于截关日（船期前两天）1 ~2 天排好车班。

（2）内装：填妥装箱计划中船期、船名、航次、关单号、中转港、目的港、毛重、件数、体积、进舱编号等要素，先于截关日（船期前两天）1 ~2 天排好车班。

（3）取得两种做箱方法所得的装箱单（CLP）。

5. 报关（有时与做箱同时进行、有时先于做箱）

（1）了解常用出口货物报关所需资料。①需商检；②需配额；③需许可证；④需产地证；⑤需提供×××授权、×××品名；⑥出口中国香港地区货值超过10 万美元，其他地区超过 50 万美元，核销时需提供结汇水单（复印件）；⑦需提供商会核价章。

（2）填妥船名、航次、提单号、对应装箱单（Packing List）、发票、所显示的毛重、净重、件数、包装种类、金额、体积，审核报关单的正确性（单证一致）。

（3）显示报关单所在货物的“中文品名”，对照海关编码大全，查阅商品编码，审核两者是否相符，按编码确定计量单位，并根据海关所列之监管条件查阅所缺乏报关要件。

（4）备妥报关委托书、报关单、手册、发票、装箱单、核销单、配舱回单（十联单第五联以后）、更改单（需要的话）和其他所需资料，于截关前一天通关。

（5）跟踪场站收据，确保配载上船。

（6）凡是退关改配的，若其中有下个航次，出运仍然需要诸如许可证、配额、商检、动植检之类的文件资料，退关、改配通知应先于该配置船期一个星期到达，以便（报运部）顺利抽回资料，重新利用。否则只会顺延船期，造成麻烦。

6. 提单确认和修改

（1）问明顾客“提单”的发放形式。①电放：需顾客提供正本“电放保函”（留底），后出具公司“保函”到船公司电放。②预借（如可行）：需顾客提供正本“预借保函”（留底），后出具公司“保函”到船公司预借。③倒签（如可行）：需顾客提供正本“倒签保函”（留底），后出具公司“保函”到船公司倒签。此种情况下，多半是签发 House B/L。④分单：应等船开以后 3~4 天（候舱单送达海关，以保证退税），再将一票关单拆成多票关单。⑤并单：应等船开以后 3~4 天（候舱单送达海关，以保证退税），再将多票关单合成一票关单。⑥异地放单：须经船公司同意，并取得货主保函和异地接单之联系人电话、传真、公司名、地址等资料方可放单。

（2）依据原始资料，传真于货主确认，并根据回传确立提单正确内容。

7. 签单

（1）查看每张正本提单是否都签全了证章。

（2）是否需要手签。

8. 航次费用结算

（1）海运费。①预付（FREIGHT PREPAID）；②到付（FREIGHT COLLECT）。

（2）陆运费。①订舱；②报关（包括返关之前已经报关的费用）；③做箱（内装/门到门）；④其他应考虑的费用：冲港费/冲关费、商检、动植检、提货费、快递费、电放、更改。

9. 提单、发票发放（提单样本）

（1）货主亲自来取件的，需签收。

（2）通过 EMS 和快递送达的，应在“名址单”上标明诸如提单号、发票号、核销单号、许可证号、配额号等要素以备日后查证。

10. 应在一个月内督促航次费用的清算并及时返还货主的核销退税单。

11. 海关退税有问题的，需更改并提供如下资料：

（1）报关数据正确、舱单不正确的：①经预录后的（海关返还的）报关单复印件；②场站收据复印件（十联单的第七联即黄联）；③提单正本复印件两张；④装箱单（Container Load Plan）复印件；⑤更正单（三联、正本）。

（2）短装（多报少出）、溢装（少报多出）。①船开五天（工作日）内没能及时更正的：先缴纳罚款金 3000～5000 元；货主重新提供发票、装箱单（Packing List）；货主重新提供报关单、提单副本复印件（加盖“提单副本确认章”）②船开五天（工作日）内更改的：提单副本复印件（加盖“提单副本确认章”）；正本、正确的报关单；正本、正确的发票、装箱单。

（资料来源：上海赞宸国际物流公司流程要点。）

第六章
国际航空货运代理

知识目标

1. 熟悉航空货运方式
2. 熟悉航空运价及运费
3. 熟悉航空货运单的种类
4. 了解国际航空货运组织
5. 了解航空附加费
6. 了解航空快递业务

技能目标

1. 掌握国际航空业务流程
2. 掌握航空货运单的填制

航空货物运输是国际间货物运输的主要方式之一，因为其运送速度较快、空间跨度大，且具有破坏率低和安全性好等优点，一定程度上弥补了其他运输方式的缺点。作为货运代理从业人员，要了解航空货物运输的基本知识，如航空货运的主要方式和航空运价的种类及计算，了解它与其他国际货代方式的区别，从实训的角度掌握国际航空货运的代理业务流程以及货运单的填制。

第一节　航空货运基础知识

一、航空运输基本知识点

1. 航空运输

航空运输是一种现代化的运输方式，运输速度快、货运质量高、不受地面条件的限制。适用商品：急需物资、鲜活商品、精密仪器等。

2. 航空站

航空站统称为机场，是飞机起飞、降落、停放，以及组织、保障飞机活动的场所。其按照所处的位置不同，分为干线航空港和支线航空港；按业务范围大小，分为国际航空港和国内航空港。

3. 航空器

航空器（本书主要是指飞机），按其用途可分为客机、货机及客货混合型。飞机的舱位一般分为上舱和下舱。除全货机外，一般采用的方式都是上舱装客、下舱装货。

4. 航线与航班

民用航空飞机在从事运输飞行时必须按照规定的线路进行，这种线路就被称为航空交通线，简称航线。航线可分为两种：国内航线和国际航线。航班即指飞机由始发站起飞，并按规定的航线经过经停站至终点站作经常性运输生产飞行。

5. 空运方式

空运方式包含班机运输、包机运输、集中托运、急件专递等。

6. 航空货运代理

航空货运代理通常办理揽货、接货、报关、订舱以及在目的地机场提货和将货物交付收货人等方面的业务，简称空代。一般空代既是货主的代理，又是航空公司的代理。它能够代表航空公司接受货主的货物并出具航空分运单，一旦货物在航空公司责任范围内丢失、损坏，它可以代表货主向航空公司索赔。

二、国际航空货物运输的特点和作用

1. 国际航空货物运输的特点

航空货运起步较晚，但因它具有许多其他运输方式所不能比拟的优越性，因此发展异常迅速。概括起来看，国际航空货物运输的主要特征有：

（1）运送速度快。航空运输因为快捷而具有其他运输不可比拟的优势，至今，飞机仍然是最快捷的交通工具，常见的喷气式飞机的经济巡航速度大多在每小时 850 千米～900 千米，大大缩短了货物在途时间。对于那些易腐、易变质的鲜活商品，时效性、季节性强的报刊，节令性商品以及抢险、救急品的运输，其优势更为突出。因为运送速度快、在途时间短，降低货物在途风险，所以许多贵重物品、精密仪器通常采用航空运输的形式。在国际市场竞争激烈的态势下，航空运输所提供的快速服务也能使供货商对瞬息万变的国外市场做出快速反应，推出适销产品占领市场以获得较好的经济效益。

（2）受地面条件影响小，深入内陆地区。航空运输利用天空这一自然通道，较少受地理条件的限制。因而对于地面条件恶劣和交通不便的地区非常合适，有利于当地资源的出口，并促进当地经济的发展。航空运输对外的辐射面广，但航空运输比公路运输和铁路运输占用土地少，用于土地资源紧张的地区发展对外交通是相当适合的。

（3）安全、准确。航空运输的安全性比其他运输方式高，其风险率约为三百万分之一。航空公司的运输管理制度经多年实践发展也变得比较完善，货物的破损率较低，若采用空运集装箱的方式运送货物则更为安全。

（4）节约包装、保险、利息等费用。采用航空运输方式能够缩短货物在途时间，周转速度快，企业存货可以相应地减少。一是有利于资金的回收，减少利息支出；二是企业仓储费用也可以降低；三是航空货物运输安全、准确，货损、货差少，保险费用较低，加上与其他运输方式相比，航空运输的包装简单，包装成本降低，使得企业的隐性成本下降、收益增加。

不过，航空运输也有一定的局限性，即航空货运的运输费用比其他运输方式更高，不适合低价值货物；飞机的舱容有限，大件货物或大批量货物的运输受到一定的限制；飞机飞行安全容易受到恶劣气候影响等。综合来看，随着新兴技术得到更为广泛的应用，产品更趋向薄、轻、短、小、高价值，管理者更重视运输的及时性、可靠性，航空货运应该开辟更广阔的市场和发展前景。

2. 国际航空货物运输的作用

可以使进出口货物能够抓住行情，拥有价格优势，增强商品的竞争能力，推动国际贸易的发展；航空货物运输最适合于鲜活、易腐以及季节性强的商品的运送；运输价值高的商品，因为其速度快、商品周转快，使存货降低、资金迅速回流，以节省仓储和利息费用，提高空运效率；航空运输是国际多式联运的重要组成部分。

三、有关航空运输的当事人及其关系

1. 航空公司（承运人）

航空公司必须拥有飞机。航空公司是在有了旅客运输和货物运输业务以后，接受办理与其能力相适应的航空运输业务。主要业务是把旅客和货物从某一地机场用飞机运到另一地机场。

2. 航空货运代理公司

航空货运代理公司从事航空货物在始发站交给航空公司之前的揽货、接收、报关、订舱以及在目的地从航空公司手中接货、报关、交付或送货上门等业务。

航空货运代理公司既可以是货主的代理，也可以是航空公司的代理，也可以二者兼是。

3. 航空货运代理公司经营出口货运所提供的服务

提供交通工具将货物从发货人那里接收和收集起来，向海关报关，并按时将

货物交到机场。按空运委托书的要求，缮制航空运单并计算好运单上列明的各项费用，保证商业发票及其他单证符合航空运输及目的地海关的要求。代发货人办理保险、结汇等有关业务以及查询服务。

4. 航空货运代理公司经营进口货运所提供的服务

从航空公司接收到货单证和货物，并且缮制进口报关单，代收货人报关。垫付到付运费及其他有关费用，办理进口货物转运业务。提供送货上门服务和信息查询服务。

四、航空运输组织

1. 国际航空运输协会

国际航空运输协会（International Air Transport Association，IATA）是世界上有定期航班业务的航空公司（空运承运人）组成的国际民间组织，是各国航空运输企业之间的联合组织，也是世界上最具影响力的航空组织，于 1945 年 4 月 16 日在哈瓦那（位于古巴）成立。如今已有 80 多个成员国的 135 家航空公司运输企业参加该协会，其最高权力机构是年会。2004 年 10 月 2 日在国际民航组织第 35 届大会上，中国以高票首次当选了该组织一类理事国。

（1）协会的主要任务：促进航空运输企业的发展、国际航空运输企业间的合作、与国际民航组织以及其他国际组织的合作。

（2）协会的主要活动：统一国际航空运输规章制度、开展代理业务、技术合作、协调航空运价、开展调研、制定法律等。每年定期举行以下几种由其成员或其非成员一起参加的会议：①国际航空运输协会运价会议，主要讨论和制定计算运费办法及有关政策；②国际航空运输协会货运会议，主要研究航空货物运输的程序及手续，包括空运单据的标准化；③货运代理会议，主要讨论有关航运货运代理的业务，凡货运代理符合 IATA 对代理的要求，均可以吸收成为该协会或其成员公司的货运代理。

2. 国际货运代理协会

国际货运代理协会（The International Federation of Freight Forwarders Association，FIATA）成立于1926年。现在FIATA已有50多个正式会员和1000个以上的联系会员，它的业务活动遍及世界上125个国家从事运输工作的3500个公司。它下设了多个委员会，如海上运输、铁路运输、公路运输、航空运输、职业培训等，其中航空运输委员会是唯一的永久性机构。其主要任务在于促进和维护货运代理在航空货运方面的利益以及协调在世界范围内各国货运代理协会的活动。

它本身并不是一个营利性质的组织，其任务是协助各国的货运代理组织及同行业联合起来，在各种国际会议中代表货物发运人的利益。

3. 国际电信协会

作为联合国民航组织认可的一个非营利性组织，国际电信协会也是世界上航空运输业领先的电信及信息技术解决方案的集成供应商。

4. 国际民用航空组织

国际民用航空组织（International Civil Aviation Organization，ICAO）是联合国所属的专门机构之一，也是政府间的国际航空机构。它成立于1947年4月4日，我国是该组织创始会员国之一。其总部设在加拿大的蒙特利尔，现拥有成员国150多个。它的最高权力机关是大会，常设机构是理事会，由大会选出的承运国组成，还在墨西哥、开罗等地设了六个现场办事处，作为国际民航组织及其他各成员国之间的联络机关。

（1）国际民用航空组织的任务。根据国际民用航空运输中航行的原则和技术，促进国际航空运输的规划和发展；保证国际民用航空的安全及有秩序的发展；鼓励发展用于和平目的的飞机设计和飞机操作技术；鼓励发展国际民航的航路、航空站及航空设施，满足世界各国人民对于安全、按期、有效及经济的航空运输的需要；防止因不正当竞争而造成的经济上的浪费；保证缔约国的权利得到充分尊重，并保证每一缔约国都有经营国际航空的机会。

（2）国际民用航空组织的具体工作。建立各国和平交换空中通过权；简化飞机进出海关、移民局和检疫所的手续；规定各机场的导航、通信、气象、情报等设备以及空中交通管制系统；编印15种国际民航语汇；鼓励各国改进飞机的性能；在联运、票价、表格和单据统一等方面做一些工作。

5. 中国民航业发展概况

中国民航业发展至今，历经了四个阶段：

（1）第一阶段（1949～1978 年）：1949 年 11 月 2 日，在人民革命军事委员会下设民用航空局，受空军指导。

（2）第二阶段（1978～1987 年）：民航企业化。

（3）第三阶段（1987～2002 年）：对民航业进行以航空公司与机场分设为特征的体制改革。

（4）第四阶段（2002 年至今）：对中国民航业再次进行重组，包括：①航空公司与服务保障企业的联合重组，组成六大集团公司——中国航空集团公司、东方航空集团公司、南方航空集团公司、中国民航信息集团公司、中国航空油料集团公司、中国航空器材进出口集团公司。成立后的集团公司与民航总局脱钩，交由中央管理。②民航政府监管机构改革了民航总局下属的七个地区管理局和 26 个省级安全监督管理办公室，对民航事务实施监管。③机场实行了属地管理，按照政企分开、属地管理的原则，对 90 个机场进行了属地化管理改革。

第二节 空运航线基础知识

一、航空区划

与其他各种运输方式有所不同的是，国际航空货物运输中与运费有关的各项规章制度、运费水平都是由国际航协统一协调和制定的。在充分考虑了世界上各个不同国家、地区的社会经济、贸易发展水平后，国际航协将全球分成三个区域，简称为航协区（IATA Traffic Conference Areas），同时每个航协区内又分成几个亚区。由于航协区的划分主要从航空运输业务的角度进行考虑，依据的是不同地区，不同的经济、社会和商业条件，因此与世界行政区划有很多不同。

一区（TC1）：包括北美、中美、南美、格陵兰、百慕大和夏威夷群岛。

二区（TC2）：包括整个欧洲大陆（包括俄罗斯的欧洲部分）及毗邻岛屿，

冰岛、亚速尔群岛，非洲大陆及毗邻岛屿，亚洲的伊朗和伊朗以西地区。本区也是和我们所熟知的政治地理区划差异最多的一个区，它包括三个亚区：非洲区，包括非洲大多数国家及地区，但不包含北部非洲的摩洛哥、阿尔及利亚、突尼斯、埃及和苏丹。欧洲区，包括欧洲国家和摩洛哥、阿尔及利亚、突尼斯三个非洲国家及土耳其（既包括欧洲部分，也包括亚洲部分）。俄罗斯（仅包含其欧洲部分）。中东区，包括了巴林、塞浦路斯、埃及、伊朗、伊拉克、以色列、约旦、科威特、黎巴嫩、阿曼、卡塔尔、沙特阿拉伯、苏丹、叙利亚、阿拉伯联合酋长国、也门等。

三区（TC3）：由整个亚洲大陆及毗邻岛屿（除去二区的部分）、澳大利亚、新西兰及毗邻岛屿、太平洋岛屿（除去一区的部分）组成。其中，南亚次大陆区，包括阿富汗、印度、巴基斯坦、斯里兰卡等南亚国家。东南亚区，包括中国（含港、澳、台）、东南亚诸国、蒙古、俄罗斯亚洲部分及土库曼斯坦等独联体国家、密克罗尼西亚等群岛地区。西南太平洋地区，包括澳大利亚、新西兰、所罗门群岛等。日本、朝鲜区，仅含日本和朝鲜。

国际航空区划如图 6－1 所示。

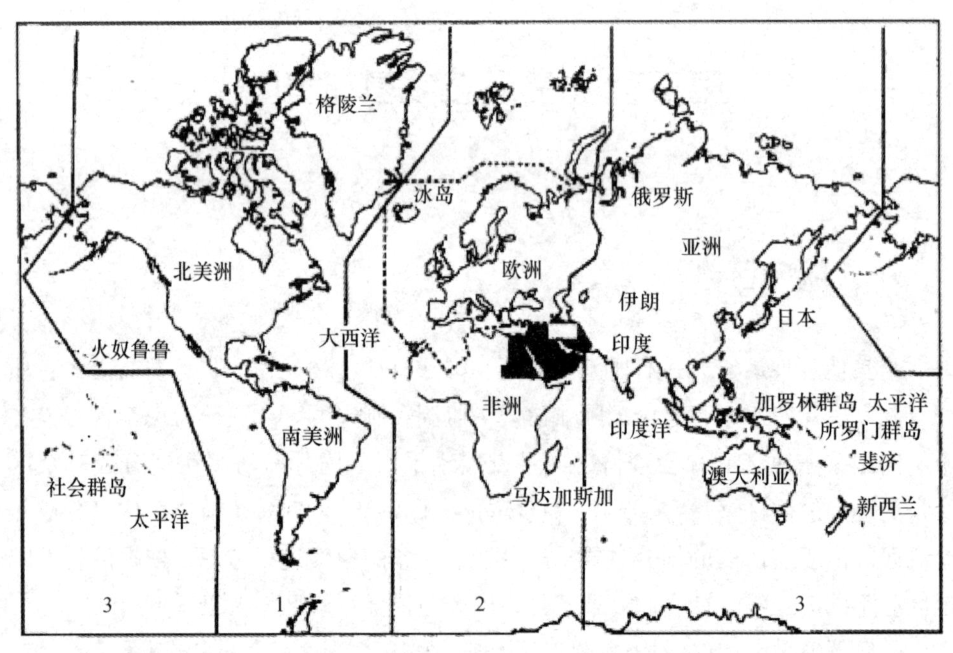

图 6－1　国际航空区划示意图

二、时差计算

在航空运输中涉及时差问题，需要计算出时差，解决飞行时间和费用等相关问题，计算方法和步骤如下：

时区 = 经度 ÷ 15°

所求区时 = 已知区时 ± 时区差 + 飞行时间

中时区 = 7.5°W ~ 7.5°E（左西右东）。

东加西减，往右一个时区 +1 小时（早看到太阳 1 小时），如中国东八区 8 点，澳大利亚东十区 10 点（东十区在东八区的东面，需要加 2 小时）。

在日界线问题上采用左加右减原则：越过日界线向左 +1 天，向右 -1 天。

案例：某旅客乘飞机从北京去华盛顿，12 月 28 日乘国航班机从北京启程，北京时间是 8：45。到达华盛顿时，当地时间为 12 月 28 日 14：31。请计算该旅客的飞行时间。

解：第一步：从 International Time Calculator 中找出始发站和目的站的标准时间。

PEK = GMT + 0800（Standard Time）

WAS = GMT - 0500（Standard Time）

第二步：将起飞和到达的当地时间换算成世界标准时（GMT）。因为北京提前 GMT 8 个小时，可以把北京当地时间减去 8 换算成 GMT。

PEK 8：45 - 8：00（GMT） = GMT 0：45

因为华盛顿落后 GMT 5 个小时，把华盛顿当地时间加上 5 换算成 GMT。

PEK 14：31 + 5：00（GMT） = GMT 19：31

第三步：用到达时间减去起飞时间，即飞行时间。

飞行时间 = 19：31 - 0：45 = 18：46（18 小时 46 分钟）

三、航空相关代码

1. 常用国家代码（见表 6 - 1）。

表 6-1　国际航空常用国家代码

英文全称	中文全称	两字代码
China	中国	CN
United States of America	美国	US
United Kingdom	英国	GB
Germany	德国	DE
France	法国	FR
Japan	日本	JP
Korea	韩国	KR
Singapore	新加坡	SG
Canada	加拿大	CA
Australia	澳大利亚	AU

2. 常用城市三字代码（见表 6-2）。

表 6-2　国际航空常用城市代码

英文全称	中文全称	三字代码
BEIJING	北京	BJS
GUANGZHOU	广州	CAN
SHANGHAI	上海	SHA
CHONGQING	重庆	CKG
TIANJIN	天津	TSN
SHENZHEN	深圳	SZX
HANGZHOU	杭州	HGH
KUNMING	昆明	KMG
QINGDAO	青岛	TAO
XIAMEN	厦门	XMN
DALIAN	大连	DLC
LONDON	伦敦	LON
NAGOYA	名古屋	NGO
SEOUL	汉城	SEL
PAPIS	巴黎	PAR
CHICAGO	芝加哥	CHI
NEW YORK	纽约	NYC
TOKYO	东京	TYO
OSACA	大阪	OSA

3. 常用机场三字代码（见表6-3）。

表6-3　国际航空常用机场代码

机场的英文全称	中文全称	三字代码	所在国家
Capital International airport	首都国际机场	PEK	中国
Charles de Gaulle	戴高乐机场	CDG	法国
Narita	成田机场	NRT	日本
Kansai International	大阪关西国际机场	KIX	日本
Dulles International	杜勒斯国际机场	IAD	美国
Heathrow	希斯罗国际机场	LHR	英国
O' Hare International	奥黑尔国际机场	ORD	美国

4. 国际航空公司常用两字代码（见表6-4）。

表6-4　国际航空公司常用两字代码

航空公司的英文全称	中文全称	两字代码	所在国家
Air China International Corp.	中国国际航空公司	CA	中国
China Southern Airlines	中国南方航空公司	CZ	中国
China Eastern Airlines	中国东方航空公司	MU	中国
America Airlines	美洲航空公司	AA	美国
Air Canada	加拿大航空公司	AC	加拿大
China Airlines Ltd.	“中华航空”公司	CI	中国台湾
Cathay Pacific Airways Ltd.	国泰航公司	CX	中国香港
Korean Air	大韩航空公司	KE	韩国
Dragon Air	港龙航空公司	KA	中国香港
Japan Airlines Co., Ltd.	日本航空公司	JL	日本
All Nippon Airlines Co., Ltd.	全日本航空公司	NH	日本
Japan Air System Co., Ltd.	佳速航空公司	JD	日本
Lufthansa Gemany Airline	汉莎航空公司	LH	德国
United Air Lines, Inc.	美国联合航空公司	UAL	美国

续表

航空公司的英文全称	中文全称	两字代码	所在国家
Northwest Airlines Inc.	美国西北航空公司	NW	美国
Asiana Airlines	韩亚航空公司	OZ	韩国
singapore Airlines Ltd.	新加坡航空公司	SQ	新加坡
Air France	法国航空公司	AF	法国
British Airways	英国航空公司	BA	英国
Royal Dutch Airlines	荷兰皇家航空公司	KLM	荷兰
Air Macao Airlines	澳门航空公司	NX	中国香港

5. 常见的航材及运输物品分类代码（见表6－5）。

表6－5 常见的航材及运输物品分类代码

操作代码	英文全称	中文全称
AOG	AIRCRAFT ON GROUND	航材
AVI	LIVE ANIMAL	活动物
BIG	OUTSIZED	超大货物
CAO	CARGO AIRCRAFT ONLY	仅限货机
DIP	DIPOMATIC MAIL	外交邮袋
EAT	FOODSTUFFS	食品
FIL	UNDEVELOPED/UNEXPOSED FILM	未冲洗/未曝光的胶卷
FRO	FROZEN GOODS	冷冻货物
HUM	HUMAN REMAINS IN COFFINS	尸体
ICE	DRYICE	干冰
LHO	LIVING HUMAN ORGANS/BLOOD	人体器官/鲜血
NWP	NEWSPAPERS，MAGAZINES	报纸、杂志
OBX	OBNOXIOUS CARGO	有强烈异味的货物
OHG	OVERHANG ITEM	拴挂货物
PEF	FLOWERS	鲜花
PEM	MEAT	肉
PER	PERISHABLE CARGO	易腐货物
PES	FISE/SEAFOOD	鱼/海鲜

续表

操作代码	英文全称	中文全称
VAL	VALUABLE CARGO	贵重物品
WET	SHIPMENTS OF WET MATERIAL NOT PACKED IN WATERTIGHT CONTAINERS	湿潮货
HEA	HEAVY CARGO, 150KGS AND OVER PER PIECE	单件150公斤以上的货物
危险品代码	英文全称	中文全称
RCL	Clyogenic Liquids	低温液体
RCM	Corrosive	易腐蚀的货物
RCX	Explosives 1.3C	爆炸物1.3C类
RFL	Flammable Liquid	易燃液体
ROP	Organic Peroxide	有机过氧化物
RPG	Toxic Gas	有毒气体
RRW	Radioactive Malerial, Category 1 - white	放射性包装，Ⅰ类白色包装

第三节 航空飞行器与集装器

一、航空运输机

1. 分类

（1）按机身的宽窄来分：窄体飞机（Narrow - body Aircraft），其机身宽大约3米，旅客座位之间有一个走廊，此类飞机一般只在其下货舱装运散货；宽体飞机（Wide - body Aircraft），其机身较宽，客舱内有两条走廊、三排座椅，机身宽一般在4.72米以上，此类飞机能装运集装货物及散货。

（2）按飞机使用用途来分：全货机，全货机主舱及下舱全部载货。全客机，全客机只在下舱载货。客货混用机，客货混用机一般在主舱前部设有旅客座椅，后部可装载货物，下舱内也可装载货物。

2. 民用航空运输机的装载限制

（1）重量限制。货物重量按毛重计算。计算单位为公斤。重量若不足1公斤，按1公斤算，超过1公斤的尾数四舍五入。非宽体飞机装载的每件货物重量一般不超过80公斤，体积一般不超过40厘米×60厘米×100厘米。宽体飞机装载的每件货物重量一般不超过250公斤，体积一般不超过250厘米×200厘米×160厘米。超过以上重量和体积的货物，由航空公司依据具体条件确定是否收运。

（2）每件货物的长、宽、高之和不得少于40厘米，每公斤的体积超过6000立方厘米的货物按轻泡货物计重，轻泡货物以每6000立方厘米折合为1公斤计量。

（3）容积限制。

（4）舱门限制。

（5）价值限制（每次班机货物总值不超过600万美元，每份运单的货物声明价值不超过10万美元）。

（6）地板承受力限制。波音飞机的舱位结构图、剖面图如图6-2所示。

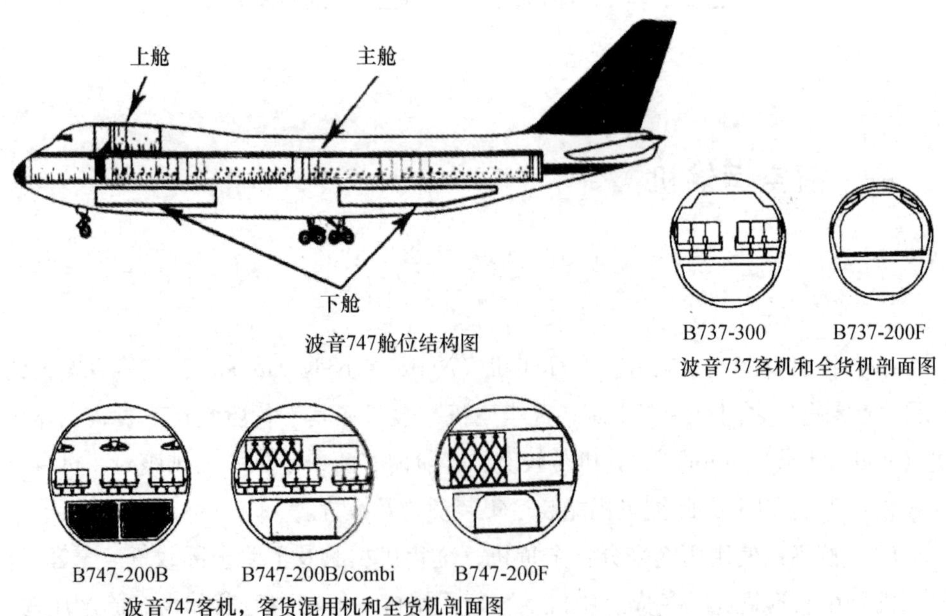

图6-2 波音飞机的舱位结构图、剖面图

知识贴

> ➢ 波音飞机各舱位的地板承受力最大限额如下：
> 下货舱散舱：$732kg/m^2$
> 下货舱集货舱：$976kg/m^2$
> 主货舱集货舱：$1952kg/m^2$　　$488kg/m^2$（T）区
> ➢ 空中客车飞机各舱位的地板承受力最大限额如下：
> 下货舱散舱：$732kg/m^2$
> 下货舱集货舱：$1050kg/m^2$

二、集装器和集装箱

1. 集装器

（1）注册、非注册的集装器（见图6－3）。

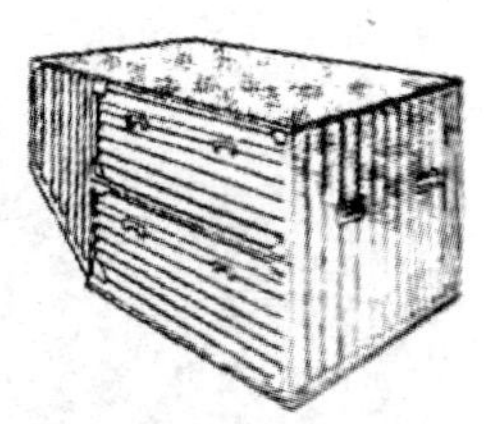

注册的飞机集装器

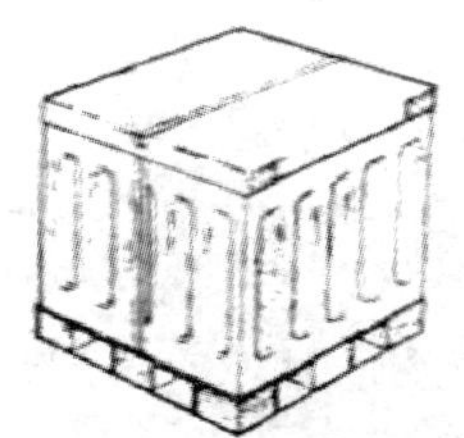

非注册的飞机集装器

图6－3　注册、非注册的集装器

（2）集装板和网套（见图6－4）。

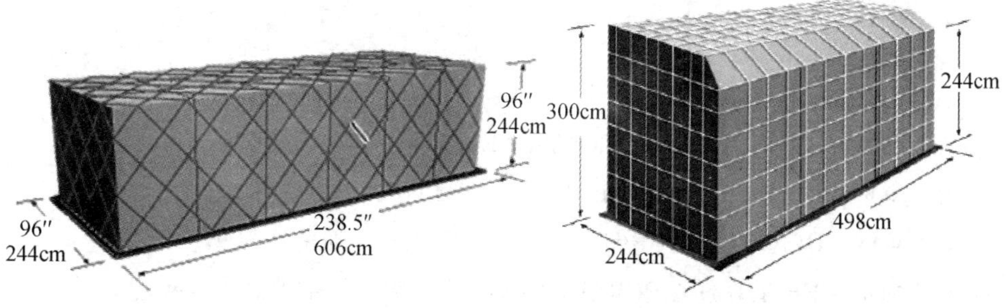

图6－4　集装板和网套

（3）结构与非结构的集装棚、集装箱（见图 6－5）。

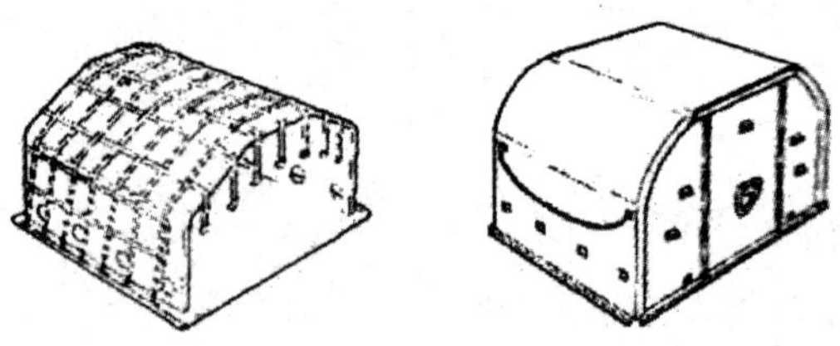

图 6－5　结构与非结构的集装棚、集装箱

2. 集装箱（Container）

（1）空陆联运集装箱。空陆联运集装箱可分为 20 英尺和 40 英尺两种，高和宽为 8 英尺。这种集装箱只能装于全货机或客机的主货舱。

（2）主货舱集装箱。主货舱集装箱只能装在全货机或客机的主货舱，这种集装箱的高度在 163 厘米以上。

（3）下货舱集装箱。下货舱集装箱只能装于宽体飞机的下货舱。

图 6－6 所示为空运集装箱。

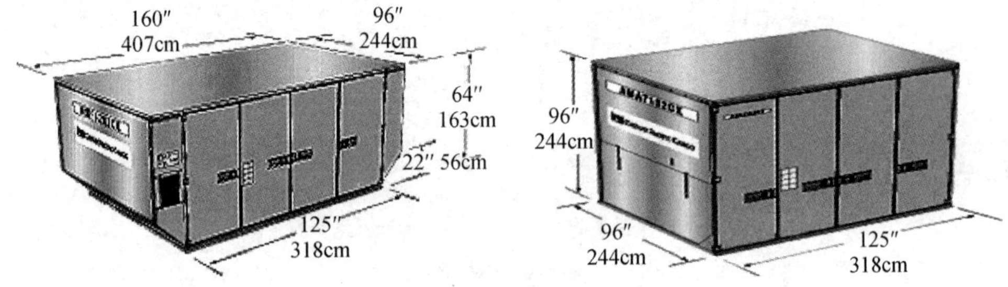

图 6－6　空运集装箱

3. 集装器代码的含义

（1）首位字母是集装器的种类：

A：CERTIFIED AIRCRAFT CONTAINER　注册的飞机集装器

B：NON－CERTIFIED AIRCRAFT CONTAINER　非注册的飞机集装器

F：NON－CERTIFIED AIRCRAFT PALLET　非注册的飞机集装板

G：NON－ERTIFIED AIRCRAFT PALLET NET　非注册集装板网套

J：THEMAL NON－STRUCTURED IGLOO　保温的非结构集装棚

M：THERMAL NON－CERTIFIED AIRCRAFT CONTAIN　保温的非注册的飞机集装箱

N：CERTIFIFDD AIRCRAFT PALLET NET　注册的飞机集装板网套

P：CERTIFIED AIRCRAFT PALLET　注册的飞机集装板

R：THERMAL CERTIFIED AIRCRAFT CONTAINER　注册的飞机保温箱

U：NON STRUCTURAL IGLOO　非结构集装棚

H：HORSE STALL　马厩

V：AUTOMOBIL TRANSPORT EQUIPMENT　汽车运输设备

X、Y、Z：RESFRVED FOR AIRLINE USE ONLY　供航空公司内部使用

（2）第二位字母表示集装器的底板尺寸：

A：224cm×318cm

K：153cm×156cm

B：224cm×274cm

L：153cm×318cm

E：224cm×135cm

M：244cm×318cm

G：224cm×606cm

（3）第三位表示集装器的外形以及与飞机的适配性：

E：适用于 B747、A319、DCl0、L1011　下货舱无叉眼装置的半型集装箱

N：适用于 B747、A310、DCl0、L1011　下货舱有叉眼装置的半型集装箱

P：适用于 B747COMB 上舱及 B747、DC10、L1011、A310　下舱的集装板

A：适用于 B747F　上舱集装箱

4. 集装器的限制数据

常见的集装器的数据如表 6－6 所示。

表 6－6　常见集装器的数据

名称	地板尺寸（cm）	高度（cm）	最大毛重（kgs）	使用机型
AKE	153×156	163	1588	通用
P1P	224×318	163	6804	宽体飞机货机
P6P	224×318	163	6804	宽体飞机货机
P6P	119×153	163	1250	B767 专用

三、航空手册

航空运价手册（The Air Cargo Tariff，TACT），是由国际航协出版的一本通用的运价手册，主要分为三个部分：

第一部分 TACT Rules（规则手册），包括了 IATA 在国际运输中的所有规则，每年出版两期，4 月、12 月出版。

第二部分 TACT Rates – North America（美运价手册），包含了从北美出发或到北美的运价。

第三部分 TACT Rates – Worldwide（世界（除北美）运价手册），包含了除北美的全世界的运价。

上述两本 TACT Rates 每两个月出版一期，2 月、4 月、6 月、8 月、10 月、12 月出版。

第四节　空运代理流程

一、班机出口货运知识

1. 班机出口运输货代流程

班机运输（Scheduled Airline），也称为定期航班运输。航空公司按照事先制定的航班时刻表，在特定航线的既定起落站之间，为非特定的货主提供规则的、反复的运输服务，并按照运价本或协议运价的规定计收运费。其特点为：固定航线、固定停靠港和定期开航；便于收、发货人确切掌握货物起运和到达的时间；一般是客货混载，因此舱位有限，不能使大批量的货物及时出运，往往需要分期分批运输。

（1）托运人办理托运。对于特种货物还需要提交额外单证，如危险品、活体动物、灵柩。

（2）货物收运。其限制包括以下内容：货物价值限制；重量和尺寸限制；付

款限制；特种货物限制；对于国际快件货物运输（即指定航班服务 FDS）的限制。

（3）预配舱、预订舱与订舱。其包括：①空运代理汇总所接受的委托，应根据托运人的要求适配最佳的航线及承运人，制定预配舱方案，并为每票货物分配货运单号；②预订舱与订舱。

（4）接单接货。

（5）制单、报关、装箱与出仓。其包括：①缮制主运单和分运单；②制作航空货物清单；③制作空运出口业务日报表；④制作航空公司主标签及空运代理分标签；⑤制作出库仓单；⑥制作装箱单；⑦制作国际货物交接清单；⑧办理货物出口报关手续。

（6）航空公司签单。

（7）货交承运人。

（8）办理货物发运后的事宜。

2. 航空出口货物运输注意事项

（1）出口货物运输范围。外运公司承办的贸易合同项下的各类出口货物、成交样品、各驻华使领馆及商社的办公用品、专家及留学生的私人物品、来华展品的回运等业务。

（2）申报海关流程。

第一步，报关单据一般有商业发票、装箱单、商检证、出口货物报关单。有些商品则需要动植物检疫证书或产地证、出口外汇核销单、外销合同等。

第二步，在海关验收完货物，并于报关单上盖验收章后，集中托运人缮制航空分运单。

第三步，将收货人提供的货物随行单据，订在运单后面。

第四步，将制作好的运单标签，贴在每一件货物上。

第五步，持缮制完的航空运单到海关报关，放行。

第六步，将盖有海关放行章的运单与货物，一并交与航空公司，航空公司经验收单、货无误后在交接单上签字。

第七步，集中托运的货物，需要电传通知国外代理的内容包括航班号、运单号、品名、件数、毛重、收货人等。

3. 口岸外运公司与内地公司出口运输工作的衔接

内地公司提前将要发运货物的品名、件数、毛重及时间要求通知口岸公司，并制作分运单，与其他单据一起寄出或与货一同交给口岸公司。

内地公司将货物，按照规定的时间、地点运至口岸。

口岸公司设专人承接内地公司运交的货物。

口岸公司负责向航空公司订舱，通知内地公司航班号、运单号或总运单号，内地公司将航班号、运单号打在分运单上，将分运单交予发货人办理结汇。

4. 货物出口的运输

小批量样品等一般采用集中托运，但批量较大的货物则以单票发运为主。

二、班机进口货运代理流程

进口货物运输业务的一般做法如下：

第一步，接受委托，备妥报关单据。

第二步，接收货物，申报海关。外国货运代理公司将发货信息通知口岸外运公司。货物到达后，口岸外运公司从航空公司接受航空运单及随附文件，并检验货物，做到单证相符。根据海关对进出口货物的要求，填制进出口货物报关单，随附必要的单据。按照收货人要求，代垫有关进口税、关税和运费。集中托运的货物用分运单报关，单票货物用航空运单报关。办理完海关手续后，通知收货人取货或接受委托送货上门。

第三步，转运货物。其一，可以在口岸所在地海关报关的货物就地报关；须在最终目的地报关的货物，转运前要办监管手续，要填制海关转运准单，并随附有关单据，交与海关做成关封，与货物同时转运。其二，口岸外运公司与内地公司配合，选用合理的运输方式，及时、准确、安全地将货物转至目的地，交收货人。其三，用国内民航转运内地的货物，按照民航国内货物运输的规定办理。

三、包舱包板运输

包舱/板/箱运输，是指托运人所运输的货物在一定时间内需单独占用飞机货舱/板/箱，由承运人采取专门措施予以保证，只限直达航班，不受理中转业务。包机运输方式可分为整包机和部分包机两类。

1. 整包机

整包机是指包租整架飞机，指航空公司按照与租机人事先约定的条件及费用，将整架飞机租给包机人，从一个或几个航空港装运货物至目的地。包机人一般要于货物装运前一个月与航空公司联系，且包机的费用一次一议。

2. 部分包机

部分包机是指由几家航空货代公司或发货人联合包租一架飞机，或者由航空公司把一架飞机的舱位分别卖给几家航空货代公司装载货物的运货方式。

部分包机与班机的比较：①时间比班机长；②各国政府为了保护本国航空公司的利益，对从事包机业务的外国航空公司实行各种限制。

3. 包机运输的优点

包机运输具有以下优点：

其一，解决班机运输舱位不足的矛盾。

其二，货物全由包机运出，节省时间和多次发货的手续。

其三，弥补没有直达航班的不足，且不用中转。

其四，减少货损、货差或丢失的现象。

其五，在空运旺季缓解航班紧张状况。

其六，解决海鲜、活动物的运输问题。

四、航空快运

国际航空快运，是指由具有独立法人资格的企业，将进出境的诸如急需的药品、医疗器械、贵重物品、图纸资料、货样、各种运输贸易商务单证和书报杂志等小件物品从发件人所在地通过自身或代理的网络运达收件人的一种快速运输组织形式。

1. 航空快运形式

航空快运业务有三种形式：从机场到机场、“门到门”服务、派专人送货。

2. 航空快运业务特点

航空快运业务的特点如下：快捷灵便、安全可靠、送交有回音、查询快而有结果。

3. 航空快运业务与邮政业务的区别

（1）航空快运业务主要是以商业文件、资料、小件样品为主，国际航空快运业务由国际货运或快运公司与航空公司配合完成。邮政业务是以私人信函、小包裹为主，国际邮政业务是由两个以上国家（地区）邮局之间连续作业完成的。

（2）航空快运业务提供的是“桌到桌”的服务，能随时查询。邮政业务则由邮局来办理手续，因而在运送过程中，受到不同国家邮政业务效率的影响，一旦丢失难以查询。

（3）从事空运业务的快运公司隶属于货运代理业，参加国际航空运输协会，而世界各国的邮政都参加万国邮政联盟。

4. 国际著名快递公司

国际著名快递公司有 UPS（美国联合包裹运送服务公司）、FEDEX（美国联邦快递公司）、DHL（敦豪，德国邮政全球网络持有）、TNT（荷兰邮政快递公司）。

五、集中托运

1. 空运集中托运的概念

集中托运（Consolidation），是指空运代理作为集运商（Consolidator）将起运地几个托运人运往另一目的地的几个收货人的小件货物汇集成一整批后，以托运人身份向航空公司办理托运，采用一份总托运单集中发运到同一目的地，并由空运代理在目的地的分支机构或代理以收货人身份从航空公司处提取货物后，再根据空运代理签发的分运单分拨给每个实际收货人的运输组织方式。

2. 集中托运的业务流程与单证

第一步，对每一票货物，出具货运代理的运单（House Air Waybill，HAWB），即分别制定航空运输分运单。

第二步，将所有货物区分方向，并按照其目的地相同的国家和城市来集中，制定出航空公司的总运单（Master Air Waybill，MAWB）。

第三步，打出该总运单项下的货运清单（Manifest）。

第四步，将该总运单和货运清单，作为一整票货物交给航空公司。

第五步，货物到达目的地站机场后，当地的货运代理公司作为总运单的收货人负责接货和分拨，按不同的分运单制定各自的报关单据并代理报关，为实际收货人办理有关接货、送货事宜。

第六步，实际收货人在分运单上签收以后，目的站货运代理公司以此向发货的货运代理公司反馈到货信息。

3. 直接运输与集中托运货物的区别

（1）直接运输。货物由承运人的委托人/代理人交付给承运人；货运单由代理人填开，并列明真正的托运人和收货人。

（2）集中托运货物。集中托运货物由托运人的委托人（集中托运商）交付给承运人；货运单由集中托运人填开；货物的收、发货人分别为集中托运人和分拨代理人。

4. 集中托运的限制

集中托运限制如下：其一，集中托运只适合办理普通货物，对于等级运价的货物则不能办理集中托运。其二，目的地相同或临近的可以办理，如某一国家或地区，其他的不宜办理。

5. 集中托运的优点

其优点表现如下：节省运费、提供方便、提早结汇、便于联运方。

此外还有一种运输方式，即陆/空联运，是采用火车、飞机和卡车的联合运输方式，简称 TAT（Train - Air - Truck），或者火车、飞机的联合运输方式，简称 TA（Train - Air）。我国空运的出口货物，通常采用陆/空联运方式。

我国长江以南的外运分公司，目前办理陆/空联运的具体做法是用火车、卡车或船将货物运到香港（因为香港航班多，普通货物到欧美国家运价低），把货物再从香港运到目的地或运到中转地，而后再通过当地代理用卡车送到目的地。长江以北的外运分公司多采用火车或卡车将货物送到北京、上海航空口岸出运。

六、空运货物的要求及特殊物品托运手续

1. 绝对禁止航空运输的危险物品

其一，在温度75℃、48小时内能够自燃或分解的爆炸品；

其二，既含氯酸盐又含铵盐的爆炸品；

其三，含有氯酸盐与磷的混合物的爆炸品；

其四，对机械振动极为敏感的固体爆炸品；

其五，对机械振动比较敏感的液体爆炸品；

其六，在正常航空运输条件下容易产生危险的热量或气体的任何物品；

其七，经过测验证明，具有爆炸性的易燃固体和有机过氧化物，即按照危险品分类程序要求其包装件用爆炸品标签，以作为次要危险性标签的易燃固体和有机过氧化物。

2. 空运特种货物须知

特种货物运输，除应当符合普通货物运输的规定外，还应当遵守下列相应的特殊要求：

其一，托运人要求急运的货物，经承运人同意可以办理急件运输，应按规定收取急件运费。

其二，凡对人体、动植物有害的菌种、带菌培养基等微生物制品，未经民航总局特殊批准不得承运。

其三，凡经人工制造、提炼，进行无菌处理的疫苗、菌苗、抗菌素、血清等生物制品，在托运人提供无菌、无毒证明后可按普货承运。

其四，微生物及有害生物制品的仓储、运输应当远离食品。

其五，植物和植物产品运输须凭托运人所在地县级（含）以上的植物检疫部门出具有效的"植物检疫证书"。

其六，骨灰应当装在封闭的塑料袋或其他密封容器内，外加木盒，最外层用布包装。

其七，灵柩托运的条件。

其八，动物运输必须符合国家有关规定，并出具当地县级（含）以上检

疫部门的免疫注射证明及检疫证明书；如果托运属于国家保护的动物，还须出具有关部门准运证明；托运属于市场管理范围的动物要有市场管理部门的证明。

其九，托运人托运鲜活易腐物品，应当提供最长允许运输时限及运输注意事项，先定好舱位，并按约定时间送机场办理托运手续。政府规定需要进行检疫的鲜活易腐物品，应当出具有关部门的检疫证明。包装要适合鲜活易腐物品的特性，不致污染或损坏飞机及其他货物。客运班机不得装载有不良气味的鲜活易腐物品。需要特殊照料的鲜活易腐物品，应由托运人自备必要的设施，必要时由托运人派人押运。鲜活易腐物品在运输、仓储过程中，承运人因采取防护措施而发生的费用，由托运人或收货人支付。

其十，贵重物品包括：黄金、白金、铱、铑、钯等稀贵金属及其制品；各类宝石、玉器、钻石、珍珠及其制品；珍贵文物（包括书、画、古玩等）；现钞、有价证券以及毛重每公斤价值在人民币2000元以上的物品等。贵重物品应当用坚固、严密的包装箱包装，外加井字型铁箍，接缝处必须有封志。

其十一，枪支、警械（简称枪械）是特种管制物品；弹药是特种管制的危险物品。托运时应当出具下列证明：①托运人托运各类枪械、弹药必须出具出发地或运往县、市公安局核发的准运证或国家主管部委出具的许可证明。②进出境各类枪支、弹药的国内运输必须出具边防检查站核发的携运证；枪械、弹药包装应当是出厂原包装，非出厂的原包装应当保证坚固、严密、有封志。枪械和弹药要分开包装。枪械、弹药运输的全过程要严格交接手续。

其十二，根据货物的性质，在运输过程中需要专人照料、监护的货物，托运人应派人押运，否则承运人有权不予承运。押运货物需预先订妥舱位。

第五节 空运提单

一、航空运单概念及分类

1. 概念

航空货运单（Air Waybill）是承运人与托运人之间签订的运输契约，也是承运人或其代理人签发的货物收据。航空运单正本一式三份，分别交托运人航空公司和随机转交收货人，副本若干份由航空公司按规定分发。

2. 性质

航空运单（Air Waybill）与国际铁路运单相似，却与海运提单有很大不同，是承托双方的运输合同，一种由承运人或其代理人签发的重要的货物运输单据，其内容对双方都具有约束力。航空运单不可转让，持有航空运单并不能说明可以对货物要求所有权。

（1）航空运单是发货人与航空承运人之间签订的运输合同。航空运单证明航空运输合同的存在，航空运单就是发货人与航空运输承运人之间缔结的货物运输合同，在双方共同签署后产生效力，并在货物到达目的地交予运单上所记载的收货人后失效。

（2）航空运单是由承运人签发的已接收货物的证明。航空运单还是货物收据，在发货人把货物发运后，承运人或其代理人就会将其中一份交予发货人（即发货人联），作为已经接收货物的证明。除非另外注明，它即为承运人收到货物并在良好条件下装运的证明。

（3）航空运单是承运人据以核收运费的账单。航空运单分别记载着应由收货人负担的费用、应支付给承运人的费用和应支付给代理人的费用，并详细列明费用的种类、金额，所以可作为运费账单和发票。承运人往往也将其中的承运人联作为记账凭证。

（4）航空运单是报关单证之一。出口时航空运单属于报关单证之一，在货物到达目的地机场进行进口报关时，航空运单通常是海关查验放行的基本单证。

（5）航空运单同时可作为保险证书。当承运人承办保险或发货人要求承运人代办保险时，航空运单也可用作保险证书。

（6）航空运单是承运人内部业务流转的依据。航空运单随货同行，能证明货物的身份。运单上载有有关该票货物发送、转运、交付的事项，承运人会据此对货物的运输做出相应安排。航空运单的正本一式三份，每份都印有背面条款。一份交发货人，作为承运人或其代理人接收货物的依据；一份由承运人留存，作为记账凭证；还有一份随货同行，在货物到达目的地后，交付给收货人作为核收货物的依据。

航空运单虽然还能作为承运人核收运费的依据及海关查验放行的基本单据，

但它与海运提单不同，不具有物权凭证的性质，既不能转让，也不可凭此提取货物。收货人提货须凭航空公司发出的提货通知单。AWB 一般由一式 12 联组成，背面印有英文的有关航空货物运输契约的条款。

3. 航空运单的分类

（1）航空主运单。凡由航空运输公司签发的航空运单，称为主运单（Master Air Waybill，MAWB），每一批航空运输的货物都有自己相对应的航空主运单，它是航空运输公司据以办理货物运输和交付的依据，也是航空公司和托运人订立的运输合同。

（2）航空分运单。集中托运人/航空货代在办理集中托运业务时，签发的航空运单称作航空分运单（House Air Waybill，HAWB）。

二、国际货物托运书

国际货物托运书所含条目（具体样式参照附录二）：

➢ 托运人名称与地址（Shipper's Name Address & Telephone No.）；
➢ 收货人名称与地址（Consignee's Name，Address & Telephone No.）；
➢ 始发站（Airport of Departure）；
➢ 到达站（Airport of Destination）；
➢ 操作注意事项和标记（Handling Information and Other）；
➢ 件数（No. of Packages）；
➢ 实际毛重（Gross Weight）；
➢ 货物品名及数量（Nature and Quantity of Goods）；
➢ 申请的航班（Flight/Date）；
➢ 航空运费及其他费用（Charges）；
➢ 供运输用声明价值（Declared Value for Carriage）；
➢ 供海关用声明价值（Declared Value for Customs）；
➢ 保险金额（Amount of Insurance）；
➢ 另请通知（Also Notify）；
➢ 所附文件（Document to Accompany Air Waybill）；
➢ 收货人账号（Consignee's Account Number）；

➢托运人账号（Shipper's Account Number）；

➢托运人或其代理人签字盖章（Signature of Shipper or His Agent）；

➢日期（Date）。

三、航空运单

航空运单与海运提单类似，也有正面、背面条款之分，不同的航空公司也会有自己独特的航空运单格式。但是，航运公司的海运提单可能千差万别，而各航空公司所使用的航空运单则大多借鉴IATA所推荐的标准格式，差别并不大，这种运单也称中性运单。对于需要填写的栏目说明如下：

1. 始发站机场：需填写IATA统一制定的始发站机场或城市的三字代码，这一栏应与11栏相一致。

1A：IATA统一编制的航空公司代码，如我国的国际航空公司的代码就是999；

1B：运单号。

2. 发货人姓名、住址（Shipper's Name and Address）：填写发货人姓名、地址、所在国家及联络方法。

3. 发货人账号：只在必要时填写。

4. 收货人姓名、住址（Consignee's Name and Address）：应填写收货人姓名、地址、所在国家及联络方法。与海运提单不同，因为空运单不可转让，所以“凭指示”之类的字样不得出现。

5. 收货人账号：同3栏一样只在必要时填写。

6. 承运人代理的名称和所在城市（Issuing Carrier's Agent Name and City）。

7. 代理人的IATA代号。

8. 代理人账号。

9. 始发站机场及所要求的航线（Airport of Departure and Requested Routing）：这里的始发站应与1栏填写的相一致。

10. 支付信息（Accounting Information）：此栏只有在采用特殊付款方式时才填写。

11A（C、E）. 去往（To）：分别填入第一（二、三）中转站机场的IATA代码。

11B（D、F）. 承运人（By）：分别填入第一（二、三）段运输的承运人。

12. 货币（Currency）：填入ISO货币代码。

13. 收费代号：表明支付方式。

14. 运费及声明价值费（Weight Charge/Valuation Charge，WT/VAL）：此时可以有两种情况：预付（Prepaid，PPD）或到付（Collect，COLL）。如预付在（14A中填入“*”，否则填在14B中。需要注意的是，航空货物运输中运费与声明价值费支付的方式必须一致，不能分别支付。

15. 其他费用（Other）：也有预付及到付两种支付方式。

16. 运输声明价值（Declared Value for Carriage）：在此栏填入发货人要求的用于运输的声明价值。如果发货人不要求声明价值，则填入“NVD”（No Value Declared）。

17. 海关声明价值（Declared Value for Customs）：发货人在此填入对海关的声明价值，或者填入“NCV”（No Customs Valuation），表明没有声明价值。

18. 目的地机场（Airport of Destination）：填写最终目的地机场的全称。

19. 航班及日期（Flight/Date）：填入货物所搭乘航班及日期。

20. 保险金额（Amount of Insurance）：只有在航空公司提供代购保险业务而客户也有此需要时才填写。

21. 操作信息（Handling Information）：一般填入承运人对货物处理的有关注意事项，如“Shipper's certification for live animals”（托运人提供活动物证明）等。

22A～22L. 货物运价、运费细节。

22A. 货物件数和运价组成点（No. of Pieces RCP，Rate Combination Point）：填入货物包装件数。如10包即填“10”。当需要组成比例运价或分段相加运价时，在此栏填入运价组成点机场的IATA代码。

22B. 毛重（Gross Weight）：填入货物总毛重。

22C. 重量单位：可选择公斤（kg）或磅（lb）。

22D. 运价等级（Rate Class）：针对不同的航空运价共有六种代码，它们是M（Minimum，起码运费）、C（Specific Commodity Rates，特种运价）、S（Surcharge，高于普通货物运价的等级货物运价）、R（Reduced，低于普通货物运价的等级货物运价）、N（Normal，45公斤以下货物适用的普通货物运价）、Q（Quantity，45公斤以上货物适用的普通货物运价）。

22E. 商品代码（Commodity Item No.）：在使用特种运价时需要在此栏填写

商品代码。

22F. 计费重量（Chargeable Weight）：此栏填入航空公司据以计算运费的计费重量，该重量可以与货物毛重相同也可以不同。

22G. 运价（Rate/Charge）：填入该货物适用的费率。

22H. 运费总额（Total）：此栏数值应为起码运费值或者是运价与计费重量两栏数值的乘积。

22I. 货物的品名、数量，含尺码或体积（Nature and Quantity of Goods incl. Dimensions or Volume）：货物的尺码应以厘米或英寸为单位，尺寸分别以货物最长、最宽、最高边为基础。体积则是上述三边的乘积，单位为立方厘米或立方英寸。

22J. 该运单项下货物总件数。

22K. 该运单项下货物总毛重。

22L. 该运单项下货物总运费。

23. 其他费用（Other Charges）：指除运费和声明价值附加费以外的其他费用。根据IATA规则，各项费用分别用三个英文字母表示：前两个字母是某项费用的代码，比如运单费就表示为AW（Air Waybill Fee）；第三个字母是C或A，分别表示费用应支付给承运人（Carrier）或货运代理人（Agent）。

24～26. 分别记录运费、声明价值费和税款金额，有预付与到付两种方式。

27～28. 分别记录需要付与货运代理人（Due Agent）和承运人（Due Carrier）的其他费用合计金额。

29. 需预付或到付的各种费用。

30. 预付、到付的总金额。

31. 发货人的签字。

32. 签单时间（日期）、地点、承运人或其代理人的签字。

33. 货币换算及目的地机场收费记录。

以上所有内容不一定要全部填入空运单，IATA也并未反对在运单中写入其他所需的内容。但这种标准化的单证对航空货运经营人提高工作效率、促进航空货运业向电子商务的方向迈进有着积极的意义。

具体样式参照本章附录一。

第六节　航空运费

一、航空运费的概念

1. 运价

运价（Rate）又称费率，指承运人对所运输的每一计费重量单位货物（公斤或磅）所收取的自始发地机场至目的地机场的航空费用。

2. 航空运费（Weight Charge）

货物的航空运费是指航空公司将一票货物自始发地机场运到目的地机场所收取的航空运输费用。该费用根据每票货物所适用的运价及货物的计费重量计算而得。

二、航空货物运价和费用

在计算一笔航空货物运费时需要考虑三个因素：计费重量、有关的运价和费用、货物的声明价值。

1. 计费重量

航空公司规定，在货物体积小、重量大的情况下，就以该批货物的“实际毛重”作为计算重量的标准；但在货物体积大、重量小的情况下，就以该批货物的“体积重量”作为计费重量标准。

（1）实际重量（Actual Weight），即货物毛重，是指一批货物包括包装在内的实际总重量。用实际重量作为计量单位的往往是那些重量大而体积小的货物，比如机械、金属零件等，这些货物称为重货。当实际毛重用公斤表示时，计费重量最小单位为0.5公斤，超过0.5公斤按1斤计算。

（2）体积重量。货物体积大而重量相对小的，称为轻泡货。凡重量1公斤体积超过6000立方厘米或366立方英寸的均被认定为轻泡货物。轻泡货物以体积重量（Measurement Weight）作为计费重量。

（3）体积重量的计算方法是分别测出货物最长、最宽、最高的部分，尾数采用四舍五入法，将三者相乘算出其体积，体积再折算成公斤。

轻泡货物的计费重量公式：

其一，计费重量(公斤)=长(厘米)×宽(厘米)×高(厘米)/6000。

其二，计费重量(公斤)=货物的体积(立方米)×167公斤。

（4）体积与重量的确定。确定计费重量的原则是：计费重量按实际毛重及体积重量相比较，选择较高的一个。

（5）集中托运货物的计费重量。集中托运时，一批货物由几件不同的货物组成，内有轻泡货物也有重货的，其计费重量就采用整批货物的总毛重或总的体积重量，按两者之中较高的一个计算。

2. 航空货物运价和费用的种类

（1）航空运价。承运人为运输货物对规定的重量单位（或体积）收取的费用称为运价。其仅指机场与机场间的空中费用，并不包括承运人、代理人或机场收取的其他费用。货物的航空运价，一般以始发地的本国货币公布，也有的国家以美元计价。国际航空货物运价种类如下：

其一，普通货物运价（General Cargo Rate）。包括基础运价、重量分界点运价。N表示45公斤以下普通货物的运价，Q表示45公斤以上普通货物的运价。

其二，指定货物运价（Specific Cargo Rate）。为特种货物运价，一般低于普通货物运价。在计算航空运费时，应优先考虑指定商品运价。

其三，等级货物运价（Class Cargo Rate）。在一般货物运价基础上，加上或减去一定的百分比，适用于指定地区内少数货物的运输。急件、生物制品、植物和植物制品、活动物、骨灰、灵柩、鲜活易腐品、贵重物品、机械、弹药、押运货物等货物的国际航空运费按普通货物标准运价的150%计收。

（2）航空运费。航空公司按国际航空运输协会所制定的三个区划费率收取国际航空运费（区划请参照本章第二节）。

（3）起码运费（Minimum Charges）。其是航空公司办理一批货物所能接受的最低运费，是航空公司在考虑办理即使很小的一批货物也会产生固定费用后制定的。

例如：甲至乙点，普通货物4公斤，M级运费为37.5元，而45公斤以下的

货物运价 N 级 7.5 元，求其应收费用。

7.5 ×4 =30（元），小于 M 级运费，此批货物应收运费 37.5 元。

（4）一般货物运价。一般货物运价（General Cargo Rates，GCR），是使用最为广泛的一种运价。当一批货物不能适用特种货物运价，也不属于等级货物时，就应该使用一般货物运价。

1）运价的分类。①45 公斤（100 磅）以下，运价类别代号为 N（Normal Rates）；②45 公斤以上（含 45 公斤），运价类别代号为 Q（Quantity Rate）；③45 公斤以上的可分为 100 公斤、200 公斤、250 公斤、300 公斤、500 公斤、1000 公斤、2000 公斤等多个收费重量分界点，但运价类代号仍以 Q 表示。

2）运费计算方法。货物运费，一般是用货物的实际毛重或体积重量，乘以相应的重量等级运价而得。若还要用以此计得的运费与以其较高的重量等级分界点所计得的运费相比较，则取其中较低者。

例如：PEK（北京）到 SXB（斯特拉斯堡）运价分类如下：

N 级运费为 18 元，Q 级运费为 14.81 元，300 公斤 13.54 元，500 公斤 11.95 元。

普货一件 38 公斤从 PEK 运到 SXB，计算运费。

18 ×38 =684（元）

14.81 ×45 =666.45（元）

二者比较取其低者，故该件货物可按 45 公斤以上运价计得的运费 666.45 元收取。

（5）特种货物运价（Specific Commodity Rates，SCR）。其通常是承运人根据在某一航线上经常运输某一种类货物的托运人的请求，或为促进某地区间某一种类货物的运输，经国际航空运输协会同意，所提供的优惠运价。

国际航空运输协会公布特种货物运价时先将货物划分为以下类型：

0001 ~0999 食用动物和植物产品。

1000 ~1999 活动物和非食用动物及植物产品。

2000 ~2999 纺织品、纤维及其制品。

3000 ~3999 金属及其制品，但不包括机械、车辆和电器设备。

4000 ~4999 机械、车辆和电器设备。

5000 ~5999 非金属矿物质及其制品。

6000 ~6999 化工品及相关产品。

7000 ~7999 纸张、芦苇、橡胶和木材制品。

8000～8999 科学、精密仪器、器械及配件。

9000～9999 其他货物。

各类型中每一组又细分为 10 个小组，每个小组再细分，这样几乎所有的商品都有一个对应的组号，公布特种货物运价时只需指出本运价适用于哪一组货物即可。

（6）等级货物运价（Class Rates or Commodity Classification Rates，CCR）。指适用于指定地区内部或地区之间的少数货物运输。适用等级货物运价的货物通常有：①活动物、活动物的集装箱和笼子；②贵重物品；③尸体或骨灰；④报纸、杂志、期刊、书籍、商品目录、盲人和聋哑人专用设备和书籍等出版物；⑤作为货物托运的行李。

其中第①～③项，通常在普通货物运价基础上增加一定百分比；第④～⑤项在普通货物运价的基础上减少一定百分比。

（7）择优使用航空运价。选择运价的目的，是为发货人提供最低的运价，而在三种运价中使用指定商品运价计算出的运费，通常是比较低的。

例如：有一批活热带鱼，毛重 120 公斤，体积 0.504 立方米，从甲地到乙地，计算运费。

三种运价计算如下：

Q 级 GCR　　9.00×120＝1080（元）

等级 CR　　16.7×120＝2004（元）

特种 SCR　1024（起码重量为 100 公斤）

7.59×120＝910.80（元）

根据以上计算结果比较，这批活热带鱼的运费，应按指定商品运价计算的运费收取，即为 910.80 元。

（8）有关航空运价的其他规定。

其一，各种不同的航空运价和费用都有下列的共同点：运价是指从某一机场到另一机场，而且只适用于单一方向；不包括其他额外费用，如提货、报关、接交和仓储费用等；运价通常使用当地货币公布；运价一般以公斤或磅为计算单位；航空运单中的运价是按出具运单之日所使用的运价。

其二，声明价值（向承运人声明）附加费。在《华沙公约》中规定了最高赔偿责任限额，此金额一般理解为每公斤 20 美元或每磅 9.07 英镑或其他等值货币。

声明价值费＝（货物价值－货物毛重×20 美元/公斤）×声明价值费费率

注：声明价值费的费率通常为0.5%。

其三，向海关声明价值。

其四，运费到付服务费。凡是运费到付的货物，承运人以办理货运单上运费和生命价值附加费等费用总额的2%～5%向收货人收取运费到付服务费。

其五，其他费用，包括地面运费、货运单即制单费、中转手续费等。

（9）其他附加费，包括制单费、货到付款附加费、提货费等，一般只有在承运人或航空货运代理人或集中托运人提供服务时才收取。

三、航空运输的变更与索赔

1. 航空运输变更

航空运输货物在交运后和提取前因某种原因而导致托运人要求变更时，可提出变更申请，由托运人向航空公司出示航空运单，书面提出变更的目的地、收货人、中途停运或运回始发地的不同变更要求。

2. 航空承运人免责内容

航空承运人免责内容如下：不可抗力。货物本身性质所引起的变质、减量、破损、毁灭。包装方法或容器质量不良，从外部无法发现者。包装完毕，包装外表无异状，而内件短少者。货物在运输途中的合理损耗。托运人或收货人的过失所引起货损者，承运人对所负责任的限额，是货物的价值。若托运人在交运时，曾特别声明货物运到后的价值，并交付了相应的附加费，则承运人应按声明价值负全额责任。

3. 索赔的时效和手续

收货人在收受货物时未提出异议，就认为货物已完好交付。如果有损坏，收货人应在发现后立即向承运人提出异议，最迟不超过收到货物后14天。如果延迟交货，最迟也应在货物交由收货人支配之日起21天内提出异议，以上任何异议应在规定的期限内，要写在运输凭证上或另以书面形式提出，否则就不能再向承运人提起诉讼。诉讼时效为两年，过期即丧失追诉权。向承运人索赔时应填写《中国民航国际旅客、行李、货物索赔单》，一式四份，并附上航空运单等证件。

附录一 航空运单

IATA-FIATA INTRODUCTORY COURSE

(1A) (1) (1B) (1A) (1B)

Shipper's Name and Address (2)	(3) Shipper's Account Number	Not Negotiable Air Waybill ISSUED BY (1C)
		Copies 1,2 and 3 of this Air Waybill are originals and have the same validity. (1D)
Consignee's Name and Address (4)	(5) Consignee's Account Number	It is agreed that the goods described herein are accepted in apparent good order and condition (except agnoted) for carriage SUBJECT TO THE CONDITIONS OF CONTRACT ON THE REVERSE HEREOF. ALL GOODS MAY BE CARRIED BY ANY OTHER MEANS INCLUDING ROAD OR ANY OTHER CARRIER UNLESS SPECIFIC CONTRARY INSTRUCTIONS ARE GIVEN HEREON BY THE SHIP-PER, AND SHIPPER AGREES THAT THE SHIPMENT MAY BE GARRIED VIA INTERMEDIATE STOPPING PLACES WHICH THE CARRIER DEEMS APPROPRAE. THE SHIPPER' S ATTENTION IS DRAWN TO THE NOTICE CONCERNING CARRIER' S LIMTATION OF LIABILITY. Shipper may increase such limitation of liability bydeclaring a higher value for carriage and paying a supplemenal charge if required. (1E)
Issuing Carrier's Agent Name and City (6)		Accounting Information (10)
Agent's IATA Code (7)	Account No. (8)	

Airport of Departure(Addr. of First Carrier)and Repuested Routing (9) | Reference Number (34A) | Optial Shipping Information (34B) (34C)

To (11A)	By first carrier (11B) Routing and Destination	to (11C)	by (11D)	to (11E)	by (11F)	Curency (12)	CHGS Code	WT/VAI PPD	WT/VAI COLL	Other PPD	Other COLL	Declared Value for Carriage (16)	Declared Value for Customs (17)

Airport of Destination (18) | Flight/Date (19A) | For Garrier Lise Only | Flight/Date (19B) | Amount of Insurance (20) | INSURANCE-If carrier offers Insruance, and such insurance is requested in accordance with the conditions shereof, indicate amount to be insured in figures in box marked "Amount of Insurance". (20B)

(13) (14A) (14B) (15A) (15B) (20A)

Handling Information (21) | SCI (21A)

No.of Pieces RCP	Gross Weight	kg lb	Rate Class Commodity Item No.	Chargeable Weight	Rate / Charge	Total	Natrue and Quantity of Goods (incl. Dimensions or Volume)
(22A)	(22B) (22C)		(22E) (22D) (22Z)	(22F)	(22G)	(22H)	(22I)
(22J)	(22K)					(22L)	

Prepaid	Weight Charge	Collect	Other Charges
(24A)		(24B)	(23)
(25A)	Valuation Charge	(25B)	
(26A)	Tax	(26B)	
(27A)	Total Other Charges Due Agent	(27B)	Shipper certifies that the particulars on the face hereof are correct and that insofar as any part of the consignment contains dangerous goods, such part is properly described by name and is in proper condition for carriage by air according to the applicable Dangerous Goods Regulations.
(28A)	Total Other Charges Due Carrier	(28B)	(31)
(29A)		(29B)	Signature of Shipper or his Agent
Total Prepaid (30A)		Total Collect (30B)	(32A) Executed on (date) (32B) at (place) (32C) Signature of Issuing Carrier or its Agent
Currency Conversion Rates (33A)		CC Charges in Dest.Currency (33B)	
For Carrier's Use only at Destination (33)		Charges at Destination (33C)	Total Collect Charges (33D)

ORIGINAL 3 (FOR SHIPPER)

附录二　国际货物托运书

中国民用航空总局

GENERAL ADMINISTRATION OF CIVIL AVIATION OF CHINA

国际货物托运书　　　　货运单号码

SHIPPER'S LETTER OF INSTRUCTION　　　　NO. OF AIR WAYBILL

<table>
<tr><td colspan="2" rowspan="2">始发站
AIRPORT OF DEPARTURE
QINGDAO，CHINA</td><td colspan="6" rowspan="2">到达站
AIRPORT OF DESTINATION
SELANG DE MALAYSIA</td><td colspan="2">供承运人用
FOR CARRIER USE ONLY</td></tr>
<tr><td>航班/日期
FIGHT/DATE</td><td>航班/日期
FIGHT/DATE</td></tr>
<tr><td colspan="8">线路及到达站
ROUTING AND DESTINATION</td><td colspan="2" rowspan="2"></td></tr>
<tr><td>至</td><td>第一承运人</td><td>至</td><td>至</td><td>至</td><td>至</td><td>至</td><td>至</td></tr>
<tr><td>TO：
KE</td><td>FIRST
CARRIER
QAO</td><td>TO：</td><td></td><td>TO：</td><td>TO：</td><td>TO：</td><td>TO：</td><td colspan="2">已预留吨位
BOOKED</td></tr>
<tr><td colspan="3">收货人账号
CONSIGNEE'S ACCOUNT
NUMBER</td><td colspan="5">收货人姓名及地址
CONSIGNEE'S
NAME AND ADDRESS</td><td colspan="2" rowspan="5">唛头：</td></tr>
<tr><td colspan="8">MATSUDA TELEVISION SYSTEMS CO. LOT5，PRESIAN TENKU APUAN SITE 400 SHA ALAM SELANG DE MALAYSIA ACCOUNT NO：654123</td></tr>
<tr><td colspan="2">另请通知
ALSO NOTIFY</td><td colspan="6"></td></tr>
<tr><td colspan="3">托运人账号
SHIPPER'S ACCOUNT
NUMBER</td><td colspan="5">托运人姓名及地址
SHIPPER'S NAME
AND ADDRESS</td></tr>
<tr><td colspan="8">MATSUDA QINGDAO CO.，LTD.
NO. 128 WUHAN ROAD
QINGDAO CHINA ACCOUNT NO：231456</td></tr>
<tr><td colspan="4">托运人声明的价值
SHIPPER'S DECLARED VALUE</td><td colspan="4">保险金额
AMOUNT OF INSURANCE</td><td colspan="2">所附文件
DOCUMENT ACCOMPANY
TO AIR WAYBILL</td></tr>
</table>

续表

供运输用 FOR CARRIAGE NVD	供海关用 FOR CUSTOMS NCV				
件数 NO. OF FPACKAGES	实际毛重（公斤）ACTUAL GROSS	运价类别 RATE CLASS	收费重量 CHARGEABLE WEIGHT	费率 RATE/ CHARGE	货物品名及数量（包括体积或尺寸）NATURE AND QUANTITY OF GOODS INCL. DIMENSIONS OR VOLUME
100CTNS	3840.00KGS	N	38.5	38.67CNY/CTN	garment 82 ×48 ×32（cm^3） ×100CTN
在货物不能交收货人时，托运人指示处理方法 SHIPPER'S INSTRUCTION IN CASE OF INABLITY TO DELIVER SHIPMENT AS CONSIGNED					
处理情况（包括包装方式、货物标志及号码等） HANDLING INFORMATION（INCL. METHOD OF PACKING，INDENTIFY MARK AND NUMBERS ETC.）					

托运人证实以上所填全部属实并愿意遵守承运人的一切载运章程

THE SHIPPER CERTIFIES THAT THE PARTICULAR ON THE FACE HEREOF ARE CORRECT AND AGREE TO THE CONDITIONS OF CARRIAGE OF THE CARRIER.

托运人签字	日期	经手人
SHIPPER'S SIGNATURE MATSUDA QINGDAO CO.，LTD. NO. 128 WUHAN ROAD QINGDAO CHINA	DATE JUN. 7，2010	AGENT Beijing kite world express co，ltd. Beijing China

课后思考题

1. 国际航空货物运输的特点。
2. 国际航空货物运输的作用。
3. 国际航协将全球划分为了哪三个航协区？
4. 班机出口运输货运代理流程。
5. 班机进口货运代理流程。
6. 航空运单的性质。

实训要点

国际货代公司国际空运出口实际操作流程和注意事项

一、发货人

1. 提供货物资料、品名、件数、重量、尺寸，目的港及目的港收货人名称、地址、电话、出货时间，发货人名称、电话、地址等。

2. 应具备的报关资料：

A. 清单、合同、发票、手册、核销单等。

B. 填写报关委托书并盖章及盖章空白信纸一份以备报关过程中备份需要，交由委托报关的货代或报关行进行处理。

C. 确认是否具有进出口权以及产品是否需要配额。

D. 根据贸易方式将上述文件或其他必备文件交由委托报关的货代或报关行进行处理。

3. 从运价、服务、货代实力和售后服务等方面选择适合的代理公司。

4. 询价、向所选择的货运代理公司进行运价协商，一般来说重量级别越大价格就越优惠。也可申请更优惠的运价。

二、货运代理公司

1. 委托书：发货人与货运代理确定运输价格以及服务条件后，货运代理将给发货人一份空白“货物托运委托书”，发货人将如实填写此份托运书，并传真或交回货运代理。

2. 商检：货运代理将检查委托书内容是否齐全（不全或不规范的要补充），了解货物是否要做商检，并对需要做商检的货物进行协助办理。

3. 订舱：货运代理根据发货人的“委托书”，向航空公司订舱（也可由发货人指定航空公司），同时向客户确认航班以及相关信息。

4. 接货：

A. 发货人自送货——货运代理应传真货物进仓图给发货人，注明联系人、电话、送货地址、时间等，以便货物及时准确入仓。

B. 货运代理接货物——发货人需向货运代理提供具体接货地址、联系人、电话、时间等相关信息，以确保货物及时入仓。

5. 运输费用结算：双方在未接货物时应该确定预付（本地付费用）还是到付（目的港客人付费用）。

A. 运输方式：直达、空空转运、陆空转运。

B. 运费组成：空运费（以货代和发货人协商运价为准）、报关费（250 元/票）、单证费（100 元/票）、燃油附加费以及战争险（以航空公司收费为准，一般情况下分别为 1.0 元/公斤）、货站地面处理费（0.5 元/公斤），以及可能因货物不同而产生的其他杂费。

三、机场货站

1. 理货：当货物送至相关的货站后，货运代理会根据航空公司的运单号码，制作主标签和分标签，贴在货物上，以便于起运港及目的港的货主、货代、货站、海关、航空公司、商检及收货人识别。

2. 过磅：将贴好标签的货物交由货站过安全检查、过磅，以及丈量货物尺寸计算体积重量，之后货站将整单货物的实际重量以及体积重量写入“可收运书”，加盖安检章、可收运章以及签名确认。

3. 打单：货运代理根据货站的“可收运书”将全部货物数据打入航空公司的运单。

4. 特殊处理：可能因货物的重要性、危险性，以及装运限制（如超大、超重等），货站将要求承运的航空公司代表进行审核，并签字说明，才可入仓。

四、商检

1. 单证：发货人必须出具清单、发票、合同、报检委托书（由报关行或货代提供）。

2. 向商检预约查验时间。

3. 检验：商检局将抽取货物样品或现场评定，做出审核结论。

4. 放行：检验合格之后，商检局将在“报检委托书”上做出认证。商检根据各类货物的“商品编码”监管条件进行相应的操作。

五、报关行

1. 接单、送单：客户可自行选择报关行，也可委托货运代理公司进行报关，但不论如何，都需要将发货人所准备好的所有报关资料，连同货站的“可收运书”、航空公司的正本运单及时交给报关行，以便于及时报关，方便货物及早通关以及运输。

2. 预录入：报关行将根据以上文件，整理并完善所有报关文件，将数据录入海关系统，进行预先审核。

3. 申报：预录通过后，可进行正式申报程序，将所有单证交由海关审核。

4. 送单时间：根据航班时间，需在中午报关通过的货物单证最迟需要在10：00前交接给报关行；需在下午报关通过的货物单证最迟在15：00前交接给报关行。否则将加重报关行报关速度的负担，也可能导致货物不能进入预计航班，或因情况紧急而造成货站收取超时费用（0.5元/公斤）。

六、海关

1. 审单：海关将根据报关资料审核货物以及单证。

2. 查验：抽查或者由货运代理自查（后果自负）。

3. 征税：海关根据货物的类别，按照国家法律的规定收取税收，并填写核销单（以便货物出口后，货主退税用）。

4. 放行：以上手续完备后，海关将对货物进行放行，在相关单证上加盖海关放行章，交给相关的报关行。

七、航空公司

1. 排舱：航空公司将已经被海关放行的货物根据货物尺寸、轻重编排装载表，交由货站进行货物装箱或预配。

2. 装机：货物经过装箱或预配后，进行装机工作，并按照装载舱单，通知转运港以及目的港，以便货物的顺利中转及到达。

八、目的港

1. 直达目的港：将由航空运单上所打出的收货人进行清关，并收取货物。

2. 非直达目的港：将由航空公司负责转运，将货物送至最终目的港，然后由运单上所显示的收货人进行清关，领取货物。

货到目的地后，航空公司会通知收货人提货，有时只需提单号就可以提货，所以注意收款发货。

（资料来源：国际货代公司操作流程归纳。）

第七章

国际陆运代理

知识目标

1. 掌握公路货物运输的类别
2. 掌握国际铁路货物联运的托运类别
3. 熟悉公路运输责任范围
4. 了解内地与港澳地区的铁路货物运输
5. 了解公路运输运费

技能目标

1. 掌握国际铁路联运进出口货物运输流程
2. 熟悉铁路运输运单
3. 熟悉国际货物铁路联运运费

国际陆上运输是常见的国际间货物往来运输途径，它包含国际公路货物运输和国际铁路货物运输两部分。公路运输既能作为一个独立的运输体系，也是一种衔接海陆空运输和集散物资的重要手段。而铁路运输是现代运输业的主要运输方式，其运量大，我国经由铁路运输的出口货运量仅次于海洋运输，居于第二位。两种运输方式各有自己的业务特点，能够在国际货运当中发挥巨大作用。

第一节　国际铁路货物运输

一、铁路运输和国际铁路运输

1. 铁路运输的特点

铁路运输是大陆型国家的经济大动脉，是物流运输方式中的一种重要方式，相较于其他运输方式，有以下特点：

（1）准确性及连续性较强。铁路运输方式几乎不受气候影响，可以一年四季不分昼夜地进行定期的、有规律的、准确的运转。

（2）运输速度比较快。铁路货运速度一般可达 100 千米/小时左右，远高于海上运输。

（3）运量较大。一列铁路货物列车一般能运送 3000～5000 吨货物，远高于航空运输及汽车运输。

（4）运输成本较低。铁路运输费用仅为汽车运输费用的几分之一甚至十几分之一，运输耗油大约仅是汽车运输的 1/20。

（5）运输安全性较高，风险远比海上运输小。

（6）初期基础投资很大，周期较长。铁路运输需要铺设轨道、建造桥梁和隧道，建路工程艰巨复杂，需要消耗大量钢材、木材并占用土地，其初期投资大大超过其他运输方式。

此外，铁路运输由运输、机务、车辆、工务、电务等业务部门组成，需要具备较强的准确性和连贯性，这就要求在运输指挥方面实行统筹安排、统一领导、协调一致。

2. 国际铁路运输概述

铁路运输（Rail Transport）在国际货物运输中是一种仅次于海洋运输的主要运输方式，海洋运输的进出口货物，也有很多是靠铁路进行货物的集中和分散。

（1）铁路运输可分为国际铁路货物联运和国内铁路货物运输两种。

第一种，国际铁路货物联运，是指凡使用一份统一的国际联运票据，用铁路负责经过两国或两国以上铁路的全程运送，并由一国铁路向另一国移交货物时，不需要发货人和收货人参加的运输方式。如由我国连云港至荷兰鹿特丹的新亚欧大陆桥的国际铁路联运业务就属于这种方式。

第二种，国内铁路货物运输，是指仅在本国范围内按《国内铁路货物运输规程》的规定办理的货物运输。我国出口货物经铁路运至港口装船和进口货物卸船后经铁路运往各地，都属国内铁路运输的范畴。

（2）国际铁路货物运输的作用。

其一，有利于发展同欧亚各国的贸易。通过铁路可以把欧亚大陆连成一片，为发展与中、近东及欧洲各国的贸易提供了有利的条件。在新中国成立初期的特殊环境下，我国的国际贸易主要局限于东欧国家，铁路运输占我国进出口货物运输总量的50%左右，是当时我国进出口贸易的主要运输方式。但进入20世纪60年代以后，随着我国海上货物运输的发展，铁路运输进出口货物所占的比例略有下降，但其作用仍然十分重要。比较典型的是自20世纪50年代以来，我国与朝鲜、蒙古、越南、苏联的进出口货物，绝大部分都是通过铁路运输来完成的，同时我国与西欧、北欧及中东地区一些国家也通过国际铁路联运来进行进出口货物的运输。

其二，有利于开展同中国港澳地区的贸易和通过中国香港进行转口贸易。铁路运输是内地和港澳地区开展贸易的一种运输方式。港澳两地日用品及蔬菜等大部分都是内地供应，随着内地对该地区出口的不断扩大，对港澳的运输必须达到优质、适量、均衡、及时的要求，在政治上和经济上都具有非常重要的意义。因此，为了确保该地区的市场供应，专门开设了从中国内地直达中国香港地区的快运列车，对繁荣稳定港澳市场、促进该地区的经济发展起到了积极作用。同时，中国香港作为世界著名的自由港，与世界各地有着非常密切的联系，海、空定期航班较多，开展陆空、陆海联运，作为转口贸易基地，对我国发展与东南亚、欧美、非洲、大洋洲各国及地区的贸易起着非常重要的作用。

其三，对贸易货物的集散及内地的商品流通起着重要作用。因为我国幅员辽阔，海运进口货物大部分利用铁路从港口运往内地，同样海运出口货物大部分也由内地通过铁路向港口集中，所以铁路运输一直是我国国际货物运输的重要集散方式。还有国内各省市及地区之间调运外贸商品、原材料、半成品和包装物料等，大部分也是通过铁路运输来完成的。铁路运输在我国国际贸易进出口货物运输中发挥着重要作用。

其四，发挥欧亚大陆桥运输的价值。大陆桥运输大多以集装箱为媒介，采用国际铁路系统来运送。我国目前开行的西伯利亚大陆桥及新欧亚大陆桥的铁路集装箱运输对发展我国与中、近东及欧洲各国的贸易提供了便利的运输条件，因为它具有安全、迅速、节省的优点。为了适应我国经济贸易的发展需要，在“一带一路”的带动下，利用这两条大陆桥开展铁路集装箱运输将会促进我国与这些国家和地区的国际贸易发展（相关知识点在第八章《国际多式联运》中介绍）。

（3）国际铁路货物联运的基本状况及特点。

1）我国国际铁路联运的基本状况。我国通往欧洲的国际铁路联运线有两条：一条是利用俄罗斯的西伯利亚大陆桥贯通中东、欧洲各国；另一条则是由中国江苏连云港经中国新疆与哈萨克斯坦铁路连接，贯通俄罗斯、波兰、德国等国至荷兰的鹿特丹，被称为新亚欧大陆桥，运程比海运缩短 9000 千米，比经由西伯利亚大陆桥缩短 3000 千米，对推动我国与欧亚各国的经贸往来，以及促进我国沿线地区的经济发展有重要价值和意义，尤其在“一带一路”的背景下，其价值尚有巨大的想象空间。

另外，中国港澳地区的铁路运输不同于一般的国内运输，但要按国内运输办理。在程序上货物由内地装车至深圳中转，再至香港卸车交货，为两票联运，由外运公司签发“货物承运收据”。在京九铁路及沪港直达通车后，中国内地到中国香港的运输更为快捷。因为香港是自由港，所以货物在内地和香港间进出均需办理进出口报关手续。对中国澳门地区的铁路运输则先将货物运抵广州南站再转船运至澳门。

2）国际铁路联运的特点包括：① 涉及面广。每运送一批货物都要涉及两个或两个以上国家、经过几个国境站。② 运输条件高。要求每批货物的运输条件，如包装、转载、票据的编制、添附文件及车辆使用等都要符合有关国际联运的规章和规定。③ 办理手续复杂。货物必须在两个或两个以上国家铁路参加运送，在办理国际铁路联运时，其运输票据、货物、车辆及有关单证都必须符合有关规定和要求。④ 使用一份铁路联运票据完成货物的跨国运输。⑤ 运输责任方面采用统一责任制。⑥ 仅使用铁路一种运输方式。

二、国际铁路货物联运的适用规章

国际铁路货物联运的适用规章较多，但有的规章只适用于铁路部门，有的规章却对铁路、发货人、收货人均适用。现仅对办理国际铁路货物联运时铁路及发货人、收货人均须遵守的规章和文件概述如下：

1.《国际铁路货物联运协定》（以下简称《国际货协》）

此协定是参加国际铁路货物联运协定的各国铁路和发货人、收货人在办理铁路货物联运时均必须遵守的基本文件。《国际货协》对运输合同的缔结、运输合同的履行及变更、铁路的责任，还有发货人、收货人的权利与义务等事项都做了具体规定，1951 年由苏联、罗马尼亚、匈亚利、波兰等八个东欧国家签订。中国、朝鲜、蒙古于 1953 年 7 月加入了该协定。《国际货协》自签订起至 1971 年先后经过多次修改和补充。现行文本在 1971 年 4 月经铁路合作组织核准，并于 1974 年 7 月 1 日起生效。后来，波兰、捷克、斯洛伐克、匈牙利、德国（民主德国）等退出了《国际货协》。

2.《统一过境运价规程》（以下简称《统一货价》）

此规程规定了参加《统一货价》的铁路按照《国际货协》的条件，利用铁路运送过境货物时，需要办理货物运送的手续、过境运送费用的计算、货物品名分等表、过境里程表及货物运费计算表等内容，它对铁路和发货人、收货人都适用。

最初《统一货价》是从属于《国际货协》的，后来由于东欧地区在 20 世纪 80 年代末至 90 年代初发生了剧变，1991 年 6 月 27 日，保加利亚、中国、朝鲜、蒙古、罗马尼亚和苏联的铁路部门在波兰华沙签订了《关于统一过境运价规程的协约》，此协约规定了《统一货价》不再从属于《国际铁路货物联运协定》，而具有独立的法律地位。新的《统一货价》自 1991 年 7 月 1 日起施行，它是在原来的《统一货价》的基础上修改补充而成的，其费率原以卢布，现在以瑞士法郎计价。中国铁路自 1991 年 9 月 1 日起施行上述新规定。波兰、捷克、斯洛伐克、匈牙利、德国不再参加新的《统一货价》。

3.《国境铁路协定》和《国境铁路会议议定书》

《国境铁路协定》规定了办理联运货物交接的国境站、车站和货物交接条件和方法、交接列车和机车运行办法以及服务方法等内容，是由相邻国家签订的。根据协定的规定，两个相邻国家铁路定期召开国境铁路会议，对执行协定中遇到的有关问题进行协商，并签订《国境铁路会议议定书》，解决双方铁路之间有关行车组织、旅客运送、货物运送、车辆交接以及其他相关问题。我国与苏联、蒙古、朝鲜、越南各国都分别签订有国境铁路协定和议定书。

4.《铁路货物运价规则》（以下简称《国内价规》）

它作为办理国际铁路货物联运时国内段货物运送费用计算及核收的依据。

知识贴

《国际货约》

- 欧洲各国间的货物联运开始得比较早。《国际铁路货物运送公约》简称《国际货约》，于1938年10月1日开始施行。
- 先后参加的国家有联邦德国、奥地利、比利时、丹麦、西班牙、芬兰、法国、希腊、意大利、列支敦士登、卢森堡、挪威、荷兰、葡萄牙、英吉利、瑞典、瑞士、土耳其、南斯拉夫及保加利亚、罗马尼亚、匈牙利、波兰、捷克斯洛伐克、民主德国等。

三、国际铁路货物联运运费

国际铁路货物联运运费计算主要依据的是《统一货价》《国际货协》和我国的《国内价规》。

1. 运费计算的原则

发送国家和到达国家铁路的运费，都按铁路所在国家的国内规章办理。

过境国铁路的运费，都按承运当日《统一货价》规定计算，由发货人或收货人支付。如果在参加《国际货协》的国家和未参加《国际货协》的国家之间运送货物，则未参加《国际货协》国家铁路的运费可以按照其参加的另一种联运协定来计算。

我国出口的联运货物交货共同条件一般都规定在卖方车辆上交货，因此我方仅负责到出口国境站一段的运送费用。不过联运进口货物就要负担过境运送费及我国铁路段的费用。

2. 过境运费按《统一货价》规定计算

其计算程序如下：

第一，根据运单上载明的运输路线，在过境里程表中查出各通过国的经过里程。

第二，根据货物品名，在货物品名分等表中查出其可适用的运价等级及计费重量标准。

第三，在慢运货物运费计算表中，根据货物运价等级及总的过境里程查出适用的运费率，其计算公式为：

基本运费额 = 货物运费率 × 计费重量

运费总额 = 基本运费额 ×（1 + 加成率）

其中，加成率是指运费总额按托运类别在基本运费额基础上所增加的百分比。快运货物运费按慢运运费加 100%，零担货物加 50% 后再加 100%，随旅客列车挂运整车费则另加 200%。

3. 国内段运费按《国内价规》计算

其程序如下：①根据货物运价里程表确定始发与到站间的运价里程，通常应根据最短路径确定，并需将国境站至国境线的里程计算在内。②根据运单上所列货物品名，查找货物运价分号表，并确定适用的运价号。③根据运价里程与运价号，在货物运价表中查出适用的运价率。④将计费重量与运价率相乘，就得出该批货物的国内运费，其计算公式为：

运费 = 运价率 × 计费重

四、开展铁路集装箱运输的条件

1. 有适于铁路集装箱的货物

适箱货物主要包括交电类、仪器仪表类、小型机械类等 13 大类。禁止使用集装箱运输的货物有下述几类：①易于污染和腐蚀箱体的货物；②易于损坏箱体的货物；③鲜活货物；④危险货物。此外铁路集装箱不办理军事运输。

集装箱货物具有以下情形的不能作为同一批办理托运：①分别使用铁路集装箱及自备集装箱；②易腐货物和非易腐货物；③危险货物和非危险货物；④根据货物的性质不能混装运输的货物；⑤按保价运输的货物和不按保价运输的货物。

2. 集装箱标准

集装箱应符合标准，包括：铁路标准——1 吨、5 吨；国家标准——10；国际标准——20 英尺、40 英尺。

3. 符合同一批办理的手续

铁路集装箱货物按一批办理的具体要求如下：①集装箱货物的托运人、收货人、发站、到站及装卸地点相同；②同一吨位的集装箱；③最少一箱，最多不能超过一辆货车所能装载的箱数。

各种吨位的集装箱只能在办理相应吨位的集装箱办理站间运输。

五、国际铁路货物联运的办理种别

国际铁路货物联运办理种别根据《国际货协》的规定分为整车、零担和大吨位集装箱。

1. 整车

整车货物（Full Car Load，FCL），指用一张运单托运，按其体积、重量、性质或形状需要单独车辆（一辆或一辆以上）运送的货物。

2. 零担

零担货物（Less than Car Load，LCL），指用一张运单托运，按货物的体积、重量、性质或形状均不需要单独使用一辆货车装运的货物，简称零担。符合零担货物的条件是：一件货物的体积最小不得小于0.02立方米，但一件重量在10公斤以上的货物，则不受此最小体积限制。每批托运（每张运单）件数不得超过300件。

3. 大吨位集装箱

大吨位集装箱，指用一份运单托运，并用大吨位集装箱运送的货物或空的大吨位集装箱。

（注：小吨位集装箱和中吨位集装箱货物可以办理零担或整车货物运送。大吨位集装箱货物和大吨位空集装箱仅可以办理大吨位集装箱货物运送。）

知识贴

- 小吨位集装箱：容积1立方米~3立方米，最大容许总重小于2.5吨。
- 中吨位集装箱：容积3立方米~5立方米，最大容许总重为2.5吨~5吨。
- 大吨位集装箱：符合ISO第1系列标准的国际标准集装箱。

第二节 国际公路货物运输

一、公路运输

公路运输（Road Transportation）作为现代运输主要方式之一，同时也是陆上运输的基本运输方式之一。它在整个运输领域中占有非常重要的地位，并发挥着越来越重要的作用。

现在全世界机动车总数已达 4 亿多辆，在全世界现代交通网中公路线长占了 2/3，大约有 2000 万千米，公路运输所完成的货运量占了整个货运量的 80% 左右，货物周转量占 10%。尤其在一些工业发达国家，公路运输的货运量、周转量在各种运输方式中都居于前列，公路运输已成为一个不可或缺的重要组成部分。

公路运输的特点包括：第一，公路运输是一种比较机动灵活、简捷方便、适用性强的运输方式，特别是在短途货物集散运转上，它比铁路、航空运输具有更大的优越性。第二，公路运输网通常比铁路、水路网的密度更大，分布面更广，可实现"门到门"直达运输。第三，点多面广、流动分散。在中、短途运输中，运输速度较快。第四，原始投资少，资金周转快。掌握车辆驾驶技术容易。在实现"门到门"的运输中其重要性较为显著。特别是其他各种运输方式或多或少都要依赖公路运输来完成最终两端的运输集散任务。

不过公路运输也具有一定的局限性，如：载重量小，不适宜装载重件、大件货物，不适宜走长途运输；车辆运行中震动较大，易造成货损、货差事故；运输成本比水运及铁路高；运行持续性较差。

但是公路运输可以深入参与到国际多式联运中，是邻国间边境贸易货物运输的主要方式，按有关国家之间的双边或多边公路货物运输协定或公约运作。其功能和价值有待开发，主要可以发挥以下作用：最适合于短途运输，利用其实现进出口货物运输的"门到门"服务。可以配合船舶、火车、飞机等运输工具完成运输的全过程，是在港口、车站、机场对货物实施集散的重要手段。可以作为一种独立的运输体系完成进出口货物运输的全过程。集装箱货物也通过公路运输实现国际多式联运。

知识贴

公路运输货物的类别

- 货物按其性质分为普通货物和特种货物两种。
- 特种货物分为大型特型笨重物件、危险货物、贵重货物、鲜活货物四类。

二、公路运输的经营方式

在市场经济条件下，公路运输的组织形式通常有以下几种类别：

1. 公共运输业（Common Carrier）

公共运输业是指企业以整个社会为服务对象专业经营汽车货物运输业务，其经营方式如下：

（1）定期定线。不论货载多少，按照固定路线、固定时间表行驶。

（2）定线不定期。在固定路线上根据货载情况，派车行驶。

（3）定区不定期。在固定的区域内根据货载需要，派车行驶。

2. 契约运输业（Contract Carrier）

契约运输业是指按照承托双方签订的运输契约运送货物。一般与之签订契约的都是某些大的工矿企业，常年运量较大而又较稳定。契约期限通常都比较长，短则半年或一年，长的可达数年。按契约规定，托运人保证提供一定的货运量，而承运人保证提供所需的运力。

3. 自用运输业（Private Operator）

自用运输业是指工厂、企业、机关自行购置汽车，专为运送自有的物资和产品，一般不对外营运。

4. 汽车货运代理（Freight Forwarder）

这种类型的经营本身既不掌握货源也不掌握运输工具，而是以中间人身份一面向货主揽货，一面向运输公司托运，借此收取手续费用和佣金。有的汽车货运代理专门向货主揽取零星货载做成整车货物，然后自己以托运人名义向运输公司托运，赚取零担及整车货物运费之间的差额。

三、公路运输责任范围

1. 承运人责任

公路运输承运人的责任期限是从接受货物时起到交付货物时止。在此期间，承运人对货物的灭失损坏负赔偿责任。但若不是由于承运人的责任所造成的货物灭失及损坏，承运人不予负责。对于下列原因而造成的货物灭失损坏，根据我国公路运输规定，承运人不负责赔偿：不可抗拒的自然灾害、货物本身性质的变化和货物在运送途中的自然消耗。包装完好无损，而内部短损变质者。违反国家法令或规定，被有关部门查扣、弃置或做其他处理者。收货人逾期提取或拒不提取货物而造成霉烂变质者。有随车押运人员负责途中保管照料者。

货物赔偿价格按照实际损失价值赔偿，如货物部分损坏则按损坏货物所降低的金额或按修理费用赔偿。要求赔偿的有效期限从货物开票之日起，不得超过六个月，从提出赔偿要求之日起，责任方应在两个月内做出处理。

2. 托运人责任

公路运输托运人的责任基本与铁路、海上运输相同，重点包含了以下方面：按时提供规定数量的货载，提供准确的货物详细说明，货物唛头及标志清楚，包装完整并适于运输，按规定支付运费。此外，通常都规定有：如因托运人的责任所造成的车辆滞留、空载，托运人必须负担延滞费和空载费等。

四、国际公路货物运输公约和协定

1. 国际道路运输行业组织

（1）联合国欧洲经济委员会（The United Nations Economic Commission for Europe，UNECE），在该协会的协助下，欧洲国家签订了数百个多边决议和多边协议，并签订了近50个国际协议和公约，已经在世界范围内得到了广泛应用，这奠定了其在该领域内的绝对领导地位。

（2）国际道路运输联盟（International Road Transport Union，IRU）是一个非政府、非营利国际组织，于1948年3月23日成立，总部设在瑞士日内瓦，最初由比利时、丹麦、法国、挪威、荷兰、瑞典、瑞士及英国八个国家组成。现在拥有分布于70个国家的184个会员。

（3）中国道路运输协会（China Road Transport Association，CRTA）成立于1991年，是由交通部批准、民政部注册登记、具有法人资格的社会团体，是非营利性组织。此协会代表中国道路运输行业在2002年加入了IRU。

2. 国际公路货物运输公约

(1)《国际公路货物运输合同公约》。为了进一步统一公路运输所使用的单证和承运人的责任，联合国所属欧洲经济委员会负责草拟了《国际公路货物运输合同公约》（Convention on the Contract for International Carriage of Goods by Road, CMR），并在1956年5月19日在日内瓦欧洲17个国家参加的会议上一致通过签订。此公约共有12章51条，对适用范围、承运人责任、合同的签订与履行、索赔和诉讼以及连续承运人履行合同等均做了比较详细的规定。另外，为了便于开展集装箱联合运输，让集装箱原封不动地经过通过国，联合国所属欧洲经济委员会成员国之间在1956年缔结了关于集装箱的关税协定。共有欧洲21个国家及欧洲以外的七个国家参加该协定的签字。协定的宗旨主要是相互间允许集装箱免税过境，另在此协定的基础上，根据欧洲经济委员会的倡议，又缔结了《国际公路车辆运输规定》。

(2)《关于在国际公路运输手册担保下进行国际货物运输的海关公约》。《关于在国际公路运输手册担保下进行国际货物运输的海关公约》（Customs Convention on the International Transport of Goods under Cover of TIR Carnets），也称《国际道路运输公约》（Transport International Router, TIR），该公约于1959年制定，1975年修订，1975年3月20日生效。根据该公约的规定，集装箱的公路运输承运人如持有TIR手册，则允许由发运地到达目的地的过程中，在海关签封下中途可不受检查、不支付关税，也可不提供押金。这种TIR手册是由有关国家政府批准的参加国际公路联合会的运输团体成员发行的，这些团体大都必须保证监督其所属运输企业遵守海关法规及其他规则。遵守此公约，有利于开展集装箱联合运输，使集装箱能原封不动地通过经由国。此公约有欧洲23个国家参加，并已从1960年开始实施。虽然上述公约和协定有地区性限制，但它们依然是当前国家公路运输的重要国际公约及协定，并对今后国际公路运输的发展具有很大影响。

五、公路运费

1. 公路运费构成

公路运费均以“吨/里”为计算单位，通常有两种计算标准：一种是按货物等级规定基本运费费率，另一种是以路面等级规定基本运价。凡是一条运输路线包含两种或两种以上的等级公路时，就以实际行驶里程分别计算运价。经特殊道路如山岭、河床、原野地段，再由承托双方另议商定。

公路运费费率分为整车（FCL）和零担（LCL）两种，后者通常比前者高30%～50%，按照我国公路运输部门规定，如一次托运货物在2.5吨以上的为整车运输，适用整车费率；反之不满2.5吨的为零担运输，适用零担费率。此外若1公斤重的货物体积超过4立方分米就视为轻泡货物（或尺码货物 Measurement Cargo）。整车轻泡货物的运费按照装载车辆核定吨位计算；零担轻泡货物就按其长、宽、高计算体积，每4立方分米折合1公斤，以公斤为计费单位。此外，还有包车费率（Lump Sum Rate），即按车辆使用时间（小时或天）计算。

公路货物运费包括了运费和其他费用。运费即指公路承运人在运输货物时依照所运货物的种类、重量、运送距离而收取的费用，它是公路货物运输费用的重要组成部分。其他费用也称作杂费，是包括装卸费在内的公路货物运输中产生的相关费用。

2. 公路运费计算步骤

按照《汽车运价规则》（见附录）及《道路运输价格管理规定》（2009年），货物运输价格由政府指导价变为市场调节价，公路运价分为整车货物运价、零担货物运价、集装箱货物托运价、包车运价等。

（1）确定计费重量。

其一，计费单位。整批货物运输以吨为单位，零担货物运输以公斤为单位。

其二，重量确定。①一般货物，无论整批或零担货物，计费重量都按毛重计算。整批货物在1吨以下的计至100公斤，尾数不足100公斤的，四舍五入。零担货物起码计费重量为1公斤。重量在1公斤以上，尾数不足1公斤的，四舍五入。②轻泡货物：指每立方米重量不足333公斤的货物。装运整批轻泡货物的高度、长度、宽度都以不超过有关道路交通安全规定为限度，按车辆标记吨位计算重量。零担运输轻泡货物就以货物包装最长、最宽、最高部位尺寸计算体积，按每立方米折合333公斤计算重量。③包车运输按车辆的标记吨位计算。④货物重量通常以起运地过磅为准，起运地不能或不便过磅的货物，则由承托运双方协商确定计费重量。⑤散装货物如砖、砂、石、土、矿石、木材等，按体积由各省、

自治区、直辖市统一规定重量换算标准计算重量。

(2) 确定货物等级。通过查阅《汽车货物运输规则》，确定货物等级及相应的加成率或减成率。货物按其性质分为普通货物及特种货物两种。普通货物可分为三等；特种货物则分为长大笨重货物、危险货物、贵重货物、鲜活货物四类。

(3) 确定计费里程。

其一，里程单位。货物运输计费里程以千米为单位，尾数不足 1 千米的，整取为 1 千米。

其二，里程确定。①货物运输的营运里程，按交通部及各省、自治区、直辖市交通行政主管部门核定、颁发的《营运里程图》执行。《营运里程图》未核定的里程由承托双方共同测定或经协商按车辆实际运行里程来计算。②出入境汽车货物运输的境内计费里程以交通主管部门核定的里程为准；境外里程按毗邻（地区）交通主管部门或有权认定部门核定的里程为准。而未核定里程的就由承托双方协商或按车辆实际运行里程计算。③货物运输的计费里程，按从装货地点到卸货地点的实际载货的营运里程计算。④因自然灾害造成道路中断而导致车辆需绕道行驶的，按实际行驶里程计算。⑤城市市区里程按照当地交通主管部门确定的市区平均营运里程计算；当地交通主管部门尚未确定的，就由承托双方协定确定。如因自然灾害造成道路中断，车辆需绕道而驶的，则按实际行驶里程计算。

(4) 确定计时包车货运计费时间。包车货运计费时间以小时为单位，起码计费时间为 4 小时；使用时间超过 4 小时，按实际包用时间计算。整日包车，每日按 8 小时计算；使用时间超过 8 小时就按实际使用时间计算。时间尾数不足半小时舍去，超过半小时整取为 1 小时。

3. 公路运费计算

(1) 整批货物运费计算方式：在公路运输中规定，凡一次托运同一起讫地点的货物，其重量在 3 吨或 3 吨以上者，就按整批货物运价计费。整批货物运输以吨为计费重量单位，以元/（吨·千米）为运价单位，对整批货物运输在计算运费的同时，按货物的重量加收吨次费。整批货物运费计算公式为：

整批货物运费 = 吨次费 × 计费里程 + 整批货物运价 × 计费重量 × 计费里程 + 其他费用

其中，吨次费是指在计算整批货物运费的同时，按货物重量加收的费用。

（2）零担货物运费计算方式：一次托运的一批货物不足 3 吨的为零担运输，零担货物运输以千克为计费重量单位，以元/（公斤·千米）为运价单位。通常来说，因为零担货物批量小、到站分散、货物种类繁多，所以在运输中承运方需要支出的成本费用要比整车运输多，因此同一品名的零担货物运价高于整车同等货物的运价。零担货物运费的计算公式为：

零担货物运费 = 计费重量 × 计费里程 × 零担货物运价 + 其他费用

（3）集装箱运费计算方式：集装箱运价适用于利用集装箱运送的货物。集装箱运输以箱为计费重量单位，以元/（箱·千米）为运价单位。对汽车集装箱运输在计算运费的同时，要加收箱次费。箱次费按不同的箱型分别确定。通常集装箱运价按照高于整车运价但低于零担运价的原则来制定。集装箱运费的计算公式为：

重（空）集装箱运费 = 重（空）箱运价 × 计费箱数 × 计费里程 + 箱次费 × 计费箱数 + 其他费用

其中，箱次费是指在计算汽车集装箱运输费用的同时，按不同箱型加收的费用。

（4）包车运费计算方式：对于包车进行的货物运输，要按照包车运输承载的货物种类、运输的特征（如线路以及包车行驶所占用时间等）来考虑包车运费。包车运费的计算公式为：

包车运费 = 包车运价 × 包用车辆吨位 × 计费时间 + 其他费用

公路货物运输的其他费用还有：调车费、延滞费、装货落空损失费、排障费、车辆处置费、装卸费、通行费、保管费、公路货物运输的运杂费等。

第三节　国际铁路联运货运知识

一、我国通往相邻国家和地区的铁路干线及相应的边境口岸

滨洲线为自哈尔滨起向西北至满洲里，全长 935 千米。

滨绥线为自哈尔滨起，向东经绥芬河与独联体远东地区铁路相连，全长548千米。

集二线为从京包线的集宁站，向西北到二连，全长364千米。

沈丹线为从沈阳到丹东，越过鸭绿江与朝鲜铁路相连，全长274千米。

长图线为西起吉林长春，东至图们，横过图们江与朝鲜铁路相连，全长527千米。

梅集线为自梅河口至集安，全长245千米，越过鸭绿江直通朝鲜满浦车站。

湘桂线为从湖南衡阳起，经广西柳州、南宁到达终点站凭祥，全长1013千米。

昆河线为从云南昆明经碧色寨到河口，全长177千米。

北疆线为从新疆乌鲁木齐向西到达终点站阿拉山口。

大陆对香港地区的铁路货运是由内地各车站装车运至我国广九铁路中段的终点站深圳站，罗湖桥为深圳通往香港的铁路口岸。

二、我国与邻国国境站

国境站是指办理由一国铁路向另一国铁路移交或接收货物及机车车辆作业的车站（见表7－1）。

表7－1 我国与邻国的边境铁路车站

我国与邻国	我国铁路干线	我国国境站站名	邻国国境站站名	我国轨距（毫米）	邻国轨距（毫米）	交接、换装地点		至国境线距离（公里）	
						出口	进口	我国国境站	邻国国境站
中俄间	滨州线	满洲里	后贝加尔	1435	1520	后贝加尔	满洲里	9.8	1.3
	滨绥线	绥芬河	格罗迭科沃	1435	1520	格罗迭科沃	绥芬河	5.9	20.6
	珲马线	珲春	卡梅绍娃亚	1435	1520	卡梅绍娃亚	珲春	8	18.7
中哈间	北疆铁路	阿拉山口	德鲁日巴	1435	1520	德鲁日巴	阿拉山口	4.02	8.13
中蒙间	集二线	二连	扎门乌德	1435	1520	扎门乌德	二连	4.8	4.5

续表

我国与邻国	我国铁路干线	我国国境站站名	邻国国境站站名	我国轨距（毫米）	邻国轨距（毫米）	交接、换装地点		至国境线距离（公里）	
						出口	进口	我国国境站	邻国国境站
中朝间	沈丹线	丹东	新义州	1435	1435	新义州	丹东	1.4	1.7
	长图线	图们	南阳	1435	1435	南阳	图们	2.1	1.3
	梅集线	集安	满浦	1435	1435	满浦	集安	7.3	3.8
中越间	湘桂线	凭祥	同登	1435	1435	同登	凭祥	13.2	4.6
	昆河线	河口	老街	1000	1000	老街	河口	6.5	4.2

知识贴

铁路四种轨距

- 欧洲大部分国家、土耳其、伊朗、中国和朝鲜半岛标准轨距为1435毫米。
- 芬兰、俄罗斯，以及其他苏联加盟共和国采用1520毫米阔轨。
- 印度、巴基斯坦、孟加拉国和斯里兰卡多数采用1676毫米阔轨。
- 东南亚则多采用1000毫米窄轨。

第四节　国际铁路货运代理操作流程

一、国际铁路运输出口货物运输流程

1. 托运前的工作

严格按照合同规定做好货物的包装和标记等发运前的工作。

2. 铁路货物运输服务订单的提报和审定

托运人填写铁路货物运输服务订单（简称铁路订单），整车货物要提前做好铁路订单的提报及审定工作，其他货物可以随时办理订单的提报与审定手续。在实施货物运输时，托运人应递交货物运单。

3. 货物托运和承运的一般程序

（1）发运整车货物的程序。

第一步，提前办理铁路订单的提报和审定。

第二步，在托运货物时，发货人向车站提交货物托运的书面申请即货物运单。

第三步，接收托运。车站接到运单后，认真审核，如确认承运即在运单上签证，写明货物应进入车站的日期和装车日期，就表示接受托运。

第四步，发货人按签证指定的日期将货物搬入车站或指定的货位。铁路根据货物运单的记载查对实货，认为符合国际货协和有关规章制度的规定，即接收并担负货物的保管责任。

第五步，承运。当整车货物在装车完毕时，发站就在货物运单上加盖站名日期戳，即为承运。

（2）发运零担货物的程序。

第一步，发货人凭运单直接向车站申请托运（不用提前）。

第二步，车站受理托运后，发货人应按签证指定的日期把货物搬进货场，送到指定的货位上，经查验过磅后即交由铁路保管。

第三步，车站将发货人托运的货物，连同货物运单一同接收完毕，在货物运单上加盖承运日期戳时，就表示货物业已承运。铁路对承运后的货物负保管、装车和发运责任。

注：托运、承运完毕，铁路运单作为运输合同即开始生效。

4. 出口货物交接

联运出口货物交接是在国境站进行。

（1）国境站的有关机构。在我国，国境站除了应设的机构外，还设有国际联运交接所、海关、出入境检验检疫所、边防检查站以及口岸货运代理公司等单位。

（2）出口货物交接的一般程序。

第一步，出口国境站货运调度根据国内前方站列车到达预报，通知交接所和海关做好接车准备工作。

第二步，列车进站后，铁路方会同海关接车，将列车随带单据递交交接所处理，货物和列车处于海关监管及检查。

第三步，交接所实行联合办公，由铁路、海关、外运等单位参加。其中铁路负责整理、翻译运输票据，编制货物及车辆交接单，以此作为向邻国铁路办理货物和车辆交接的原始凭证；外运公司主要负责审核货运单证、纠正单证差错，处理错发、错运事故；海关根据申报，经查验单、证、货相符，即可验关放行。

5. 出口货物的交付

在货物抵达后，铁路方通知货运单上的收货人提取货物。收货人付清运单中所记载的一切应付费用后，铁路将货物连同运单一起交给收货人。

国际铁路运输出口货物的一般流程概括为：发送作业（托运人）→提出货物运输服务订单→填写货物运单→办理货物的托运及承运→货物交接→到达作业（收货人）。

二、铁路集装箱货运代理业务

以下货物不能使用集装箱装运：

其一，易于污染或腐蚀箱体的货物，如水泥、炭黑、化肥、盐、油脂、生毛皮、牲骨、没有衬垫的油漆等。

其二，易于损坏箱体的货物，如生铁块、废钢铁、无包装的铸件和金属块。

其三，鲜活货物（经铁路局确定，在一定季节和区域内不易腐烂的货物除外）。

其四，危险货物（另有规定的除外）。

三、国际铁路货物进口货物运输流程

第一，编制联运进口货物运输标志。运输标志又称唛头（Mark），要印刷

清楚。

第二，审核联运进口货物的运输条件，符合国际联运和国内的有关规章。

第三，向国境站寄送合同资料，寄送给口岸货运代理公司。

第四，进口货物的现场核放工作。

第五，进口货物的交付。

四、对中国香港地区铁路运输的一般程序

1. 发货人办理国内铁路运输托运手续

从发货地到深圳站（发货人—深圳外运公司）。发货人提前五天向当地外运办理委托手续。托运时要注意货物要符合相关的装卸规定，货物要均衡发运。相关单证有：供港货物委托书、出口货物报关单、承运货物收据、铁路运单等。

2. 运行组织、口岸交接

运行组织包括快运货物列车、直达列车、成组运输。目前我国开行的三趟快运货物列车是8751次、8753次、8755次，主要运输活家畜、冻肉水产、瓜果蔬菜等。8751次逢单日从江岸始发，双日从长沙北始发，承担湖南、湖北供港物资的发运任务；8753次从上海新龙华始发，承担江苏、上海、浙江、江西等省市供港物资的发运任务；8755次从郑州北站始发，承担河南省还有东北、西北、华北地区经郑州中转供港物资的发运任务。供港货物铁路运输交接口岸为罗湖口岸，目前港段铁路为京九、广九铁路的一部分，自边境罗湖车站起，途径上水、粉岭、大浦、大学、大炭、大围、九龙塘、旺角至九龙车站，全长45公里。

3. 港段接卸

港段有关的运输机构包括香港九广铁路公司、中国旅行社香港分社等。其接卸作业流程为：货车到达深圳后交给香港中旅罗湖办事处，香港中旅派人过桥取送。货车过轨后，罗湖办事处根据香港九广铁路公司提供的过轨车号，填制过轨确报，到现场逐个核对车号，并进行适当处理后向香港九广铁路公司起票托运。

4. 运输的结算

各地经深圳口岸转运中国香港地区的铁路货物运输，经过了两段运输，所以运费也是分段计算，中国内地按人民币计算、港段按港币计算，一切费用都由发货单位支付。

中国内地对中国香港铁路出口货物运输流程如图 7－1 所示。

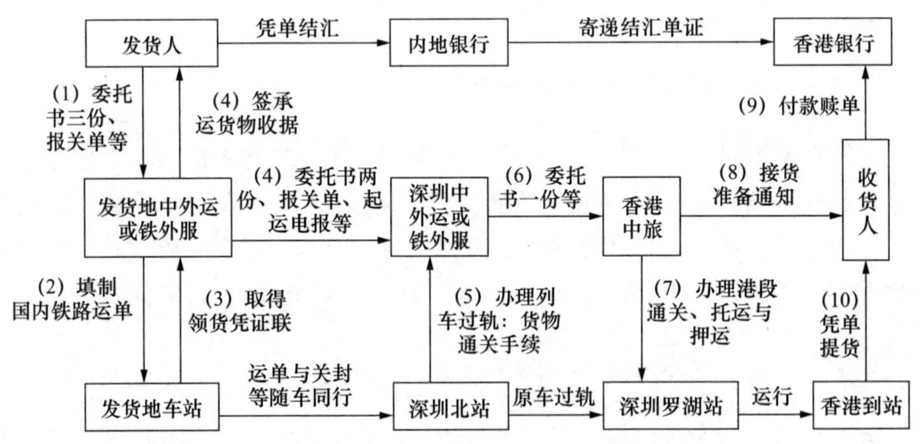

图 7－1　中国内地对中国香港铁路出口货物运输流程

第五节　国际公路货运代理操作流程

1. 公路货运代理的概念

公路货运代理即指接受发货人、收货人的委托，为其办理公路货物运输及其相关服务的人，其服务内容包括揽货、托运、仓储、中转、集装箱拼装拆箱、结算运杂费、报关、报验、保险等相关的短途运输服务和咨询业务。

2. 公路货运代理的特点

公路货运代理特点如下：身份多重性；经营范围独特性；服务多元化。

3. 零担货运班车的主要形式

零担货运班车的主要形式有直达式零担班车、中转式零担班车、沿途式零担班车。

公路零担货运业务流程与操作要求及公路整车运输与零担运输业务运作对比分别如表 7 –2、表 7 –3 所示。

表 7 –2　公路零担货运业务流程与操作要求

程序	操作人员	业务操作	操作要求
业务联络	业务员	1. 预约 2. 订立合同 3. 接单（派车联系单、发货单） 4. 电话客户可直接传递派单 5. 将运输单分配给各调度员	1. 以多种接单方式方便客户及时下达指令 2. 确保客户满意 3. 派单及时、准确
配载派车	调度员、司机	1. 接单 2. 按货物数量、品种及去向、时间要求分配配载 3. 签订货物运输清单，落实车辆安全防护工作 4. 发车至仓库或客户处提货	1. 及时、优质、高效配载 2. 确保车辆安全性 3. 各项运输注意事项交待完整、清楚 4. 确保车辆准时到位
装货发运	调度员、司机、仓管员、现场员、卸载工	1. 凭单提货 2. 仓库核对发货并登记 3. 装车前后做好各项核对工作 4. 规范、文明、准确卸载 5. 现场监督，记录作业情况	1. 单、货、车相符 2. 做好运输安全措施 3. 文明卸载、按时发运 4. 出库手续齐备、统计准确
在途跟踪	客服专员	1. 主动向客户汇报货物在途状态 2. 主动向客户提供查询服务	及时妥善处理货运途中问题
单货验收	调度员、司机	1. 在指定仓位按时卸货 2. 单据签章及时、完整、有效 3. 签收后通知调度，回单返回及时	1. 签收单据如有破损，司机负责 2. 回单于卸货后 5 ~7 天内返回

续表

程序	操作人员	业务操作	操作要求
单证处理	调度员、回单管理员、结算员	1. 调度员将回单核对后交回单管理员 2. 回单管理员将回单交结算员 3. 结算员审核结算收支费用	1. 回单返回及时、准确 2. 统计、计价准确 3. 结算费用及时

表 7－3　公路整车运输与零担运输业务运作对比

对比项目	整车运输	零担运输
承运人责任期间	装车/卸车	货运站/货运站
是否进站存储	否	是
货源与组织特点	货物品种单一、数量大、货价低，装卸地点一般比较固定，运输组织相对简单	货源不确定、货物批量小、品种繁多、站点分散，质高价贵，运输组织相对复杂
营运方式	直达的不定期运输形式	一般定线、定班期发运
运输时间长短	相对较短	相对较长
运输合同形式	通常预先签订书面运输合同	通常以托运单或运单作为合同的证明
运输费用的构成与高低	单位运费率一般较低，仓储、装卸等费用分担，需在合同中约定	单位运费率一般较高，运费中往往包括仓储、装卸等费用

第六节　国际陆运运单

一、国际铁路货物运单

1. 国际铁路货物运单性质和作用

（1）性质。国际铁路货物联运运单（International Railway Through Waybill）是参加联运发送国铁路与发货人之间缔结的运送合同，是货物联运的主要单证。

在合同中规定了参加联运的各国铁路及收、发货人在货物运送上的权利、义务及责任，对铁路和收、发货人均具有法律效力，双方都受合同的保护及约束。

铁路运单也不同于海运提单，不是物权凭证，其收货人一栏不可以做成指示性抬头，而应做成记名式抬头。国际铁路联运运单有《国际货约》运单和《国际货协》运单。

（2）作用。①是发、收货人与铁路间缔结的运送合同，具有法律效力。发货人填制好运单，发货人盖章，发运站盖上带有日期的发运章后，即表示运输合同签订。②是国际铁路、货物联运铁路连带责任的确认，在发运国铁路、通过国铁路和到达国铁路（应该都是《国际货协》适用铁路）接受运单后，均应对运输承担连带责任。③是用以银行议付的法律文件。④是发货人支付铁路运费的证明文件。⑤是办理货物进出口手续的法律文件。

2. 国际铁路货物运单的格式和填写要求

国际铁路联运运单的组成和流程（《国际货协》运单）如下（见表7－4）：

表7－4　《国际货协》运单构成、功能及流转程序

联别与名称	主要用途	票据周转程序
1. 运单正本	运输合同凭证	发货人→发站→到站→收货人
2. 运行报单	各承运人间交接、划分责任等证明	发货人→发站→到站→到达铁路
3. 运单副本	承运人接收货的证明，发货人凭此结汇等	发货人→发站→发货人
4. 货物交付单	承运人合同履行的证明	发货人→发站→到站→到达铁路
5. 货物到达通知单	收货人存查	发货人→发站→到站→收货人

（1）运单正本（给收货人）（发货人→发站→到站→收货人）：作为运输合同的凭证，随同货物运至到站，并连同第五张（货物到达通知单）及货物一起交给收货人。

（2）运行报单（给到达铁路）（发货人→发站→到站→到达铁路）：是参加联运各铁路办理货物交接、划分运送责任以及清算运送费用、统计运量及运输收入的原始依据，它随同货物运至到站，并留存到达铁路。

（3）运单副本（给发货人）（发货人→发站→发货人）：在运输合同签订后交给发货人，并不具有运单的效力，只证明货物已由铁路承运。发货人可凭此副本向收货人结算货款、行使变更要求以及在货物和运单全部灭失时，凭据此副本向铁路提出赔偿要求。

（4）货物交付单（给到达铁路）（发货人→发站→到站→到达铁路）：随同货物至到站，并留存到达铁路。

（5）货物到达通知单（给收货人）（发货人→发站→到站→收货人）：随同货物运至到站，并连同第一张及货物一起交给收货人，作为收货人进口报关文件。

3. 国际铁路货物运单的填写要求

运单须根据栏目要求分别由托运人及承运人填写。填写内容必须翔实准确、文字规范、字迹清楚，不能使用铅笔或红色墨水。如对内容进行更改，在更改处须加盖托运人或承运人印章证明。托运人对货物及物品清单各栏填写内容的真实性负责。承运人对货物运单内托运人的填写事项进行检查，填制货票，并在货物运单领货凭证物品清单上加盖车站承运日期戳，填记货票号（整车货物包括车号、集装箱货物包括集装箱号），即为承运。承运同时，承运人应将货票丙联、物品清单一份、领货凭证交给托运人，托运人将领货凭证及时交给收货人，凭此联至到站领取货物。托运人向承运人交运货物时应按批提出货物运单。

4. 国际铁路货物运输证明文件

除了货物运单外，某些特殊货物须凭证明文件运输：

（1）物资管制方面，如托运麻醉品、枪支、民用爆炸品，必须出具医药、公安部门的证明文件。

（2）卫生检疫方面，如托运种子、苗木、动物及动物产品，应出具动、植物检疫部门的证明文件。

（3）物资运输归口管理方面，如托运烟草、食用盐、酒类应出具物资管理部门的证明文件。

（4）国家行政管理方面，如进出口部门规定须凭运输许可证运输的货物，应出具运输许可证。须凭证明文件托运的货物，托运人不能出具规定的证明文件时，铁路可拒绝受理。

铁路联运运单样本如图 7－2 所示。

发送路简称 中铁	1. 发货人，通信地址： 5. 收货人，通信地址：	25. 批号（检查标签）	运输号码： 2. 合同号码： No.
		3. 发 站：	
6. 对铁路无效约束力的记载：		4. 发货人的特别申明：	
7. 通过的国境站：		26. 海关记载	
8. 到达路和站		27. 车辆/28标记载重（吨）/29轴数/30自重/31换装后的货物重量	

27.	28.	29.	30.	31.

国际货协——运单慢运	9. 记号，标记，号码	10. 包装种类	11. 货物名称 50. 附件第二号	12. 件数	13. 发货人确定的件数（公斤）	32. 铁路确定的件数（公斤）

14. 共计件数（大写）：	15. 共计重量（大写）：		16. 发货人签字	
17. 互换托盘 数量	集装箱/运送用具 18. 种类 类型		19. 所属者及号码	
20. 发货人负担下列过境铁路的费用：	21. 办理种别： 整车 | 零担 | 大规模集装箱		22. 由何方发车： 发货人 | 铁路	33. 34.
	不需要的划清			35.
	24. 货物的声明价格：			36. 37.
23. 发货人添附的文件	45. 封印			38.
	个数	记号		39.
				40.

46. 发站日期数	47. 到站日期数	48. 确定重量方法 按货件上标记的重量	49. 过磅的戳记，签字	41. 42. 43. 44.

图 7-2 铁路联运运单样本

二、《内地海关及香港海关陆路进/出境载货清单》填写规范

《内地海关及香港海关陆路进/出境载货清单》（以下简称新版《载货清单》）的填写规范如下：

1. 中国内地载货清单编号

该编号为13位数字的条形码。为便于电子数据的传输及查询，进入中国内地的货物应选择清单编号第一位数字为1～4的载货清单（如1000000000011、3000000000052），出口到中国香港的货物应选择清单编号第一位数字为5～9的载货清单（如6000000000005、8000000000007）。

2. 车牌号码

本栏目分别填写货运车辆的中国内地和中国香港车牌号码。

3. 进/出境日期

第一、二联的“进/出境”与第三至六联的“出/进境”相对应，应根据货物进出境的情况删去不适用的部分。以进入中国内地的货物为例，如在第一联上删去“出”字，则第三至六联的“进”字也要被删去，表明该车由中国香港出境到中国内地，反之同样操作。此栏目填写的进出境日期以午夜0时为界。遇车辆跨午夜0时过境则需注明，如在午夜0时之前向中国香港海关递单，午夜0时之后向中国内地海关递单，都必须在向海关递交的单证上注明不同的日期。

4. 装货地点

本栏目填写本车次装载货物的地点，如生产工厂、货物包装地、远洋海运转陆运的码头等。

5. 卸货地点

本栏目填写本车次卸载货物的地点，如工厂、陆运转海运码头等。

6. 此联载货清单共____页

本栏目填写每一联的页数，如果其中某一联有清单或附页，就需填写该联与清单或附页的总页数。例如此份载货清单有两页货运清表，即此栏目填写“此联载货清单共3页”，清单的每一联后面都必须附两页货运清表。

7. 项目

当一个货柜车载运两种以上的货物时，货物名称必须分别填写。此栏填写阿拉伯数字，从1开始，按顺序填写。对加工贸易企业货物，本栏目填写货物在加工手册备案时的序号。另外，如果多票货物拼装同一运输工具，栏目填写空间不足，按商品的类别和实际成交价格（或货值）从高至低依次填写前六项，并随附货运清表（装箱明细表或装箱清单），并需在“此联载货清单共____页”注明。

8. 货物名称及规格

为了方便中国内地与中国香港海关对进出境商品名称的认可，本栏目必须填写规范的中文商品名称，禁用方言填写，还必须填写货物的规格或型号。商品名称及规格型号应据实填写，并与商业发票相符。

9. 标记及编号

本栏目填写货物包装上的标记或唛头和编号，包括除图形以外的文字和数字。

10. 包装方式及数量

本栏目按实际外包装方式填写，数量按包装的数量填写。

11. 重量/净重（公斤）

“重量（公斤）”指货物及其包装材料的重量之和（即毛重），计量单位为公斤，不足一公斤的填写时保留三位小数。“净重（公斤）”指货物的毛重减去外包装材料后的重量，即商品本身的实际重量，计量单位为公斤，不足一公斤的填写时保留三位小数，应同时填写毛重和净重。

12. 价格（港币/人民币）

本栏目按项目逐一填写货物实际成交的商品总价，若无实际成交价格，在本栏目填报货值，并删去栏目标题中不适用的部分。

13. 付货人名称及地址（盖章）

本栏目填写交付货物给运输公司的企业名称和地址。进入中国内地的货物，付货人不需盖章，但出口中国香港的货物，付货人必须盖章。此栏目内如果一行填写空间不足，可逐行填写。

14. 收货人名称及地址（盖章）

本栏目填写最终收取货物的企业名称和地址。进入中国内地的货物，收货人必需盖章，但出口中国香港的货物，收货人不需盖章。本栏目内如果一行填写空间不足，可逐行填写。

15. 总件数

填写有外包装的货物的实际件数，使用中文大写，并要用阿拉伯数字附注。另在特殊情况下，若为托盘装入集装箱，可填写托盘数，散装货物填写为1。

16. 总重量/总体积

本栏目填写所载货物的毛重之和，单位为公斤，使用中文大写，并用阿拉伯数字附注。总体积填写货物的实际体积数，单位为立方米，使用中文大写，并用阿拉伯数字附注。同时要删去栏目标题中不适用的部分。

17. 柜箱数量/规格/编号

本栏目填写集装箱号和规格（在集装箱箱体两侧标示的全球唯一的编号）。冷藏货柜必须注明。一车载运多个集装箱时，集装箱号之间使用“；”

分隔开。

18. 运输公司名称、地址、电话

此三个栏目分别填写承运该批货物的内地陆路运输公司（该公司必须在内地海关登记备案并具有运输海关监管货物的资格）的详细名称、地址和电话。

19. 合同（协议）号

本栏目填写进出口货物合同（协议）的全部字头和号码。加工贸易货物就填写合同手册号。

20. 监管方式

本栏目根据实际情况，并按内地海关规定的《监管方式代码表》选择填写相应的监管方式。

21. 原产国（地区）/最终目的国（地区）

“原产国（地区）”填写进口货物的生产、开采或加工制造国家（地区）。“最终目的国（地区）”填写已知的出口货物的最终实际消费、使用或进一步加工制造国家（地区）。

22. 进（出）境地/指（启）运地

“进（出）境地”填写进、出境货物的进出境口岸海关，“指（启）运地”填写进、出境货物转关运输的内陆海关。

23. 车辆海关编号

填写车辆备案时海关提供的司机簿上的条形码的编号。

24. 填写的栏目不得涂改

《内地海关及香港海关陆路进、出境载货清单》如图 7 - 3 所示。

内地海关及香港海关陆路进/出境载货清单

内地载货清单编号：

车牌号码：（内地车牌：__________香港车牌：__________）香港载货清单编号：

进/出境日期：__________装货地点：__________卸货地点：__________　此联载货清单共__________页

项目	货物名称及规格	标记及编号	包装方式及数量	重量/净重（公斤）	价格（币种）	付货人或货物转运代理名称及地址	收货人名称及地址

总件数：________总重量/总体积________柜箱数量/规格/编号：________　（如果是冷藏柜子，要注明）

承运公司声明：兹证明，上列货物由：__________________公司委托承运，保证无讹

（香港/内地）承运公司名称：__________________地址及电话：__________内地运输公司（盖章）：

司机姓名（正楷）：__________　签名：__________　日期：__________

内地适用	合同（协议）号		海关关锁号（条形码）NO.
	监管方式		进境地/启运地(指运地/出境地) 海关批注、签章：　海关批注、签章： 关员签名：　关员签名： 日期：　日期：
	原产国（地区）/最终目的国（地区）		
	车辆海关编号		
	进（出）境地/指（启）运地		

香港适用	转运货物	是/否
	进/出口许可证编号：	
	提单/空运提单或空运托运单编号：	
	香港柜车托架号码：	

图 7-3　中国内地海关及中国香港海关陆路进、出境载货清单

本章附录 ➔

《汽车运价规则》

第一章　总　则

第一条　为规范全国道路运输价格计算办法，维护旅客、货主和道路运输经营者的合法权益，促进道路运输健康发展，依据《中华人民共和国价格法》和《中华人民共和国道路运输条例》的规定，制定本规则。

第二条　本规则是计算汽车运费的依据。

凡在中华人民共和国境内参与道路运输经营活动的道路运输经营者和旅客、货主，应当遵守本规则。

第三条　本规则规定的汽车运价包括汽车旅客运价和汽车货物运价。

第四条　制定汽车运价应当反映运输经营成本和市场供求关系，根据不同运输条件实行差别运价，合理确定汽车运输的比价关系。

第二章　旅客运价

第一节　计价标准

第五条　运价单位

（一）计程运价：元/人千米。

（二）计时运价：元/座位小时。

（三）行包运价：元/千克千米。

（四）国际道路旅客运输涉及其他货币时，在无法折算为人民币的情况下，可使用其他自由兑换货币为运价单位。

第六条　计费里程

（一）里程单位：旅客运输计费里程以千米为单位，尾数不足千米的，四舍五入。

（二）里程确定。

1. 营运线路公路里程按交通运输核定颁发的《中国公路营运里程图集》确

定。《中国公路营运里程图集》应当每三至五年修订一次。《中国公路营运里程图集》中未标明的，由当地人民政府交通运输主管部门按照实际里程确定。

2. 城市市区里程按照实际里程计算，或者按照当地人民政府交通运输主管部门确定的市区平均营运里程计算，具体由省、自治区、直辖市人民政府交通运输主管部门确定。

3. 国际道路旅客运输属于境内的计费里程以交通运输主管部门核定的里程为准，境外的里程按有关国家（地区）交通运输主管部门或者有权认定部门核定的里程确定。

（三）里程计算

1. 班车客运的计费里程按旅客乘车出发地至到达地的区间里程计算。

2. 计程包车客运的计费里程，包括运输里程和调车里程。运输里程按客车驶抵载客地点止的实际载客里程计算；调车里程按客车由站（库）至载客点加下客点返回至站（库）的空驶里程的50%计算。

第七条 计时包车客运计费时间以小时为单位，起码计费时间为2小时；使用时间超过2小时的，按实际包用时间计算。整日包车，每日按8小时计算；使用时间超过8小时的，按实际使用时间计算。时间尾数不足半小时的舍去，达到半小时的进整为1小时。

第八条 行包计费重量以千克为单位。起码计费重量为10千克；计费重量超过10千克的按照实际重量计费，尾数不足1千克的，四舍五入。轻泡行包按3立方米折合1千克计重。行包计费具体标准由省级人民政府价格、交通运输主管部门确定。

第二节 计价规定

第九条 旅客运价依据车辆类别、等级、车型等计算。车辆类别的划分：

（一）座席客车按舒适程度和等级划分为普通、中级、高一级、高二级、高三级五档。

（二）卧铺客车按舒适程度和等级划分为普通、中级、高级三档。

如需按客车大小分类及其他计价类别进行定价的，可参照《营运客车类型划分及等级评定》（JT/T325），由省级人民政府价格、交通运输主管部门确定。

第十条 国际道路旅客运价按照双边或者多边汽车运输协定，根据对等原则，由经授权的交通运输主管部门协商确定。

第十一条　客运车辆通过收费公路、渡口、桥梁、隧道所发生的通行费用，按营运车辆平均实载率测算计入票价。

第十二条　成人及身高超过1.5米的乘车购买全票。身高1.2米以下、不单独占用座位的儿童乘车免票，身高1.2米~1.5米的儿童乘车购买儿童票，革命伤残军人、因公致残的人民警察乘车分别凭《中华人民共和国残疾军人证》、《中华人民共和国伤残人民警察证》购买优待票。儿童票和优待票按照具体执行票价的50%计算。

第三节　旅客运费（票价）计算

第十三条　客运票价构成

客运票价=客运车型运价（含2%的旅客身体伤害赔偿责任保障金）×旅客计费里程（营运线路公路里程+城市市区里程）+旅客站务费+车辆通行费+燃油附加费+其他法定收费

客运车型运价是指对不同类型、等级的客运车辆所制定的每位旅客每千米的运输价格，由运输成本、合理利润、税金等构成。

实行政府定价或者政府指导价的客运车型运价，由县级以上地方人民政府及其价格、交通运输主管部门按照《道路运输价格管理规定》的规定合理确定。

燃油附加费是指各地按照价格管理权限，建立道路客运价格与成品油价格联动机制，用于补偿成品油价格上涨造成道路客运成本增支的费用。

第十四条　运费单位

（一）旅客票价单位：每张客票起码票价1元。票价1元至10元的，尾数不足0.1元的四舍五入，尾数为0.1元、0.2元的舍去，尾数为0.3元、0.4元、0.5元、0.6元、0.7元的变为0.5元，尾数为0.8元、0.9元的进整为1元。票价超过10元，尾数不足1元，四舍五入。

（二）行包运费单位：以元为单位、每张运单费用合计尾数不足1元的，四舍五入。

第三章　货物运价

第一节　计价标准

第十五条　运价单位

（一）整批运输：元/吨千米。

（二）零担运输：元/千克千米。

（三）集装箱运输：元/箱千米。

（四）包车运输：元/吨位小时。

（五）国际道路货物运输涉及其他货币时，在无法折算为人民币的情况下，可使用其他自由兑换货币为运价单位。

第十六条　计费重量

（一）计量单位。

1. 整批货物运输以吨为单位。

2. 零担货物运输以千克为单位。

3. 集装箱运输以标准箱为单位。

（二）重量确定。

1. 一般货物：无论整批、零担货物计费重量均按毛重计算。整批货物吨以下计至100千克，尾数不足100千克，四舍五入。零担货物起码计费重量为1千克，重量在1千克以上，尾数不足1千克的，四舍五入。

2. 轻泡货物：指每立方米重量不足333千克的货物。

装运整批轻泡货物的高度、长度、宽度，以不超过有关道路交通安全规定为限度，按车辆核定载质量计算重量。

零担运输轻泡货物以货物包装最长、最宽、最高部位尺寸计算体积，按每立方米折合333千克计算重量。

轻泡货物也可按照立方米作为计量单位收取运费。

3. 包车运输按车辆的核定载质量或者车辆容积计算。

4. 货物重量一般以起运地过磅为准。

5. 散装货物，如砖、瓦、砂、石、土、矿石、木材等，按重量计算或者按体积折算。

第十七条　计费里程

（一）里程单位。

货物运输计费里程以千米为单位，尾数不足1千米的，四舍五入。

（二）里程确定。

1. 货物运输的营运公路里程按交通运输部核定颁发的《中国公路营运里程图集》确定。《中国公路营运里程图集》未核定的里程，由承、托运双方共同测

定或者经协商按车辆实际运行里程计算。

2. 货物运输的计费里程按装货地至卸货地的营运里程计算。

3. 城市市区里程按照实际里程计算，或者按照当地人民政府交通运输主管部门确定的市区平均营运里程计算，具体由各省、自治区、直辖市人民政府交通运输主管部门确定。

4. 国际道路货物运输属于境内的计费里程以交通运输主管部门核定的里程为准，境外的里程按有关国家（地区）交通运输主管部门或者有权认定部门核定的里程确定。

第十八条　计时包车货运计费参照第七条的规定执行。

第二节　计价类别

第十九条　载货汽车按其用途不同，分为普通货车、专用货车两种。专用货车包括罐车、冷藏车及其他具有特殊构造的专门用途的车辆。

第二十条　货物按其性质分为普通货物和特种货物两种。特种货物分为大型特型笨重物件、危险货物、贵重货物、鲜活货物四类。

第二十一条　集装箱按箱型分为国内标准集装箱、国际标准集装箱和非标准集装箱三类，其中国内标准集装箱分为1吨箱、6吨箱、10吨箱三种，国际标准集装箱分为20英尺箱、40英尺箱两种。

第二十二条　道路货物运输根据营运形式分为道路货物整批运输、零担运输和集装箱运输。

第三节　计价规定

第二十三条　运价

（一）整批货物运价：指整批普通货物在等级公路上运输的每吨千米运价。

（二）零担货物运价：指零担普通货物在等级公路上运输的每千克千米运价。

（三）集装箱运价：指各类标准集装箱重箱在等级公路上运输的每箱千米运价。

第二十四条　在计算货物运价时，应当考虑车辆类型、货物种类、集装箱箱型、营运形式等因素。

第二十五条　运费计算

整批货物运费 = 整批货物运价 × 计费重量 × 计费里程 + 车辆通行费 + 其他法

定收费

零担货物运费 = 零担货物运价 × 计费重量 × 计费里程 + 车辆通行费 + 其他法定收费

重（空）集装箱运费 = 重（空）箱运价 × 计费箱费 × 计费里程 + 车辆通行费 + 其他法定收费

包车运费 = 包车运价 × 包用车辆吨位 × 计费时间 + 车辆通行费 + 其他法定收费

通过客运车辆运输的小件货物运费，参照零担货物运输收费。

第二十六条 运费以元为单位。运费尾数不足 1 元的，四舍五入。

第二十七条 国际道路货物运输价格按双边或者多边汽车运输协定，根据对等原则，由经授权的交通运输主管部门协商确定。

第四章 附则

第二十八条 汽车客票由各省、自治区、直辖市道路运输管理机构统一印制管理。

第二十九条 本规则由交通运输部会同国家发展和改革委员会负责解释。

第三十条 本规则自 2009 年 9 月 1 日起施行。1998 年交通部、国家发展计划委员会颁布的《汽车运价规则（交公路发（1998J502 号)》同时废止。

课后思考题

1. 铁路运输的特点。
2. 国际铁路货物联运的特点。
3. 铁路集装箱货运代理业务中哪些不能使用集装箱装运?
4. 对中国香港地区铁路运输的一般程序。
5. 国际铁路联运运单的组成和流程。

实训要点

国际陆运出口实际操作流程和注意事项

一、运输范围

从中国内陆运往中国周边国家，包括蒙古、俄罗斯、越南、朝鲜和中亚五国（哈萨克斯坦、乌兹别克斯坦、土库曼斯坦、塔吉克斯坦、吉尔吉斯斯坦），以及以上国家运往中国内地相反方向的运输。

二、运输方式

1. 整车
2. 集装箱

说明：

（1）集装箱运输可以租用中国铁路集装箱，租用手续由公司国际部统一办理。

（2）朝鲜的货物必须使用自备箱。

（3）在国际联运运输中，必须是双箱方可办理国际联运。

三、国际联运计划

根据货物运输的具体要求提前在发站提报国际联运计划，并通知国际部以便协调国际联运计划的批复工作。

四、运输程序

1. 接受客户询价

如有客户询问运往上述国家的业务时，应向客户了解如下问题。

（1）运输方式：①整车；②集装箱。

（2）发送站和运往的国家及到站。

(3) 货物的品名和数量。

(4) 预计运输的时间。

(5) 客户单位名称、电话、联系人等。

(6) 其他。

2. 接受委托

客户一旦确认报价，同意各公司代理运输后，需要客户以书面形式委托货运公司。委托书主要内容包括1中的(1)～(6)。

3. 运输单证

要求客户提供以下单证：运输委托书、报关委托书、报检委托书、报关单、报检单(加盖委托单位的专用章)、合同、箱单、发票、商检放行单、核销单等。

4. 填写铁路国际联运大票

在当地购买铁路国际联运大票，由国际部填写好样单后传真给当地公司由相关人员填写正式国际联运大票或由国际部制单后快递给当地公司。

5. 报关

客户可以自理报关，也可以委托某些货运公司报关，如果在发货地报关不方便，可以将上述单证备齐在口岸报关，即在满洲里、二连浩特、阿拉山口、凭祥等地报关。

在国际联运报关中海关要求一车一份核销单，同时客户需要在相应的出口口岸的海关、商检办理注册备案手续。

6. 发车

根据运输计划安排通知，客户送货发运时，在发货当地报关的货物需将报关单、合同、箱单、发票、关封等单据与国际联运单一同随车带到口岸。在口岸报关的需将合同、箱单、发票、报关单、商检证等单据快递给货运公司的口岸代理公司。货物发运后将运单第三联交给发货人。

7. 口岸交接

货物到达口岸后需要办理转关换装手续，待货物换到外方车发运后，货运公

司将口岸货物的换装时间、外方换装的车号等信息通知发货人。

8. 退客户单据

货物换装交接后，海关将核销单、报关核销联退给代理公司，由货运公司根据运费的支付情况再退给客户。

9. 收费

国际联运其运费是以美元报价，客户需向货运公司支付美元运费，如客户要以人民币支付需经国际部同意。运费支付的时间应在发车后的10天内支付完毕。

注：在运费没有收到前，不能将报关单核销联、核销单退给客户。

五、对于没有进出口经营权的单位，有些货运公司可以代办进出口手续，详情可向各货运公司咨询

（资料来源：根据国际铁路联运操作流程要求整理。）

第八章
国际多式联运

知识目标

1. 了解国际多式联运的特征
2. 了解国际多式联运经营人的类型
3. 了解国际多式联运经营人的业务范围
4. 了解国际多式联运的主要业务与程序
5. 熟悉国际多式联运经营人的经营方式

技能目标

1. 熟悉多式联运提单的签发
2. 熟悉大陆桥运输的定义
3. 了解国际多式联运经营人的法律责任
4. 了解美国陆桥运输业务

国际多式联运是在集装箱运输迅速发展的基础上产生并发展起来的新型运输方式，也是一种近年来在国际运输业发展较快的综合连贯运输方式，其中大陆桥运输则是利用横贯大陆的铁路运输系统作为中间桥梁，从而把大陆两端的海洋连接起来的集装箱运输方式。

国际多式联运，是对多种运输方式的资源整合，可提升协同效应，同时对于国际货运代理而言，简化了手续，缩短了时间周期，为用户提供了更加便捷的服务。在“一带一路”和自贸区背景下，国际多式联运的提质增效表现得尤其突出，其研究和创新意义重大。

第一节　国际多式联运概念

一、国际多式联运定义

1. 国际多式联运的概念

国际多式联运（International Multimodal Transport 或 International Combined Transport，美国称为 International Intermeddle Transport）是一种综合性的连贯运输方式，是在集装箱运输的基础上产生和发展起来的，它一般利用集装箱为媒介，把海、陆、空各种传统的单一运输方式有机地整合起来，组成一种国际间的连贯运输。《联合国国际货物多式联运公约》对国际多式联运所制定的定义是："国际多式联运是指按照多式联运合同，以至少两种不同的运输方式，由多式联运经营人把货物从某一国境内接运货物的地点运至另一国境内指定交货物的地点。"

2. 国际多式联运的特征

构成国际多式联运必须具备以下特征：

（1）必须具有一份多式联运合同。多式联运经营人与托运人之间权利、义务、责任与豁免的合同关系和运输性质通过该运输合同确定，这也是多式联运与一般货物运输方式区别的主要依据。

（2）必须使用一份全程多式联运单证。该单证能满足不同运输方式的需要，同时按单一运费率计收全程运费。

（3）必须是至少两种不同运输方式的连续运输。

（4）必须是国际间的货物运输。首先区别于国内货物运输，其次涉及国际运输法规的适用问题。

（5）必须由一个多式联运经营人对货物运输的全程负责。该多式联运经营人既是订立多式联运合同的当事人，也是多式联运单证的签发人。在实际操作中，在多式联运经营人履行多式联运合同所规定的运输责任的同时，可将全部或部分运输委托其他人（分承运人）完成，并签订分运合同。但分运合同的承运人与托运人之间并不具有任何合同关系。

由此，国际多式联运的主要特点表现为：由多式联运经营人与托运人签订一个运输合同、统一组织全程运输、全程一次托运、一单到底、一次收费、统一理赔和全程负责。这种先进的货物运输组织形式以方便托运人和货主为目的。

知识贴

采用国际多式联运的注意事项

- 要考虑货价和货物性质是否适宜装集装箱。
- 要注意装运港和目的港有无集装箱航线，有无装卸及搬运集装箱的机械设备，铁路、公路沿途桥梁、隧道、涵洞的负荷能力如何。
- 装箱点和起运点能否办理海关手续。

二、国际多式联运经营人

1. 国际多式联运经营人的性质

国际多式联运经营人指本人或通过其代表与发货人订立多式联运合同的任何人，他是事主，不是发货人的代理人或代表又或参加多式联运的承运人的代理人或代表，他负有履行合同的责任。

多式联运经营人可以分为两种：一种为有船承运人的多式联运经营人，另一种为无船承运人的多式联运经营人。前者在接受货物后，除了要负责海上运输，还要安排汽车、火车与飞机的运输，经营人对此状况往往会再委托给其他相应的承运人来运输，对交接过程中可能产生的装卸和包装、储藏等业务，也委托给有关行业办理。不过，这个经营人必须对货主负整个运输过程中产生的责任。后者在接受货物后，也是将运输委托给各种方式运输承运人进行，但他本人仍应对货主负责。无船经营人通常不拥有船舶，是内陆运输承运人、仓储业者或其他从事陆上货物运输中某一环节的人，也就是说无船经营人往往拥有除船舶以外的某种运输工具。

多式联运经营人的经营方式：①企业设立分支机构；② 委托代理；③与其他企业联营。

2. 国际多式联运经营人的类型

（1）国际多式联运经营人应该具备的基本条件。作为多式联运经营人，必须具备如下基本条件：

其一，多式联运经营人本人或其代表必须与发货人本人或其代表就多式联运的货物订立多式联运合同，并且合同至少使用两种运输方式完成全程货物运输，合同中的货物是国际间的货物。

其二，从发货人或者其代表那里接管货物时起随即签发多式联运单证，同时对接管的货物开始负有责任。

其三，承担多式联运合同规定的与运输及其他服务相关的责任，并保证将货物交给多式联运单证的持有人或者单证中指定的收货人。

其四，多式联运经营人首先对货物受损人负责，并应对运输全过程所发生的货物灭失或损害有足够的赔偿能力。

其五，多式联运经营人应具有多式联运所需要的技术能力，确保自己签发的多式联运单证的流通性，并作为有价证券在经济上有令人信服的担保程度。

国际货运代理是允许开展多式联运的。发达国家的国际货运代理从事多式联运业务已多年，业务已趋成熟。我国也有很多国际货运代理作为多式联运经营人从事国际多式联运的业务活动，他们往往拥有自己的船舶、汽车（包括拖车）、仓库、起重设备、集装箱、铁路专用线及码头、高级管理人才，在世界各主要港口或地区有其代理，此外还有电脑网络，可以随时控制、调配和查核集装箱。所以，国际货运代理具有从事这一业务的优势。

对于实力不那么雄厚，也不拥有船只的国际货运代理而言，也可用无船经营多式联运经营人的身份开展国际多式联运业务。他们在接受货主的委托后，将运输环节转托给某种单一方式承运人分段完成，自己对全程负责。无船承运人或多式联运经营人则通常是内陆运输承运人、仓储业者或其他从事陆地运输中某个环节的人，因此，他们往往拥有汽车等运输工具。这类经营人很少作为铁路或航空承运人。多式联运经营人还包括了除海运承运人以外的其他人，他们无船无车

(即无任何运输工具)，通常为运输转包人、报关行或者装卸公司等。此类人开展多式联运的好处在于无须投资（如购买运输工具、建立仓储业等)，因此，在发展中国家是最适宜的。这就是《1980 年联合国国际货物多式联运公约》在接受了联合国贸发会议的精神后确定的照顾发展中国家之特殊利益和困难的其中一个原则。

（2）在我国申请经营多式联运业务的企业应该具备的条件有：具有中华人民共和国企业法人资格；具有从事多式联运业务相适应的组织机构、营业场所、经营设施和专业管理人员；具有 3 年以上国际货物运输或代理经历，有相应的国内、国外代理；注册资金不低于人民币 1000 万元，并有良好的资信。每增设一个分支机构，应增加注册资金人民币 100 万元。

注：外商独资企业、境外企业不允许从事我国多式联运业务。

知识贴

> ➢ 无船国际多式联运经营人的类型
> （1）承运人型（无船，但有汽车、火车或者飞机)；
> （2）场站经营人型（无船，但有货运站、堆场、仓库等)；
> （3）代理人型（什么都没有)。
> ➢ 无船承运人的组织方式：衔接式联运（企业)；协作式联运（政府)。

三、国际货运代理从事多式联运的优势和问题

1. 国际货运代理从事多式联运的优势

（1）国际货运代理业新的增长点。多式联运已得到世界上广大货主的认可和青睐，并且越来越显示出其很强的生命力，由于能够创造出良好的经济效益和社会效益，必将在世界各地得到更加广泛的应用和发展。

（2）降低成本，提高竞争力。国际货运代理参与多式联运业务，可以有效而灵活地使用自己拥有的各种设施来扩大经营范围，从而最大限度地发挥其现有

设备的作用和优化路线，改善货物的流通环节，降低运输成本，组织合理运输，提高运输效率，提升竞争能力，拓展业务范畴。

（3）开展附加服务，增加经济效益。国际货运代理在参与多式联运过程中，既可以在货物运输中获益，还能在与货物运输相关的服务项目中获取附加价值，比如把已有的少量的货物集中起来，大批量地与实际承运人谈判，从而获得优惠运价，使货主与国际货运代理均受益。

2. 国外多式联运存在的主要问题

国际多式联运是一种与国际接轨的运输方式，此项业务开展得快与慢、好与坏，不但与国内有关系，而且与国外的基本条件、基础设施、相关的配套设施和法律适用都是息息相关的，所以我们既要清楚我国在开展这项业务中存在的种种问题，有针对性地去解决，同时也要清楚世界各国存在的主要问题与急待解决的问题，这样才有利于业务的开展。

目前国际上主要存在以下三个方面的问题：

（1）美国集装箱与国际标准化组织的规格不一致。欧洲大陆各国、日本及其他发达国家都是按国际标准化组织所规定尺寸，即各国通用的 20 英尺与 40 英尺的标准集装箱，并坚持采用 ISO 标准集装箱的主张。而美国的国内运输中，通常使用 45 英尺或 48 英尺的集装箱，有时还采用加长、加高的集装箱。在铁路运输中也有类似情况，欧洲只装一层集装箱，美国却以两层集装箱为主。美国与各国经常为此发生摩擦与矛盾。

（2）目前许多发展中国家还停留在集装箱化的初级阶段，该地区就成为联运路线的薄弱环节，但是所处位置却处于联运路线的中途，这就成了国际联运路线上的重要障碍之一。加上这些国家由于财政和其他原因，不能要求其加速集装箱化事业的进程，其港口建设与内陆交通状况等的改善就成为这些国家首要的难题之一。

（3）有关承运人责任的法律问题。尽管 FIATA 制定了多式联运单证，但由于各国的船公司、承运单位及其企业规模的大小不同，以及各国的法律不同，联运单证所规定的联运人的责任及其背面条款存在差异，同时因为至今《国际多式联运公约》仍未得到 30 个国家的有效批准而未能生效，国际上还没有一个可为各国通用的、统一规范的标准联运单证，造成了联运单证纷繁杂乱的状态。

四、国际多式联运责任形式

1. 多式联运下 MTO（即国际多式联运经营人）的责任类型

多式联运下一般采用单一责任制。就是说在运输全程中，由 MTO 就全程运输对货主承担责任。在单一责任制原则下，因各运输路段的责任内容不同，又可分为网状责任制（Network Liability System）和统一责任制（Uniform Liability System）。

（1）网状责任制（也称混合责任制），是指多式联运经营人对货主承担的全部责任局限于各个运输部门规定的责任范围内，即是由经营人对集装箱的全程运输负责，但对货物的灭失、损坏或延期交付的赔偿，则会根据各运输方式所适用的法律规定来进行处理。因此，网状责任制是一种混合责任制，是介于全程运输负责制和分段运输负责制之间的一种责任制。该责任制在责任范围方面与统一责任制相同，但是在赔偿限额方面则与区段运输形式下的分段负责制相同。所谓分段责任制，是指承运人在各个运输区段中所承担的责任内容并不相同，需要根据各个运输区段适用的法规所规定的责任来进行确定。比如在海上运输区段适用《海牙规则》，但在欧洲铁路运输区段则适用于《国际铁路货物运输公约》（CIM）等。一旦出现不适用上述国际法的情况时，则会按照相应的国内法的规定处理。同时，赔偿限额也会依据各区段的国际法或国内法的规定进行赔偿，在网状责任制下，如果发生区段无法明确的箱内货物的灭失或损坏，通常都把它看作是在海上运输区段发生的，可按照海上运输区段适用的责任原则来确定承运人的责任。

目前，国际货物运输大多采用的是网状责任制。我国从“国际集装箱运输系统（多式联运）工业性试验”项目以来发展和建立的多式联运责任制采用的也是网状责任制。

（2）统一责任制（也称同一责任制），是指多式联运经营人对货主负有不分区段的统一原则责任，即经营人在整个运输中都使用同一责任方式向货主负责。也就是经营人对全程运输中货物的灭失、损坏或延期交付等负全部责任，不论事故责任是明显的还是隐蔽的，是发生在海运段还是发生在内陆运输段，都按统一原则由多式联运经营人统一按约定的限额来进行赔偿。但出现多式联运经营人已尽了最大努力仍无法避免的或确实证明是货主的故意行为过失等原因所造成的灭失或者损坏，经营人可以免责。

统一责任制是一种较为科学、合理、手续简化的责任制度，但这种责任制对联运经营人来说责任负担较重，目前在世界范围内的应用还不够广泛。

2. 我国发展和采用网状责任制

我国发展和采用网状责任制有以下有利之处：

（1）既与国际商会在1975年修订的《联合运输单证统一规则》相关精神相一致，也与大多数航运发达国家采用的责任形式相同。

（2）我国海上、公路、铁路等各运输区段均有成熟的运输管理法规可以遵循，如果采用网状责任制，各运输区段所适用的法规可以保持不变。

（3）相较于统一责任制而言，网状责任制减轻了多式联运经营人的风险责任，能够保护处于起步阶段的我国多式联运经营人的积极性，保证我国多式联运业务健康地发展。

不过从国际多式联运发展的角度来考虑，网状责任制并不理想，容易出现责任轻重、赔偿限额高低等分歧。所以，随着我国国际多式联运的不断发展与完善，统一责任制将更为符合多式联运的要求。

3. 国际多式联运公约采用的责任形式

对于多式联运经营人的责任制形式，《联合国国际货物多式联运公约》（以下简称《多式联运公约》）采用了修正统一责任制（Modified Uniform Liability System），排除了网状责任制。根据此责任形式，多式联运经营人对货损的处理，不管是否能确定造成货损的实际运输区段，均适用本公约的规定。但是，《多式联运公约》又规定，一旦货物的灭失或损坏发生于多式联运的某一特定区段，而对这一区段适用的一项国际公约或强制性国家法律规定的赔偿责任限额高于本公约规定的赔偿责任限额，则多式联运经营人对于这种灭失或损坏的赔偿，应按照该国际公约或强制性国家法律予以确定。这样就出现该规定是完全的网状责任制形式的情况。即可解释为，根据此规定，一旦发生货物的灭失或损坏，多式联运经营人对货损的赔偿首先要依据所适用的法律规定来确定所适用的责任制形式。

在《多式联运公约》中采用的这种责任形式，使国际多式联运中出现了双层赔偿责任关系，既有多式联运经营人与货主（托运人）之间的赔偿责任关系，又有多式联运经营人与其分包人之间的赔偿责任关系。前者的赔偿责任关系主要受制于《多式联运公约》的规定。由于《多式联运公约》具有强制性，因此导致多式联运经营人不能放弃或降低赔偿责任限制，也不能将自己承担的责任转嫁给货主。而对于多式联运经营人与其分包人的赔偿责任，《多式联运公约》并没有做任何规定，使得在国际多式联运中极易产生纠纷。比如海运方面至今采用的是不完全过失责任制，航空方面则采用完全过失责任制，但陆路运输方面不管是公路还是铁路都采用严格责任制。相较而言，海上承运人的责任最轻。

因为《多式联运公约》采用了统一责任制，下列情况将不适用于该公约的规定：

其一，凡是属于单一运输方式下合同的货物接送业务。

其二，对于公约的缔约国与非缔约国之间所发生的有关多式联运的诉讼，如两国都受某一个其他公约的制约，该缔约国法院即适用该其他公约的规定。

其三，《国际公路货物运输公约》和《国际铁路货物运输公约》中第二条规定的货物运输，不能视为国际多式联运。

五、国际多式联运计费方式

1. 集装箱多式联运定价原理

集装箱多式联运费用 = 运输总成本 + 经营管理费 + 合理利润

（1）运输总成本的构成和大小与多种因素有关，其中影响最大的是集装箱交接方式与运输方式的构成。需要注意的是，首先，此处所指的运输成本，除了包括运费、港站费用，还包括政府监管机构所征收的费用，如报关、报检费等；其次，为了简化计算，在实践中，场站通常以拆装箱服务费的形式来收取有关取送空箱、拆装箱、存储等费用；最后，班轮公司所收取的海运费中也通常包括港口所发生的装卸费用，所以，多式联运经营人在计算运输总成本时，应先了解相关承运人、场站经营人的收费标准与规定，以避免多收或少收有关费用。比如，从成都某一工厂运一个集装箱到广州某工厂，集装箱的运输流程为：

DOOR→CFS→CY→Ship→Ship→CY→CFS→DOOR

下面列举两种交接方式的运费组成：

第一种，若是 LCL/LCL，采用 CFS/CFS 交接，其运费就包括从 CFS 至 CFS

之间的一切费用，包括：①货运站所发生的拆拼箱费用，包括装箱、拆箱及理货、期间的堆存、签单、制单等各种作业所发生的费用；②货运站至码头/堆场之间多发生的取送重箱、空箱的运输费用及其杂费；③码头/堆场所发生的服务费，包括船与堆场间搬运、期间的堆存、装卸及单证制作等费用；④海运费及其杂费。

第二种，若是FCL/FCL，采用DR/DR的交接方式，其运费就包括从DOOR至DOOR之间的一切费用，包括：①工厂至货运站之间的内陆运输费用及其杂费；②货运站至码头/堆场之间多发生的取送重箱、空箱的运输费用及其杂费；③码头/堆场所发生的服务费，包括船与堆场间搬运、期间的堆存、装卸及单证制作等费用；④海运费及其杂费。

（2）经营管理费主要由集装箱多式联运企业与货主、各派出机构、代理人、实际承运人之间信息、单证传递费用、通信费用、单证成本和制单手续费，以及各派出机构的管理费用构成。这部分费用既可单独计算，也可分别加到不同区段的运输成本中来计算。

（3）经营利润是指集装箱多式联运企业预期所能获得的毛利润，但是利润的多少受制于多种因素，应坚持合理收费、薄利多运的原则。

2. 计费方式

计费方式主要分为三种：单一制、分段制和混合制。

（1）单一制。即指集装箱从托运到交付的过程中，所有运输区段都按照相同的运费率来计算全程运费。例如，在西伯利亚大陆桥运输中采用的就是不分货种的以箱为计费单位的FAK统一费率方式。

（2）分段制。即指按照组成多式联运的各运输区段，将分别计算海运、陆运、空运及港站等各项费用，最后合计为多式联运的全程费用，由多式联运经营人向货主一次计收，再由多式联运经营人与各区段的实际承运人分别结算。

（3）混合制。即指从国内接收货物地点至到达国口岸采取单一费率方式，先向发货人收取预付运费，而从到达国口岸到内陆目的地的费用则按实际成本确定，另向收货人收取到付运费。

3. 运价表结构

运价表根据其结构不同基本可分为两种形式：“门到门”费率和“港到港”

间费率再加上内陆运费率。

通常而言，多式联运企业采取的定价方法可归结为以下三类：

（1）成本导向定价法。基于运输服务成本原则，根据多式联运企业的总成本支出来制定企业的运价。

（2）需求导向定价法。基于运输服务价值原则和运输承受能力原则，依据多式联运服务所创造的价值的多少以及承运商品的价值的高低，从多式联运服务需求者的角度出发，来制定企业的运价。

（3）竞争导向定价方。多式联运企业依据竞争对手的运价水平来确定自身的运价水平。

企业应在综合考虑诸如企业的成本支出、市场供求关系、市场模式结构、客户的购买力、货物的价值、经营航线的状况等因素的基础上来选择合适的定价方法。

在制定运价时，应该根据国际集装箱多式联运运价的变化来及时调整费率水平，保持集装箱多式联运运价处于一种最新的状态。

4. 节省运费的途径

（1）航线选择方面。应选择适合的航线，尽量避免货物中转和挂靠非基本港。由于会受航程距离、港口条件、港口使用费等方面的影响，不但不同航线、不同目的港的运费率会有所不同，即使在同一国家同一航线上的基本港与非基本港的运费率也会有所不同。所以，应尽可能采取直达运输，且装卸港为基本港，以节省转船费和其他附加费。

（2）承运人选择方面。目前，不同船公司运价表的费率标准并不相同，而且同一航线上的基本港口与非基本港口并未统一，加之折扣方面的影响，选择不同的船公司承运所支付的运费可能相差较大。

（3）托运与配载方面。

其一，改进货物的包装。商品包装直接影响运费的多少，尤其在以体积吨作为计费单位时。尽量在不影响货物质量的情况下改进货物的包装，一方面可以节省部分运费，另一方面可以在集装箱运输中利用最高运费的规定多装货物却并不增加运费。

其二，正确使用商品名称。商品的名称在商品等级运价表中也会决定商品费率的等级，因此在商品费率运价表中商品的名称决定了费率的高低，正确使用商

品名称，尽可能采用低运费率级别，可节省一定的费用开支。例如：①出口的陶瓷电容器为 W/M6 级，如果去掉“陶瓷”字样改为“电容器”，则商品等级就变为 W/M10 级；②运价表规定油石、砂布、砂纸为 W/M8 级，如果把品名统称为“工具”，则运费级别为 W/M10 级；③斧头单列级别为 W/M8 级，如果把“斧头”统称为“农具”，则运费级别变为 W/M7 级，如果“斧头”前加“厨房、消防”字样，则运费级别又变为 W/M10 级。

其三，同一提单项下的不同商品应分开列明体积和重量。根据运价表的规定，在同一提单下的商品一旦不分开列明重量和体积，那么运费按其中的高者计收。如果出口一批工具，其中油灰刀 4 立方米、木砂纸 5 立方米，如果不分开列出油灰刀、木砂纸的出品、数量、重量和体积，那么本来应该按 W/M8 级计费的木砂纸也只能按 W/M10 级计费。所以，货主或货运代理在填制订舱委托书时，必须分开列明各种商品的重量、体积，以便提单按委托书详细列明，避免多付运费。

其四，尽量根据货价的不同，选择传统班轮杂货运输或集装箱运输。对于一些货物等级低于集装箱运输中所规定的最低运费级别的低价商品，比如矿石、粮食、饲料等最好采用传统的班轮杂货运输；相反地，对于较高级别的商品则宜采用集装箱运输来节省运费。

其五，尽可能采用集中托运。货物的数量也对运费的高低有很大的影响，以集装箱运输货物为例，拼箱货与整箱货的运费相差就比较大，所以，在集装箱运输中应尽可能采用整箱货交付，以节省运费。

其六，尽量合理利用集装箱容积和载重量。因为集装箱运价大多实行包箱费率且有最高运费的规定，所以，货主可进行不同种类货物的合理搭配，从而充分利用集装箱容积和载重量，达到节省运费的目的。

5. 核收多式联运费用

（1）多式联运费用项目。多式联运费用主要包括运费、杂费、中转费和服务费。

其一，运费。货物联运运费一共包括铁路运费、水路运费、公路运费、航空运费、管道运费五个类别。按货物通过的运输工具根据国家或各省市区物价部门规定的运价计算运费。联运服务公司向货主核收的运输费用如下：①发运地区（城市）内的短途运输运费（接取费）；②从发运联运服务公司至到达联运服务公司之间的全程运费；③到达地区（城市）内的短途运输运费（送达费）。

其二，杂费。多式联运杂费包含以下种类：①装卸费；②换装包干费；③货物港务费；④货物保管费。

联运杂费的计算公式为：

铁路（水路）装卸费 = 货物重量 × 适用的装卸费率

换装包干费 = 货物重量 × 适用的换装包干费率

港务费 = 货物重量 × 港务费率

货物保管费 = 货物重量（或车数） × 天数 × 适用的保管费率

公路装卸费 = 车吨（货物重量） × 适用的装卸费率

其三，中转费。中转费主要包括装卸费、仓储费、接驳费（或市内汽车短途转运费）、包装整理费等几种。计算方式分为实付实收及定额包干两种方式。实付实收方式是指在中转过程中发生的各项运杂费用，采用实报实销的办法。此方式除了收取固定的中转服务费外，其他费用皆属于代收代付。定额包干方式是指确定一定的额度，并包含所有中转费用。此方式除了按一种费率包干外，还有按运输方式包干、按费用项目包干和按地区范围包干等。

其四，服务费。服务费是指联运企业在集中办理运输业务时所支付的劳务费用，一般采取定额包干的形式，按不同运输方式及不同的取送货方式来规定不同费率。服务费的组成一般包括业务费和管理费。业务费是指铁路、水路、公路各个流转环节所发生的劳务费用；而管理费是指从事联运业务人员的工资、固定资产折旧和行政管理费等支出。

（2）多式联运费用核收方式。

其一，多式联运费用常用如下核收方式：①发付，由发货人在发货地向发运联运服务公司支付一切运输费用；②到付，由收货人在收货地向到达联运服务公司支付一切运输费用；③分付，由发货人在发货地向发运联运服务公司支付发货地产生的杂费和运费，由收货人在收货地向到达联运服务公司支付到达地产生的费用。

其二，从发运联运服务公司至到达联运服务公司之间的全程运费是联运货物运输费用的主要组成部分，联运服务公司向货主主要有两种核收这部分运费的计算办法：①按照运输合同规定的运输线路及有关运输工具的运费标准，来分别计算单项运输阶段运费，全程运费等于各单项运费之和；②按联运服务公司自行规

定的运费标准计算全程运费。采用前面一种方法计算运费时，联运服务公司是为货主代办联运货物的全程运输，以货主运输代理人的身份出现；而采用后面一种计算运费方法时，联运服务公司是向货主承包联运货物的全程运输，以货物联运经营人的身份出现。联运服务公司可以根据具体情况分别采用不同的运费计算方法。

第二节　国际多式联运组织方式

一、国际多式联运的方式及其优点

1. 国际运输方式自身的优点

（1）水路运输。运量大，成本低。

（2）公路运输。机动灵活，便于实现货物“门到门”的运输方式。

（3）铁路运输。不容易受气候条件影响，可深入内陆并进行长距离的货物运输。

（4）航空运输。能够实现货物的快速运输。

2. 常用的国际多式联运方式

（1）海铁联运。将海运的经济、载量大与铁路长途运输稳定性结合起来。

（2）陆空联运。将空运的快速与公路运输灵活性结合起来。

（3）铁卡联运。将铁路长途运输的稳定性和公路运输的灵活性结合起来。

（4）海铁卡联运。将海运的经济、载量大及公路运输的灵活性结合起来。

（5）内河与海洋联运。贯通河道，实现长距离运输。

（6）国际铁路联运。运量较大，运输距离长，不受气候影响，运输连续稳定。

国际集装箱多式联运对行业产生的最明显的作用和特点在于将传统的国际海运“港到港”运输进一步发展成为“门到门”运输。

二、海陆联运

海陆联运是国际多式联运中最主要的组织形式之一，也是远东—欧洲多式联运的主要组织形式之一，主要以国际航运公司为主体，与航线两端的内陆运输部门展开联运业务，主要分为海铁联运和公海联运。

1. 世界主要的集装箱运输海上航线

（1）太平洋航线。远东—北美西海岸航线；远东—加勒比海、北美东海岸航线；远东—南美西海岸航线；远东—澳、新及西南太平洋岛国各航线；东亚—东南亚各航线；远东—地中海、西北欧航线。

（2）印度洋航线。中东海湾—远东各国航线：石油航线；中东海湾—欧洲、北美东海岸航线；远东—苏伊士运河航线；澳大利亚—苏伊士运河、中东海湾航线；南非—远东航线；南非—澳新航线。

（3）大西洋航线。西北欧—北美东岸各航线；北美东岸—地中海、中东、亚太地区航线；西北欧—加勒比海航线；南北美洲东海岸—好望角航线 。

（4）北冰洋航线。季节性航线。

2. 影响海铁联运的因素

（1）船公司方面。船公司既要保证适航，也要保证舱容利用，所以在内地订舱时就拒绝重货的订舱。另外，内陆运输条件差，集装箱周转时间长，成本相对就高。

（2）港口方面。由于目前集装箱吞吐能力及后方堆场普遍不足，港口及后方陆域规模及集疏运系统明显滞后于经济的发展，导致运输市场分散无序，资源与功能没能有效整合。

（3）铁路方面。我国铁路供需矛盾，加上海铁联运发展中还存在软件方面的问题：一是商务规则问题，二是班期问题，三是数据共享问题。

（4）运输代理方面。运输代理业务滞后于发展需求。

（5）政府方面。因为发展海铁联运业务会涉及铁路、港口、海关等多个部门，需要政府有关部门积极倡导与支持，才有可能大规模地促进海铁联运业务的拓展。

三、海空联运

海空联运即空桥运输，这种联运方式发展较晚，20 世纪 60 年代始于美国，在 20 世纪 80 年代得以较大的发展。一般来说，运输距离越远，海空联运的优势就越大。

现在，国际海空联运的主要路线有以下几条：①远东—欧洲；②远东—中南美；③远东—中近东、非洲、澳洲。

海空联运的特点如下：①以航空运输为核心，通常由航空公司或专门从事海空联运的 MTO 来制订计划，以便满足货主对于海运联运货物在抵达时间上的精确要求。②货物通常要在航空港换装航空集装箱。③尚未建立国际性的法律法规，运价可自由制定。④运输时间比全程海运少，但费用又比全程空运便宜。⑤可以解决旺季时直飞空运的舱位问题。⑥对于托运的货物有所限制。

四、陆桥运输

1. 大陆桥运输

（1）大陆桥运输（Land Bridge Transport），即指利用横贯大陆的铁路（或公路）运输系统作为中间桥梁，把大陆两端的海洋连接起来的集装箱连贯运输方式。也就是两边是海运，中间是陆运，大陆把海洋连接起来，形成海—陆联运，大陆类似于“桥”的作用，因此称之为“陆桥”。在海—陆联运中的大陆运输部分就称之为“大陆桥运输”。

（2）大陆桥运输路线。

其一，北美大陆桥。北美大陆桥指的是从日本东向利用海路运输先到北美西海岸，再经过横贯北美大陆的铁路线通过陆运到北美东海岸，再经海路运送到欧洲的“海—陆—海”运输结构。

北美大陆桥包含了美国大陆桥运输和加拿大大陆桥运输。其中美国大陆桥有两条运输线路：一条是从西部太平洋沿岸到东部大西洋沿岸的铁路和公路运输线；另一条则是从西部太平洋沿岸到东南部墨西哥湾沿岸的铁路和公路运输线。美国大陆桥在 1971 年底由经营远东—欧洲航线的船公司和铁路承运人联合开办

“海陆海”多式联运线，相继有美国几家班轮公司也投入营运。如今，主要有四个集团经营远东经美国大陆桥至欧洲的国际多式联运业务。它们均以经营人的身份，签发多式联运单证，并对全程运输负责。加拿大大陆桥与美国大陆桥相似，由船公司把货物海运至温哥华以后通过铁路运到蒙特利尔或哈利法克斯，再与大西洋海运相接。

北美大陆桥是迄今世界上历史最悠久、影响最大、服务范围最广的陆桥运输线。据数据统计，从远东到北美东海岸的货物有大约50%以上通过双层列车进行运输，这种陆桥运输方式比采用全程水运方式通常要快1~2周。比如，集装箱货从日本东京到欧洲鹿特丹港，如果采用全程水运（经巴拿马运河或苏伊士运河）通常需要5~6周时间，而采用北美陆桥运输可缩短至三周左右的时间。

采用北美大陆桥运输对巴拿马运河的冲击很大，因为陆桥运输可以避开巴拿马运河宽度的限制，许多海运承运人建造了超巴拿马型集装箱船，增加了单艘集装箱船的载运箱量，并放弃使用巴拿马运河，集装箱国际海上运输的效率大大提高。

其二，西伯利亚大陆桥。西伯利亚大陆桥（SLB）（又称亚欧第一大陆桥）是东起俄罗斯东方港，西至俄芬（芬兰）、俄白（白俄罗斯）、俄乌（乌克兰）和俄哈（哈萨克斯坦）边界，过境欧洲和中亚等国家，而后利用铁路、公路或海运送到欧洲各地的国际多式联运的运输线路。西伯利亚大陆桥是迄今世界上最长的一条陆桥运输线，大大缩短了从日本、远东、东南亚及大洋洲到欧洲的运输距离，同时节省了运输时间。从远东经俄罗斯太平洋沿岸港口去欧洲的陆桥运输线全长1.3万公里。其相应的全程水路运输距离（经苏伊士运河）约为2万公里。从日本横滨到欧洲鹿特丹，采用陆桥运输不但可使运距缩短1/3，运输时间也能节省1/2。同时，在一般情况下，运输费用还可节省20%~30%，因此对货主有很大的吸引力。西伯利亚大陆桥在1971年由全苏对外贸易运输公司正式确立，如今全年货运量高达10万标准箱（TEU），最多时甚至达15万标准箱。主要是日本、中国和欧洲各国的货运代理公司使用这条陆桥运输线。其中，日本出口欧洲杂货的1/3，欧洲出口亚洲杂货的1/5是通过这条陆桥运输的。由此可见，它在沟通亚欧大陆，促进国际贸易中所处的重要地位。

西伯利亚大陆桥运输包括了“海铁铁”“海铁海”“海铁公”“海公空”四种运输方式。俄罗斯的过境运输总公司（SOJUZTRANSIT）担当总经营人，它拥有签发货物过境许可证的权利，同时签发统一的全程联运提单，承担全程运输责

任。对于参加联运的各运输区段，就采用“互为托、承运”的接力方式来完成全程联运任务。西伯利亚大陆桥属于较为典型的一条过境多式联运线路。

因为西伯利亚大陆桥所具有的优势，随着它的声望与日俱增，也吸引了一些远东、东南亚以及大洋洲地区到欧洲的运输，从而使西伯利亚大陆桥有了迅速发展。不过，西伯利亚大陆桥运输在经营管理上存在某些问题，如港口装卸能力不足、铁路集装箱车辆不足、箱流严重不平衡等，加上严寒气候的影响，也在一定程度上阻碍了它的发展。随着我国兰新铁路与中哈边境的土西铁路的接轨，新的“欧亚大陆桥”逐渐形成，为远东至欧洲的国际集装箱多式联运提供了又一条便捷路线，使西伯利亚大陆桥面临严峻的竞争形势。

其三，新亚欧大陆桥。新亚欧大陆桥，也称亚欧第二大陆桥。该大陆桥东起中国的连云港，西至荷兰鹿特丹港，全长 10837 千米，其中在中国境内 4143 千米，途径中国、哈萨克斯坦、俄罗斯、白俄罗斯、波兰、德国和荷兰七个国家，可辐射到 30 多个国家和地区。1990 年 9 月，中国铁路与哈萨克铁路在德鲁日巴站正式接轨后，即标志着该大陆桥的贯通。1991 年 7 月 20 日开办了新疆—哈萨克斯坦的临时边贸货物运输。1992 年 12 月 1 日从连云港发出首列国际集装箱联运“东方特别快车”，经陇海—兰新铁路，西出边境站阿拉山口，分别运送至阿拉木图、莫斯科、圣彼得堡等地，标志着该大陆桥运输的正式开办。该大陆桥运量逐年增长，并具有巨大的发展潜力。

以亚欧大陆桥为纽带，它将中国与独联体国家、伊朗、罗马尼亚、南斯拉夫、保加利亚、匈牙利、捷克、斯洛伐克、波兰、德国、奥地利、比利时、法国、瑞士、意大利、英国等亚欧大陆上诸多国家紧密相连。同时，它对环太平洋经济圈的协调发展也起到重要作用，使中国与世界大市场的距离更近。它将亚欧大陆原有的陆上运输通道缩短了 2000 千米运距。相比绕道印度洋和苏伊士运河的水运距离缩短了 1 万千米。

相较西伯利亚大陆桥，新亚欧大陆桥的优势在于：第一，地理位置和气候条件优越。整个陆桥避开了高寒地区，港口无封冻期，自然条件好，吞吐能力大，可以常年作业。第二，运输距离短。新亚欧大陆桥比西伯利亚大陆桥能缩短运距 2000 ~ 2500 千米，到中亚、西亚各国的优势更为突出。一般情况下，陆桥运输比海上运输运费节省 20% ~ 25%，时间能缩短一个月左右。第三，辐射面广。新亚欧大陆桥辐射亚欧大陆 30 多个国家和地区，总面积可达 5071 万平方千米，该区域居住人口占世界总人口的 75% 左右。第四，对亚太地区吸引力大。除我国

（大陆）以外，日本、韩国、东南亚各国、一些大洋洲国家和我国的台湾、港澳地区，均可利用此线开展集装箱运输。从发展趋势看，大陆桥运输前景广阔，开发潜力巨大。由于运输技术的迅速发展，包括火车、轮船等在内的交通工具的现代化、高速化，对以铁路运输为主的大陆桥运输，都将产生不可估量的推动作用。加上集装箱运输的迅速普及，为大陆桥运输提供了稳定的箱源，促进了大陆运输发展，还展示了大陆桥运输的巨大潜力。

新亚欧大陆桥区域经济发展具有较为明显的互补性：对于日本和西欧等发达国家来说，该区域人口众多、资源丰富、市场巨大，有利于它们输出资金、技术和管理；而对中国、中亚和东欧国家来说，通过沿桥开放，能够更好地吸收国际资本、技术和管理经验，加快经济的振兴。另外，亚太地区经济的迅速增长需要开拓欧洲市场，而欧盟也需要到亚太地区寻求贸易伙伴、选择投资对象、谋求发展，体现出亚太与欧洲的双向辐射越来越明显。

我国现在所主导的“一带一路”对进一步开发其价值有直接的影响和推动作用。新亚欧大陆桥的发展，为沿桥国家和亚欧两大洲经济贸易交流开辟了一条便捷的大通道，对于促进陆桥经济走廊的形成、扩大亚太地区与欧洲的经贸合作、促进亚欧经济的发展和繁荣，乃至开创世界经济的新格局，皆具有重要意义。

2. 美国陆桥运输业务

（1）OCP（Overland Common Points）运输，称为内陆公共点或陆上公共点，即使用两种运输方式将卸至美国西海岸港口的货物通过铁路转运至美国的内陆公共点地区，并享有优惠运价。

OCP 是我国对美国签订贸易合同，在运输条款中的一个常见词语，译作“陆路共通点”，是一个说明海上运输目的地的术语，指美国西海岸有陆路交通工具与内陆区域相连通的港口，即指可享受优惠费率通过陆上运输抵达的区域，是以落基山脉为界，即从美国的北达科他州（North Dakota）、南达科他州（South Dakota）、内布拉斯加州（Nebraska）、科罗拉多州（Colorado）、新墨西哥州（New Mexico）起以东各州，约占美国全国的 2/3 地区。所有通过美国西海岸转运到这些地区的（或反向的）货物都称为 OCP 地区货物，能够享有 OCP 运输的优惠费率，一般商品比当地地区费率每运费吨要节省 2～3 美元。OCP 的运输过程就是他国出口到美国的货物先海运到美国西部港口（旧金山、西雅图）卸货，再通

过陆路交通（主要是铁路）向东运抵指定的内陆地点。

美国OCP运输条款规定了凡是经过美国西海岸指定港口转往内陆地区的货物，如果按照该条款运输，不但可享受美国内陆地区运输的优惠运费率，还可以享受OCP运输方式下优惠海运费，即OCP方式运输对进出口双方都有利。

OCP运输方式的产生得益于美国航运业激烈竞争的结果。美国进行西部开发后，行驶在该区的船公司及铁路公司为争夺美国东部航运公司的货源，联合拟定了比原来经巴拿马运河直达美国东海岸和墨西哥湾沿岸港口更低廉的优惠航运价格，以此来吸引货源。刚开始这一做法由美国铁路公司提供，后来逐步扩大到公路、航空等运输部门，发展成为一种成熟的航运惯例。

OCP运输是一种特殊的国际运输方式，但它并不是也不属于国际多式联运，虽然也由海运和陆运两种运输形式来完成。因为国际多式联运是由一个承运人负责的自始至终的全程运输，然而OCP运输中海运、陆运段分别由两个承运人签发单据，运输与责任风险也是分段负责，所以，它并不符合国际多式联运的含义，属于一种国际多式的联营运输。因此，OCP运输是“为履行单一方式运输合同而进行的该合同所规定货物的接送业务，不应视为国际多式联运”（《联合国国际多式联运公约》）。

（2）MLB（Mini Land Bridge）运输，称为小陆桥运输，即比大陆桥的海—陆—海形式缩短了一段海上运输，形成海—陆或陆—海形式，指货物用国际标准规格集装箱为容器，通过海、陆运输方式将集装箱货物先运至基本港口，再转运至美国西海岸港口，卸船后再由西部港口换装铁路集装箱专列或者通过汽车运抵美国东部港口或加勒比海港口区域，以及相反方向的运输。由于这种运输不必通过巴拿马运河，因此可以节省时间。小路桥运输全程使用一张海运提单，由海运承运人支付路上运费，从美国东海岸或墨西哥港口转运至目的地的费用由收货人负担。

（3）IPI（Interior Point of Intermodal）运输，称为内陆点多式联运，是指使用联运提单，由美国西海岸和美国湾沿海港口，利用集装箱拖车或铁路运输将货物运到美国内陆城市。

IPI运输是典型的微型陆桥运输，即并未通过整条陆桥，只利用了部分陆桥区段，是一种比小陆桥更短的海陆运输方式，也称为半陆桥。

IPI运输与MLB运输的区别在于：

其一，目的地。IPI是指定的内陆点，MLB是美国东岸之港口。

其二，内陆运输方式。IPI 可采用火车或拖车，MLB 不能用拖车。

小陆桥运输与微桥运输比较相似，只是其交货地点在内陆地区。北美微桥运输是指经北美东、西海岸以及墨西哥湾沿岸港口至美国、加拿大内陆地区的联运服务。随着北美小陆桥运输的发展，出现了新的问题，集中反映在：如货物由靠近东海岸的内地城市运往远东地区（或反向），先要通过本国运输，以本国提单运至东海岸交船公司后，再由船公司另外签发由东海岸出口的国际货运单证，再通过本国运输运到西海岸港口，最后海运至远东。货主认为，这种运输不仅增加费用，而且耽误运输时间。正是为了解决这个问题，微桥运输应运而生。进出美、加内陆城市的货物可以采用微桥运输，既能节省运输时间，也能避免双重港口收费，从而节省费用。

第三节　国际多式联运法规与惯例

一、1980 年《联合国国际货物多式联运公约》

《联合国国际货物多式联运公约》（United Nations Convention on International Multimodal Transport of Goods，1980）是关于国际货物多式联运中的管理、经营人的赔偿责任及期间、法律管辖等的国际协议，于 1980 年在联合国贸易和发展会议全权代表会上通过，但至今未能生效，我国还没有参加该公约。

其主要内容如下：

其一，该公约适用于货物起运地及（或）目的地位于缔约国境内的国际货物多式联运合同。

其二，该公约并不排除各缔约国国内法律管辖。

其三，实行统一责任制和推定责任制。

其四，多式联运经营人的责任期间规定为自接管货物之时起，到交付货物之时止。

其五，赔偿责任限制为每件或每一运输单位 920 特别提款权，或按照货物毛重计算，每公斤 2.75 特别提款权，两者中以较高者为准。

其六，货物损害索赔通知应该于收到货物的次工作日之前并以书面形式提交多式联运经营人，延迟交付损害索赔通知则必须在收到货物后60日内书面提交，诉讼或仲裁时效期间为两年。

其七，有管辖权法院的地点：①被告主要营业所或者被告的居所所在地；②合同订立地；③货物接管地或交付地；④合同指定并在多式联运单据中载明的其他地点。仲裁申诉方有权选择在上述地点仲裁。

其八，公约附有国际多式联运海关事项的条款，规定了缔约国海关对于运输途中的多式联运货物一般不作检查，不过各起运国海关所出具的材料应完整与准确。

二、1973年《国际商会联运单证规则》

《国际商会联运单证规则》（Uniform Rules for a Combined Transportation Document，1973）是最早的关于联运单证的国际民间协议，由国际商会在1973年制定，在1975年进行了修改，作为民间规则不具有强制性，常被国际货物多式联运合同双方当事人协议采用。其主要内容如下：

1. 多式联运经营人的责任形式

对于多式联运经营人实行网状责任制。即发生在多式联运经营人责任期间内的货物灭失或损坏，如果知道这种灭失或损坏发生的运输区段，多式联运经营人的赔偿责任会依据适用于该区段的国际公约或国内法给以确定；在不能确定货物发生灭失或损坏的区段时，对于隐藏的货物损失，其赔偿责任按完全的过错责任原则给以确定。赔偿责任限额以按灭失或损坏的货物毛重每公斤30金法郎计算。如果发货人事先已经征得多式联运经营人的同意，并申报超过此限额的货物价值，同时在多式联运单据上注明，则赔偿责任限额就应该为所申报的货物价值。

2. 多式联运经营人的责任期间

从接管货物时起，至交付货物时止的整个运输期间。

3. 多式联运经营人对货物运输延迟的责任

多式联运经营人有责任支付延迟赔偿金的前提是能确知发生延迟的运输区段，赔偿金的限额为该运输区段的运费，不过适用于该区段的国际公约或国内法另有规定时除外。

4. 货物灭失或损坏的通知与诉讼时效

收货人应在收货前或收货时，将货物灭失或损坏的一般性质书面通知多式联运经营人。如果货物灭失或损坏不明显，应在七日内提交通知，否则即视为多式联运经营人按多式联运单据表述情况交付货物的初步证据。因货物灭失、损坏或运输延迟而向多式联运经营人提出索赔诉讼的时效期间为九个月，自货物交付之日或本应交付之日，或自收货人有权认为货物已灭失之日起进行计算。

三、1991年《联合国国际贸易和发展会议/国际商会多式联运单证规则》

《联合国国际贸易和发展会议/国际商会多式联运单证规则》（UNCTAD/ICC Rules for Multimodal Transport Documents，1991）是1991年由联合国国际贸易和发展会议与国际商会共同制定，是一项民间规则，供当事人自愿采纳。规则共13条。其主要内容如下：

（1）本规则经当事人选择后适用，一经适用就超越当事人订立的条款，除非这些条款增加多式联运经营人的义务。

（2）对一些名词做了定义。

（3）多式联运单证即是多式联运经营人接管货物的初步证据，多式联运经营人不得以相反的证据对抗善意的单据持有人。

（4）多式联运经营人责任期间自接管货物时起至交付货物时止。多式联运经营人对其受雇人、代理人和其他人的作为或不为承担一切责任。

（5）多式联运经营人的赔偿责任基础采取完全责任制，同时对延迟交付应当承担责任。

（6）多式联运经营人的责任限制为每件或每单位666.67特别提款权，或者毛重每公斤2特别提款权。

（7）如果货物的损坏或灭失的原因是多式联运经营人的为或不为所造成的，就不得享受责任限制。

（8）如果货物的损坏或者灭失是由托运人的原因造成的，则多式联运经营人应先向单据的善意持有人负责，再向托运人追偿。

（9）货物损坏明显，则收货人立即向多式联运经营人索赔，如不明显，就在六日内索赔。

（10）诉讼时效为九个月。

（11）本规则无论是对侵权还是违约都有效。

（12）本规则适用于所有多式联运关系人。

（13）强制性法律。

四、《中华人民共和国海上国际集装箱运输管理规定》

《中华人民共和国海上国际集装箱运输管理规定》是国务院于1990年12月5日发布的，自发布之日起开始施行，共计六章37条，属于调整海上国际集装箱运输管理社会关系的行政法规。其主要内容有：

1. 总则

（1）宗旨。为了加强海上国际集装箱运输管理，明确相关各方责任，适应国家对外贸易的需要。

（2）适用范围。在我国境内设立的海上国际集装箱运输企业和与该运输有关的单位和个人。

2. 海上国际集装箱运输企业的开业审批

（1）海上国际集装箱运输企业主要指从事海上国际集装箱运输的航运企业，港口装卸企业及其承运海上国际集装箱的内陆中转站、货运站。

（2）设立经营这种运输的航运企业，应当经过省、自治区、直辖市交通主管部门审核，并且报交通部审批。设立港口国际集装箱装卸企业应当经过省、自治区、直辖市交通主管部门审批，并且报交通部备案。设内陆中转站、货运站，应当经设立该企业的主管部门审核同意后，再由省、自治区、直辖市交通主管部门审批，并报交通部备案。设立中外合资经营、中外合作经营的海上国际集装箱运输企业，必须经交通部审核同意后，按照有关法律法规的规定，由对外经济贸易部审批。

3. 货运管理

（1）集装箱应当符合国际集装箱标准化组织规定的技术标准及有关国际集装箱公约的规定。承运人及港口装卸企业如果违反规定，造成货物损坏或短卸的，应当承担赔偿责任。

（2）托运人应当如实申报货物的品名、性质、数量、重量、规格。托运的集装箱货物必须符合集装箱运输的相关要求。

（3）海上国际集装箱的运费和其他费用，应该根据国家有关运输价格和费率的规定计收。若国家没有规定，则按照双方商定的价格计收，任何单位不得乱收费用。

4. 交接和责任

（1）根据提单确定的方式交接。

（2）交接时双方应当检查箱号、箱体和封志，并进行记录和签字确认。

（3）承运人、港口装卸企业对集装箱、集装箱货物的损坏或短卸的责任，以交接为界。但是如果在交接后 180 天内，接货方能够证明集装箱的损坏或集装箱货物的损坏，以及短卸是由交货方原因造成，交货方应当承担赔偿责任，承运人与托运人或收货人之间要求赔偿的时效，从集装箱货物交付之日起算不能超过 180 天，但法律另有规定的除外。

5. 罚则

对无照营业、违反本规定及国家有关物价法规收取运输费用的、违反运输单证管理和随意扩大业务经营范围的，由交通主管部门、工商行政管理部门和物价管理部门分别给予处罚。当事人对处罚决定不服的则可以在收到处罚通知的次日起在 15 日内向上级机关申请复议。复议机关应在 30 日内做出复议的决定。若对复议决定仍不服，可以从接到复议决定之日起 15 日内向人民法院起诉，对拒不执行者可以申请人民法院强制执行。

6. 本规则由交通部负责解释

五、《中华人民共和国海上国际集装箱运输管理规定实施细则》

为贯彻《中华人民共和国海上国际集装箱运输管理规定》制定了《中华人民共和国海上国际集装箱运输管理规定实施细则》这一行政规章，1992 年 6 月 9 日由交通部发布，自 1992 年 7 月 1 日起施行。该细则共九章 91 条。其主要内容如下：

（1）适用的范围：在我国境内设立的海上国际集装箱运输企业（包括外国企业）和与海上国际集装箱运输有关的单位及个人。

（2）主管机关：交通部。

（3）名词与定义。

（4）企业的审核与批准、设立企业应具备的条件和应提交的文件。

（5）集装箱应当符合国际标准化组织（ISO）规定的技术标准及《国际集装箱安全公约》（CIC）、《国际集装箱关务公约》（CCC）等有关公约的规定。参加营运的船舶都应具备有效的适航证书，车辆应具备有效的行车执照，集装箱、装卸机械及其属具应具备有效合格的证书，堆场与货运站在地面承受的压力、排水条件、消防、照明、进出通道、通信设备、污水（物）处理设备、围墙、门卫、专用机械设备、集装箱卡车管理设备或计算机管理设备方面均需达到要求。

（6）国内承运人可以直接组织承揽集装箱货物，托运人可以直接向承运人或者委托货运代理人洽办进出口集装箱货物的托运业务；货运代理人可代表托运人或收货人办理集装箱进出口运输的托运及收货业务。托运人或收货人可以根据提单注明的集装箱交付条款与集装箱所有人签订集装箱使用或者利用合同，承运诸如粮油、冷冻品及危险品的集装箱必须达到规定的指标。需要在码头拆、装箱的，托运人、收货人应委托港口国际集装箱装卸企业进行拆装箱和外轮理货公司理货，并负担有关费用。

（7）在港口交付的货物在集装箱卸船后超过 10 天不提货，港口可将集装箱或货物转栈堆放，发生的费用由收货人负担；若在 10 天内因港口责任造成的集装箱或货物转栈的费用，则由港口负责。超过期限不提货或不按期限或指定地点归还集装箱的，应当支付堆存费以及集装箱超期使用费。自集装箱进境之日起三个月以上不提货的，海上承运人或港口可报请海关按国家有关规定处理货物，并从处理货物所得款项中支付相关费用。

（8）运费及其他费用，应按国家有关运输价格和费率规定计收；国家尚未规定的，按照双方商定的价格计收。任何单位均不得乱收费用。未经海上承运人同意，场站不得以任何理由将其堆存的集装箱占用、改装或出租，并严格按海上承运人的中转计划安排中转，否则应承担经济责任。

（9）发现集装箱不适合装运货物时，承运人可拒绝接受，装箱人还可以要求继续提供适货的集装箱。

（10）国家规定需检验、检疫监督的货物，在装箱的托运人应分别向法定检验、检疫部门申请检验、检疫出证。装箱完毕后应施加铅封，贴好有关标志。

（11）海上承运人每天应向港口预报进口港的集装箱船舶；港口每天应向海上承运人预报集装箱船舶的靠泊计划。

（12）托运人在收到装船通知后，应从船舶开船前五天开始，将出口集装箱运进码头的指定场所，并于装船前24小时截止进港。托运人或装箱人应在装船前48小时向海上承运人提供“集装箱装船单”和有关出口单证。港口收到出口的集装箱货物后，向托运人签发“场站收据”，托运人凭此向海上承运人换取待装提单。外轮代理也应于船舶开航前两小时向船方提供提单副本及舱单等所有完整的随船资料，船舶开航后（近洋航线船舶开船后24小时内，远洋航线开船后48小时内）采用传真、电传、邮寄等方式向卸货港或中转港发出必要的卸船资料。

（13）对进口集装箱货物，海上承运人应该在船舶抵港前（近洋抵港前24小时，远洋抵港前七天）用传真、电传、邮寄方式向卸港的代理人提供完整准确的提单副本及舱单等整套必要的卸船资料，并且将上述资料分送港口、外轮理货、海关等单位并通知收货人。

（14）需装载超长、超宽、超高、超重等非标准集装箱的，应在订舱前由托运人向港口提出申请，并经确认后方可装运。

（15）商定的集装箱货物交接方式必须明确列入提单、舱单和场站收据。托运人、收货人在向海上承运人订舱托运时，除合同另有约定的以外，可以选择九种中的某一种交接方式。集装箱货物交接方式在提单和舱单上未列明或填写清楚的，一律按“站到站”交接方式进行办理。集装箱的发放、交接实行《设备交接单》制度。

（16）海上国际集装箱运输的各区段承运人、港口、内陆中转站、货运站要对其所管辖的集装箱和集装箱货物的灭失、损坏负责，并按照交接前由交方承担及交接后由接方承担来划分责任。但如果在交接后180天内，托运方能够提供证据证明交接后的损坏、灭失是由交方原因造成的，交方应按有关规定负责赔偿，除非法律另有规定。

（17）由承运人负责装箱、拆箱的货物，从承运人收到货物后到运达目的地交付收货人之前的期间，箱内货物的灭失或损坏由承运人负责。由托运人负责装箱的货物，从装箱托运交付后到交付收货人之前的期间内，如箱体完好且封志完整无误，产生箱内货物的灭失或损坏，由托运人负责；如箱体损坏或封志破损、箱内货物灭失或损坏，则由承运人负责。承运人与托运人或收货人之间要求赔偿的时效，从集装箱货物交付之日起算不超过180天，除非法律另有规定。

（18）由于托运人对集装箱货物申报不实或集装箱货物包装不当而造成人员伤亡、运输工具、货物本身或其他货物、集装箱损坏的，将由托运人负责。但由于装箱或拆箱人的过失，造成人员伤亡，运输工具、集装箱、箱内货物损坏的，则由装箱人负责。

（19）罚则共计七条。当事人如对处罚不服，可在收到处罚通知的次日起15日内向处罚机关的上级机关申请复议，复议机关应在30日内做出复议决定。若当事人仍不服，可在接到复议决定之日起15日内向人民法院起诉。否则，做出处罚决定的机关可以申请人民法院强制执行。

第四节　多式联运单证

一、多式联运单据基本概念

1. 定义

多式联运单据（Combined Transport Documents，CTD）（或MTD），是指证明

多式联运合同以及证明多式联运经营人接管货物并负责按合同条款交付货物的单据。多式联运经营人在接管货物时，应该由本人或其代理人签发多式联运单据。

2. 多式联运单据的特点

多式联运是以两种或两种以上不同运输方式组成的，多式联运提单是参与运输的两种或两种以上运输工具协同完成而签发的提单。

组成多式联运的运输方式中必须有一种是国际海上运输。

如果贸易双方同意，并在信用证中明确规定，多式联运提单可由承担海上区段运输的船公司、其他运输区段的承运人、多式联运经营人（Combined Transport Operator）或无船承运人（Non－vessel Operating Common Carrier）签发。

我国《海商法》第四章“海上货物运输合同”中的第八节“多式联运合同的特别规定”以及《联合国国际货物多式联运公约》均制约着多式联运。

3. 国际多式联运提单的作用

国际多式联运提单作用如下：多式联运合同的证明。多式联运经营人接管货物的证明及收据。收货人提取货物和多式联运经营人交付货物的凭证。货物所有权的证明。

二、多式联运提单的种类

1. 按提单收货人的抬头划分

（1）记名提单（Straight B/L）。记名提单也称收货人抬头提单，即指提单上的收货人栏中已具体填写收货人名称的提单。提单所记载的货物只能由提单上特定的收货人提取，或者指承运人在卸货港只能把货物交给提单上所指定的收货人。如果承运人将货物交给提单指定人之外的人，即使该人占有提单，承运人也要负责。此种提单不可转让流通，避免了在转让过程中可能带来的风险。

使用记名提单，如果货物的交付不涉及贸易合同下的义务，则可以不通过银行而由托运人将其邮寄给收货人，或由船长随船代交。方便提单及时送达收货

人，不致延误。所以，记名提单一般只适用于运输展览品或贵重物品，特别是短途运输中使用具有一定优势，但在国际贸易中较少使用。

（2）指示提单（Order B/L）。在提单正面“收货人”一栏内填上“凭指示”（To order）或“凭某人指示”（Order of...）字样的提单，此种提单按照表示指示人的方法不同，又可分为托运人指示提单、记名指示人提单和选择指示人提单，若在收货人栏内只填记“指示”字样，则可称为托运人指示提单，此种提单在托运人未指定收货人或受让人之前，货物所有权属于卖方，在跟单信用证支付方式下，托运人即以议付银行或收货人为受让人，通过转让提单而取得议付货款。若收货人栏内填记“某某指示”，则称为记名指示提单。若在收货人栏内填记“某某或指示”，即可称为选择指示人提单。记名指示提单或选择指示人提单中指名的“某某”既可以是银行的名称，也可以是托运人。

指示提单是一种可转让提单，提单的持有人可以通过背书的方式把它转让给第三人，而无须经过承运人的认可，因此这种提单为买方所欢迎。而不记名指示（托运人指示）提单与记名指示提单有所不同，并无经提单指定的人背书才能转让的限制，因此其流通性更大。指示提单在国际海运业务中使用较广泛。

（3）不记名提单（Bearer B/L，or Open B/L，or Blank B/L）。提单上收货人一栏内并未指明任何收货人，而注明“提单持有人”（Bearer）字样或将这一栏空白，并未填写任何人的名称的提单。此种提单不需要任何背书手续便可转让或提取货物，非常简便。承运人应将货物交给提单持有人，承运人交付货物只凭单，不凭人。但这种提单丢失或被窃后风险极大，即使转入善意的第三者手中，也极易引起纠纷，故国际上很少使用这种提单。此外，根据某些班轮公会的规定，凡使用不记名提单均需在给大副的提单副本中注明卸货港通知人的名称和地址。

2. 按照制单主体不同划分

按照制单主体不同可划分为 BIMCO 提单、FIATA 提单、UNCTAD 提单、多式联运经营人自行缮制提单。

集装箱联运提单样式见附录一。

三、多式联运提单与联合运输提单的区别

1. 运输方式的组成方式不同

联合运输提单由海运与其他运输方式组成；而联运提单由海运与其他运输方式组成，同时其第一运程必须是海运。

2. 提单签发人不同

联合运输提单由多式联运经营人签发；而联运提单则由船公司或其代理人签发。

3. 提单签发人的责任也不同

联合运输提单签发人对所有运程负责；而联运提单签发人只对第一运程负责，在后续运程中提单签发人成为托运人的代理。

四、多式联运提单与海运提单比较

多式联运提单和海运提单的异同如下：

1. 相同点

都是接收货物的收据，都是运输合同的证明，都是交付货物的凭证，都是物权凭证，都可以转让买卖，货方都要承担风险。

2. 不同点

其一，国际多式联运提单是多种运输方式的全程式提单，海运提单只是单一运输方式的提单。

其二，国际多式联运提单是收货待运提单，海运提单则是已装船提单。

其三，国际多式联运提单下承运人的责任风险从接收货物开始至交付货物为止，海运提单则是从装船开始至卸船为止的“钩至钩”责任。

第五节　国际多式联运业务流程

现在绝大多数国际公约或国内立法对国际多式联运货物的种类并无限制，不过采用集装箱运输的效果最好，所以，国际多式联运货物通常指集装箱货物。

国际多式联运业务的操作步骤与国内多式联运业务的操作比较类似，但两者主要的差别是：国际多式联运业务的操作必须有出口报关环节。此外使用单证也不同。

国际多式联运的主要业务与流程大致如下：托运申请，订立多式联运合同→空箱的发放、提取及运送→出口报关→货物装箱及接收货物→订舱及安排货物运送→办理保险→签发多式联运提单，组织完成货物的全程运输→运输过程中的海关业务→货物交付→货运事故处理。

国际多式联运业务是在多式联运经营人的组织下完成的，其业务程序包含以下几点：

1. 接受托运申请，订立多式联运合同

多式联运经营人根据货主提出的托运申请及自己的运输路线等情况，判断是否接受该托运申请。如能够接受则双方议订有关事项后，就在交给发货人或其代理人的场站收据（货物情况可暂时空白）副本上签章（必须是海关能接收的），证明接受托运申请，表明多式联运合同已经订立并开始执行。

发货人或其代理人根据双方对货物交接方式、时间、地点、付费方式等达成协议，填写好场站收据（货物情况可暂空），并将其送至联运经营人处编号，多式联运经营人编号后留下货物的托运联，其他联交还给发货人或其代理人。

2. 集装箱的发放、提取及运送

多式联运大多数采用集装箱运输。多式联运中使用的集装箱一般应当由经营人提供。集装箱来源可能有三个：①经营人自己购置使用的集装箱；②由公司租用的集装箱，一般在货物的起运地附近提箱，也在交付货物地点附近还箱；③由全程运输中的某一分运人提供，一般需要在多式联运经营人为了完成合同运输而

与该分运人（一般是海上区段承运人）订立分运合同后取得使用权。

若双方协议由发货人自行装箱，则多式联运经营人应签发提箱单或者租箱公司或分运人签发的提箱单交予发货人或其代理人，由他们在规定日期到指定的堆场提箱并自行将空箱拖运到货物装箱地点，以备装货。如发货人委托亦可由经营人办理堆场装箱地点的空箱拖运（需加收空箱拖运费）。

若是拼箱货（或者整箱货但发货人无装箱条件不能自装）时，需由多式联运经营人将所用空箱调运到接受货物集装箱货运站，做好装箱准备。

3. 出口报关

若联运从港口开始，就在港口报关；若从内陆地区开始，就应在附近的海关办理报关，一般由托运人办理，也可委托多式联运经营人代为办理。报关时应提供场站收据、装箱单、出口许可证等有关单据和文件。

4. 货物装箱

（1）自行装箱。若是发货人自行装箱，发货人或其代理人提取空箱后在自己的工厂和仓库组织装箱，装箱工作通常要在报关后进行，并请海关派员到装箱地点监装和办理加封事宜。如需理货，还应请理货人员现场理货并与之共同制作装箱单。

（2）委托多式联运经营人或货运站装箱。若是发货人不具备装箱条件，可委托多式联运经营人或货运站装箱（指整箱货情况），发货人应将货物以原来形态运至指定的货运站，由其代为装箱。如果是拼箱货物，发货人应负责将货物运至指定的集装箱货运站，由货运站按照多式联运经营人的指示装箱。无论由谁负责装箱工作，装箱人均需制作装箱单，并且办理海关监装与加封事宜。

（3）多式联运的配积载。

1）配积载的含义：货物配积载即指根据货物种类、特性、数量、流向等多种货物的既定运输任务，通过合理配装以充分利用运输工具的容积和载重能力的作业环节，是联合运输的一项重要的且技术性较强的工作，相应工作人员应对运输程序、货物调运方法、车船性能及容积或载重量、货物拼配拼装条件等情况清楚明了。

2）配积载的要求：①掌握发运顺序。做到分清轻重缓急，先计划内后计划外，先远后近，先进先出，后进后出。②掌握不同货物的拼配范围，确保货物安

全。③掌握轻重配积载原则，提高车船容积利用。④掌握等级起票，争取节约运输费用。特别是零担货物的配积载，由于零担整车的运价是按拼配货物最高的运价等级计收运费，因此应尽量将运价等级相同或相近的货物拼配在一起。

3）配积载的形式：①见单配积载。在货物提交联合运输时，先集中托运单据，再集中货物。即是在见到托运单据时先对货物进行配积载计划，待确定装车装船期限时，再将货物送到车站的码头。见单配积载工作比较主动，一般不占用流转性的仓库，车站、码头货位的利用率高，但遇到大量货物发运时，短途运输压力较大。②见货配积载。其是把需要联运的货物先集中到流转性的仓库或车站、码头货位上，再根据货物的流量、流向进行配积载。见货配积载能方便货主、减少货主负担，且装车、装船的时间有保证，短途运输的压力小，但容易造成仓库堵塞不畅。

5. 接收货物

对于由货主自行装箱的整箱货物，发货人应负责将货物运至双方协议规定的地点，多式联运经营人或其代理人（包括委托的堆场业务员）在指定地点接收货物。若是拼箱货，经营人在指定的货运站接收货物，一旦验收货物后，代表联运经营人接收货物的人应在场站收据正本上签章并将其交给发货人或其代理人。

6. 订舱及安排货物运送

经营人在合同订立之后，随即应该制定合同涉及的集装箱货物的运输计划，该计划包括货物的运输路线、区段的划分、各区段实际承运人的选择确定以及各区段衔接地点的到达、起运时间等内容。此处所指的订舱泛指多式联运经营人要按照运输计划安排洽定各区段的运输工具，以及与选定的各实际承运人订立各区段的分运合同。这些合同的订立由经营人本人（派出机构或代表）或委托的代理人（在各转接地）办理，也可请前一区段的实际承运人作为代表向下一区段的实际承运人订舱。

7. 办理保险

在发货人方面，应投保货物运输险。一般该保险由发货人自行办理或由发货人承担费用并由经营人代为办理。货物运输保险可以是全程也可以是分段投保。在多式联运经营人方面，应投保货物责任险及集装箱保险，由经营人或者其代理人向保险公司或以其他形式办理。

8. 签发多式联运提单，组织完成货物的全程运输

多式联运经营人的代表收取货物后，应向发货人签发多式联运提单。在把提单交给发货人前，应注意按双方议定的付费方式、内容和数量来向发货人收取全部应付费用。

多式联运经营人有完成和组织完成全程运输的责任和义务。在接收货物后，应组织各区段实际承运人、各派出机构和代表人共同协调工作，完成全程中各区段的运输以及各区段之间的衔接工作，运输过程中所涉及的各种服务性工作及运输单据、文件和有关信息等组织和协调工作。

9. 货物交付

当货物运至目的地后，就由目的地代理通知收货人提货。收货人需凭多式联运提单提货，经营人或其代理人则需按合同规定收取收货人应付的全部费用。收回提单后签发提货单（交货记录），提货人凭提货单到指定堆场（整箱货）或集装箱货运站（拼箱货）提取货物。

若是整箱提货，收货人就要负责至掏箱地点的运输，并在货物掏出后将集装箱运回指定的堆场，运输合同即为终止。

10. 运输过程中的海关业务

按照惯例，国际多式联运的全程运输（包括进口国内陆段运输）都应视为国际货物运输。所以该环节工作主要包括货物及集装箱进口国的通关手续、进口国内陆段保税（海关监管）运输手续和结关等内容。如果陆上运输要通过其他国家海关及内陆运输线路，还应包括这些海关的通关和保税运输手续。

一般由多式联运经营人的派出所机构或代理人办理这些涉及海关的手续，也可由各区段的实际承运人作为多式联运经营人的代表办理，但由此产生的全部费用应由发货人或收货人负担。

若货物在目的港交付，结关则应在港口所在地海关进行。如在内陆地交货，就应在口岸办理保税（海关监管）运输手续，海关加封后方可运往内陆目的地，然后在内陆海关办理结关手续。

11. 货运事故处理

若全程运输中发生了货物灭失、损害和运输延误，无论能否确定发生的区段，发（收）货人均可向多式联运经营人提出索赔。多式联运经营人根据提单条款及双方协议确定责任并做出赔偿。但能确知事故发生的区段及实际责任者时，可向其进行索赔。如不能确定事故发生的区段，通常按在海运段发生处理。如果已对货物和责任投保，则存在要求保险公司赔偿及向保险公司进一步追索问题。如果受损人和责任人之间意见不能达成一致协议，则需通过诉讼时效内提起诉讼和仲裁来解决。

国内多式联运与国际多式联运的业务流程的不同，还在于是否需要报关和办理保险的迫切性。国际多式联运必须报关，办理货物运输保险的迫切性更大。

第六节　我国国际多式联运的发展状况（以几个自贸区为例）

一、上海港海铁联运

随着近年来我国港口的迅速发展，海铁联运从运输成本、运行安全、节省能源以及减少污染等诸多方面都体现出巨大优势，海铁联运已成为优化集装箱运输结构最为有效的途径之一。

从上海港集装箱产业的海铁联运发展的现状来看，有诸多影响海铁联运业务拓展的相关因素，如何推动上海港海铁联运的跨越式发展，是一个值得思考的问题。通过上海港海铁联运的方式，从而建立起上海的交通大枢纽地位。

1. 上海港海铁联运发展时间表

（1）起步于20世纪90年代，但由于各种限制因素的影响，上海港集装箱海铁联运进展缓慢。

（2）1996年，首次开行了“五定班列”，即定点、定线、定车次、定时、定价，由上海至南京的国际集装箱班列，为上海发展集装箱海铁联运首开先河。

（3）1997年，上海至成都的集装箱“五定班列”开通，全程2380千米，运行时间96小时，首开上海远距离至内地全程中转的先河。后来几年，上海至内陆的海铁联运节点已经增加了合肥、蚌埠、西安、重庆、南京、温州、宁波、南昌、昆明等城市，辐射到更广的地区。

（4）1999年，上海港务局成立了军工路港站，上海铁路局成立了杨浦港站，推行“港口—铁路—门”式服务，并将铁路受理站前移到港区，同时降低口岸使用费，缩短运作周期。

（5）2006年，上海芦潮港铁路集装箱中心站全面建成并投入运营，该运营站负责将洋山深水港的铁路集装箱接入到全国的铁路网。

至此，通过多年来的摸索、实践和发展，上海港集装箱海铁联运基本形成了一定规模。

2. 上海港海铁联运发展的现状

海铁联运作为一种绿色环保和经济高效的集疏运方式，在欧美等国家已经普遍应用。但这种世界上重要的运输方式在上海港却处于尴尬的处境。一方面，国务院发布的《关于推进上海加快发展现代服务业和先进制造业、建设国际金融中心和国际航运中心的意见》中明确提出，优化现代航运集疏运体系，实现多种运输方式一体化发展是上海建设国际航运中心的一个重要目标。可见，海铁联运在上海国际航运中心建设中有着政策优势和美好的前景。另一方面，上海港海铁联运自20世纪末以来虽然在基础设施等方面有了一些进步，不过从其承担的作业吞吐量上来看，上海港海铁联运仍然处于起步阶段。2011年上半年，上海港全港货物集疏运量44491.15万吨，其中水路占76.9%，公路、铁路各占22.4%和0.1%。从数据上看，海铁联运集疏运量仅占0.1%，由此比例可以看出海铁联运在上海港的发展前景堪忧。

3. 上海港海铁联运中暴露出的问题

（1）当前上海集装箱海铁联运中的“港铁分离”问题尚未解决。上海现有的港区包括外高桥港区和洋山水港区都还没有铁路装卸线通过，因而导致了需要通过铁路运输的出口集装箱必须先通过集卡短驳到码头，同样海铁联运进口集装箱就需要从码头通过集卡短驳到铁路车站装车发运，洋山港区中转的集装箱就会

增加两次装卸作业和一次短驳作业，显然增加了洋山港集装箱中转的经济成本，相应增加了时间成本，降低了集装箱的中转效率，增加了集装箱灭失和损坏的风险，此外，对海铁联运组织、“一关三检”作业、集装箱的安全保管等工作均带来了诸多不便。

如今，即使上海铁路分局与上海港联手建立了杨浦集装箱港站和军工路集装箱港站，实现了路港业务“一个窗口，一票结算”的方式，开始了海铁联运一体化经营的尝试，事实上相关港站依然处于“港”“站”分离状态，由于列车没有直接进入港区，集装箱在“港”与“站”之间仍然需要转运。

（2）存在信息孤岛导致海铁联运业务协作不足。当前上海港海铁联运业务中存在信息孤岛，缺乏高效的信息系统及平台支持，相关部门间的信息传输效率较低，跨企业、跨部门的业务协作困难较大。而且面向客户的信息服务比较匮乏，服务质量有待提高。

（3）集装箱海铁联运市场发展较慢源于中西部地区货源不足等问题。铁路在我国中西部地区有较强的竞争优势，但中西部的经济发展水平相对落后，中西部的外向型经济发展的滞后直接导致了中西部地区对外贸易集装箱的货源严重不足，中西部外贸集装箱的货源不足又大大影响了上海作为一个国际中转港海铁联运的发展步伐和速度，因此，出现了一些问题，诸如运输总需求量不大、市场的运作不规范、从业人员素质较低等现状，也使洋山口岸集装箱海铁联运市场的发展面临较大的阻力。

（4）铁路线路和运输能力受限影响到铁路运输服务的稳定性。对海铁联运的发展有着重大影响的还有“五定班列”的开通和营运，从现在班列开行情况来看，存在着组织困难及运行线紧张两方面的典型问题。从线路来看，上海地区对外铁路通道仅沪宁、沪杭两条双线铁路，通向南、北方向的集装箱海铁联运要分别经过沪宁线—津浦线—陇海线，及沪杭线—浙赣线，这两条铁路线路通过能力有限，主要区段利用率接近或者超过满载，运能影响了海铁联运集装箱的快速周转。此外，铁路集装箱运输的管理体制尚未摆脱计划经济模式，仍然呈现出统一指挥、高度集中、机制不灵活的特点。铁路货代的发展缓慢、服务意识不强、条块分割严重，集装箱运输不能统一指挥以及协调困难，客观上造成了铁路集装箱运输的整体服务水平较低，运输服务质量达不到要求。

（5）海铁联运的运费和集装箱使用费需要整合协商。铁道部从 1999 年起开始在全国各集装箱办理站间实施“一口价”运输政策，即托运人一次付费就已包含了集装箱铁路运输全过程的所有费用，不过铁路集装箱的运费率相较整车运输略高，在运费上并无优势。因此，海铁联运的便捷性并不能充分发挥。从归属上看，进行海铁联运的机车和集装箱主要属于铁道部门，一旦开展海铁联运随即会出现船公司及铁道部门之间的集装箱使用问题。同时船公司使用自己的集装箱到内地海铁联运站办理装货然后运到世界各地，会出现集装箱使用费高和周转时间长的问题，所以影响船公司选择海铁联运的方式。

4. 上海港海铁联运发展的必要性

（1）发展海铁联运能改善港口集疏运结构。由于上海港要建设国际航运中心，首先应当完善其集疏运功能，保证集装箱运输的通畅。完全或过分依赖某一种方式的运输结构将影响港区后方综合运输系统的稳定性，如何快速地转移运输集装箱成为国内港口急需解决的问题。此外，从环保角度来看，铁路运输比公路运输会产生更少的碳排放。所以，综合考虑，发展海铁联运是改善港口集装箱运输方式的需要，是优化集装箱运输结构的最有效的途径之一。

（2）海铁联运能够客观上帮助港口腹地扩张。集装箱运输发展水平是衡量沿海港口发展的重要尺度。当前国内集装箱港口运输主要集中在环渤海地区、长江三角洲地区和珠江三角洲地区，各区域集装箱港口的货源腹地都相对狭小，存在一定的交叉与重复，港口之间腹地争夺强烈。所以，上海应抓住国家西部大开发的机遇和迎接产业结构转型的趋势，通过大力发展港口铁路集疏运方式，进一步向中西部地区扩张集装箱业务。

（3）海铁联运能进一步满足中西部经济发展的需要。随着我国西部大开发力度的不断加大，由于中西部地区土地及劳动力资源相对廉价，不断有资本流向中西部地区，中西部地区的经济呈现出飞速发展的良好势头，进出口业务也随之不断增长。但是，由于中西部地区距离东部各沿海港口都较远，公路运输的成本太高，不过中西部发达的铁路网络系统可以利用，使海铁联运有较大的发展前景。随着海铁联运硬件和软件设施的不断完善，中西部地区企业的出口业务对海铁联运的需求需要引导和释放。

5. 解决上海港海铁联运相关问题的途径

（1）加强基础设施建设和开展东海二桥规划。加强基础设施建设能够提高上海港海铁联运中转速度，将传统的运输形式向现代化的多式联运转化。上海港

要大量开展海铁联运业务，从条件上看，就必须使铁路能够直达港区。新建东海二桥（公路铁路两用桥）计划已经制定。另外在加强基础设施建设的同时，还需加强企业管理基础的建设，采用先进、实用和完善的信息网络，并采用先进的物联网技术，完成货物信息的及时交换，提高集装箱在海铁联运中的中转速度和准确度，减少集装箱在堆场的堆存时间。

（2）采用EDI传输等手段实现交换海铁联运的各种业务信息。加紧建设上海港统一的信息共享平台，不仅可以共享港口相关的政府部门及社会企业的海铁联运信息，还能方便用户查询集装箱的运输信息，提高物流企业集装箱集疏运的能力和水平，尤其能通过电子数据交换等信息技术手段，及时准确地传输货物在海铁联运过程中的信息，提高业务效率和服务质量。

（3）政府给予相关政策支持和补贴。政府应当鼓励并补贴集装箱海铁联运这种绿色环保、低碳减排的运输方式。此外，为了降低整个运输链的成本，市政府对于采用铁路进行市内短驳的企业和货物应该实行一定的优惠，对集卡短驳运输进行适当的专项补贴，使中心站和洋山港能够更好实现“无缝衔接”。

（4）扩大铁路集装箱“一口价”下浮权限和力度。通过减少申批的环节，快速批准运价下浮的申请，对初入市场的运输产品可采用更有竞争力的阶段性优惠低运价来吸引更多的集装箱客源。

二、“渝新欧”

1. “渝新欧”

“渝新欧”即指利用南线欧亚大陆桥这条国际铁路通道，从重庆出发，经西安、兰州、乌鲁木齐，向西过北疆铁路，到达边境口岸阿拉山口，进入哈萨克斯坦，再经俄罗斯、白俄罗斯、波兰，至德国的杜伊斯堡，全长11179千米的由沿途六个国家铁路、海关部门共同协调建立的铁路运输通道，占据中欧班列主导地位，是一条国际铁路联运大通道，其名称是沿线中国、俄罗斯、哈萨克斯坦、白俄罗斯、波兰、德国六个国家铁路、海关部门共同商定的。“渝”指重庆，“新”指新疆阿拉山口，“欧”指欧洲，合称“渝新欧”。

2011年，重庆已形成了“3+6+300”的笔记本电脑产业集群。从2009年开始，惠普、宏碁、华硕“笔记本电脑出口制造基地”先后落户重庆，其后富士康等六家台湾代工企业及300多家零部件企业也落户重庆。到2013年，已形成每年生产1亿台笔记本电脑的基地。重庆生产笔记本电脑主要销往国外，欧洲作为主要销售地区，占了总量的一半左右。重庆IT产业的规模需要大规模的销量，相应地需要一个畅通的、成本较低的物流通道。原来这些企业在中国生产的产品销往欧洲，60%～70%通过海运，其余部分则通过空运。因为走海运要30多天，交货期长，到了欧洲之后，产品的市场价格已经大幅下降，“渝新欧”就在这样的背景下应运而生，因为重庆出发的货物，通过“渝新欧”铁路线运输能够大大缩短运输时间。沿途通关监管互认、信息共享，运输全程只需一次申报，一次查验，一次放行。

2016年上半年，“渝新欧”已开行164班，分别为去程112班、回程52班，运输货量大约1.4万个标箱，同比增长了74%。到2016年上半年时，又新增加满洲里和霍尔果斯口岸，对中东欧地区的辐射能力进一步增强。

2. 升级版“渝新欧”为推进“一带一路”注入新活力

在“一带一路”背景下，“渝新欧”新设定了一个“小目标”——升级为“亚新欧”，即依托“渝新欧”实现欧洲与亚洲的铁路、空运、公路、水运的多式联运。“渝新欧”横贯亚欧大陆，首先将重庆和欧洲交通枢纽杜伊斯堡连接起来，以重庆为圆心画圆，将新加坡、香港、东京、首尔等亚洲主要城市覆盖其中。

2016年5月，从德国杜伊斯堡出发，一批高端健身器材搭乘“渝新欧”，12天后抵达重庆，再通过五小时空运抵达新加坡，完成了欧洲到新加坡“铁空联运”的首次尝试。以前，欧洲运往新加坡的高端奢侈品只能空运，一旦实现铁空联运，运输时间增加12天，但其成本仅为空运的1/5，性价比更高的新型国际多式联运方式得到了实践。

由此可以设想，如果欧洲的货物从“渝新欧”运到重庆，再通过空运中转到曼谷、吉隆坡、香港、大阪等距离重庆四小时航空半径的亚洲枢纽城市，形成以重庆为圆心的“四小时航空经济圈”，运输成本将大幅降低。

在2013年3月，“渝新欧”在中欧班列中首次迎来回程班列，目前已基本实现双向常态化运行，先后攻克智能电子锁、冬季恒温集装箱等技术难题，运输过程安全问题，沿途冬季低温严寒问题也得以破解。另外，“渝新欧”已推动废除《国际铁路货物联运协定》中关于禁止国际铁路运输邮包的规定，此前全程运邮已测试成功，开创了中欧国际铁路运邮的先河。

与此同时，“渝新欧”还正在通过“铁公联运”向南延伸。如今重庆到东盟的公路物流大通道的东线通道已经打通，货物从重庆出发，经广西凭祥口岸抵达越南河内，全程40小时，比海运缩短20多天，成本也仅为空运的1/5。

重庆还计划将打造两条“下南洋”的快捷通道：中线通道（重庆—云南磨憨—新加坡）和西线通道（重庆—云南瑞丽—缅甸仰光）。预计到2020年，重庆东盟公路班车货值有望达到每年200亿元的规模。

企业得以深度参与“一带一路”，依托升级版“渝新欧”，打开贸易的市场通道，就如重庆力帆集团副董事长陈卫描绘的，作为生产汽车、摩托车的企业，力帆已通过“渝新欧”实现“向北卖汽车，向南卖摩托”，向北成为俄罗斯出租车市场的主导品牌，向南其摩托车产品以性价比更高的运输方式直达越南等摩托车主要消费市场。

一旦“渝新欧”升级为“亚新欧”，重庆作为西部中心城市，将充分发挥区位优势，承东启西、连接南北，成为连通“一带”和“一路”的物流中转枢纽。依托“渝新欧”实现铁、空、公、水多式联运，大大降低了中国内陆地区的物流成本。

“渝新欧”的开通某种程度上改变了重庆乃至中国内陆地区既不沿边也不沿海的劣势，而“亚新欧”将使该地区的物流成本大幅降低，能够更好地融入全球贸易大格局，为“一带一路”战略注入更多的活力。

“渝新欧”国际联运大通道建立的意义在于，打破了中国传统以东部沿海城市为重点的对外贸易格局，加快实现了亚欧铁路一体化建设，进一步搭建起了与沿途国家的经济联系和文化交往桥梁。就发展而言，“渝新欧”彻底改变了重庆内向型的经济结构，对于重庆发展世界性的产业集群、成为内陆地区的开放高地功不可没。随着自贸区的建设，重庆的政策环境、经济态势、行业格局都将产生巨大的变化，国际货运代理也必须跟上时代的要求和步伐，更好地服务于地方经济和区域经济的发展。

三、“蓉欧”

1. “蓉欧快铁”

“蓉欧快铁”是指蓉欧国际快速铁路货运直达班列，是一个跨国性质的运输工具，从成都青白江集装箱中心站出发，经宝鸡、兰州到新疆阿拉山口出境，途经哈萨克斯坦、俄罗斯、白俄罗斯等国直达波兰罗兹站，线路全长 9826 千米，其中成都至阿拉山口 3511 公里，阿拉山口至罗兹 6315 千米。

在 2015 年 6 月 8 日，“蓉欧快铁”与“渝新欧”“郑欧”等全国 16 个城市开往欧洲的 39 条线路正式更名为“中欧班列”。

由于中国和欧洲铁路使用标准轨道，独联体国家铁路使用宽轨，“蓉欧快铁”途中需进行两次换轨吊装作业。最初成都至罗兹运行时间为 14 天，后缩短至 12 天，截至 2016 年 7 月，运行时间已缩短至 11 天，仅为传统海铁联运时间的 1/3。运输效能的提升能够帮助企业快速抢占市场，同时能有效降低在途库存及现金流。时间比空运长 5 天左右，费用仅为空运的 1/4。同时货物通过“蓉欧快铁”到波兰罗兹后，可以在 1 ~ 3 天内通过欧洲铁路或公路网络快速分拨至欧洲任何地方。

“蓉欧快铁”于 2013 年 4 月 26 日起按照每周五一列的频率稳定开行，成都周边以及西南地区的货物无论是成列、成组、拼箱均可通过“蓉欧快铁”快捷、安全地运抵欧洲任何地方。

“蓉欧快铁”提升效能从两方面实现：

第一，快速通关。“蓉欧快铁”全程采用 EDI 传输，在沿途国家通关时，EDI 系统预先提交过境资料，实现不停留转关，采取“一次申报、一次查验、一次放行”的快速通关模式。

第二，优质服务。①“蓉欧快铁”作为公共服务平台采用开放式运营模式，既可为广大代理人及发货人提供“端到端”的供应链物流解决方案，也能提供菜单式服务，由客户自主选择所需服务内容。②IT 信息管理系统：“蓉欧快铁”自行开发的 IT 信息管理系统能够同时连接客户、承运人、海关、收货人，实现实时化、可视化、标准化的现代物流服务目标。③“蓉欧快铁”欧洲转运中心波兰保税仓库同时具备了欧盟及俄罗斯与独联体保税优惠便利，能够分别为欧盟和俄罗斯及独联体客户提供运抵缴税及延后 160 天缴税的便利。

“蓉欧快铁”为成都乃至中国西部地区通往欧洲大地架起了陆上货运大通道，为成都建设面向欧洲市场的出口生产基地和欧洲产品贸易集散中心提供了物流平台支撑；“蓉欧快铁”的开行从根本上打破了西部地区发展外向型经济必须依赖港口的老路，变西部内陆地理劣势为出口欧洲的优势；改善和提升了成都面对欧洲市场的投资环境，增强了产品出口欧洲的竞争能力。

截至2016年7月，“蓉欧快铁”已累计开行336列，成都到罗兹的运行时间从15天缩短为11天，欧洲的站点也增加了德国纽伦堡、荷兰蒂尔堡等多个城市，能辐射到欧洲绝大部分地区。

2. 发力“蓉欧+”，将成都打造成亚欧交通物流枢纽

成都过去是“不沿边、不沿江、不靠海”的典型内陆城市，抓住“一带一路”后，凭借建设自贸区，打通向西通道，可以把成都建成连接欧洲和泛亚最重要的枢纽。尤其是“蓉欧+”，可以把内陆城市变成口岸城市，把盆地变为经济发展的高地，构筑泛亚泛欧之间的全物流体系。

当前，“蓉欧快铁”已初步构建起“一主多辅、多点直达”的跨境班列网络。一方面进一步做强波兰罗兹（库特诺）等节点，德国纽伦堡、荷兰蒂尔堡等端点，逐步将干线延伸至鹿特丹、安特卫普、巴黎、马德里、米兰、莫斯科等10处海外端点；另一方面将同时在欧洲投资建设10个海外仓，并在波兰、德国、荷兰等国家腹地城市设立海外办事处及分支机构。

从国内而言，“蓉欧快铁”于2015年8月延伸至厦门，开通了“厦蓉欧”班列，随后相继开通了“深蓉欧”“昆蓉欧”“甬蓉欧”（成都至宁波）等班列。开通到厦门的货运班列，连接了厦门地区和台湾地区；开通广西凭祥和云南河口的班列，把东南亚地区连通起来；开通到广深的货运班列，即和中国港澳地区连通起来；开通上海和宁波货运班列，将长三角地区以及与日韩也连接起来。通过“蓉欧+”泛亚和欧洲之间可以实现互联互通。

2016年“蓉欧+”又新增两条线路。除了运行中被称为中线的成都到波兰之外，还有北线的成都到莫斯科的货运班列，以及于2016年9月开通的南线，即成都至土耳其的伊斯坦布尔。

3. 国际航线架起空中丝路

除了铁路通道，成都的航空优势也很明显。近年来，成都航空发展突飞猛进。2015年，成都双流国际机场旅客吞吐量和国际（地区）旅客吞吐量分别突破4000万人次和400万人次，双双位列全国第四。成都天府国际机场预计到2020年建成投运，将承揽绝大多数的国际国内客货运航线，为成都构建起“一市两场、国际多直达、国内强覆盖”的航空运输体系。成都将成为继北京、上海之后中国第三个拥有“一市两场”的城市。成都相继新开通了美国旧金山、英

国伦敦、德国法兰克福、法国巴黎、澳大利亚墨尔本、卡塔尔多哈、毛里求斯等多条定期直飞航线。新签约航线分别为成都直飞悉尼、纽约、洛杉矶、马德里、索契、亚的斯亚贝巴、奥克兰、迪拜。根据合作协议，这些航线将在2016～2017年开通。以上航线开通后，成都至美国的直飞航线将达到三条，与美国东、西海岸均有直飞航线，成都最长的国际航线也将诞生，实现了北美洲、大洋洲、非洲“零”的突破，而且，成都面向欧洲、中东门户枢纽城市地位也得到进一步巩固。成都与各国之间的经贸合作、文化交流往来都将变得更加便捷和密切。

4. 能够调整产业结构

随着“一带一路”推进和自贸区的建设，“蓉欧+”改变了国际物流运输格局，更重要的是实现了产能转移和产业升级。

“蓉欧快铁”帮助成都实现产业结构调整、投资环境的改善，为西部企业延长了市场半径。成都市青白江区提出打造成国内知名智慧产业城、西部老工业基地转型示范区和“蓉欧+”创新创业引领区。围绕成都国际铁路港的位置，如今已布局现代物流、新型贸易和临港工业三大功能区。其中现代物流园区已入驻45家国内外知名的物流企业，将重点发展保税物流、汽车物流、冷链物流、粮食物流和城市城际配送，加快实现物流现代化。新型贸易区内有进口商品展示交易中心、跨境电商综合产业园、汽车商贸服务基地等，设立外贸综合服务、供应链金融、保险、政务等配套的服务中心。在临港工业区重点引进知名总装制造企业及国际代工企业，发展新能源汽车、高端装备、粮油食品等加工贸易，并建设中波产业园、中捷产业园、中意产业园等。

而天府国际机场的建设也带来新的机会。四川省正依托天府国际机场，规划建设临空经济区，培育以临空制造业、航空服务业、高端示范农业等为重点的临空经济，打造全省新兴增长极。天府新区和临空经济区的建设，进一步拓展了成都城市产业发展的空间支撑。

在“一带一路”和自贸区建设相结合的情况下，成都还能找到更多的结合点和增长点。成都将通过加快建设“蓉欧+”示范区，力争将成都国际铁路港打造成为成都跨境贸易和外向型经济产业发展的重要支撑。

本章附录

附录一

集装箱联运提单（样本）

<table>
<tr><td colspan="2">托运人
Shipper</td><td colspan="3" rowspan="5">B/L No.
中国对外贸易运输总公司
CHINA NATIONAL FOREIGN TRADE TRANSPORTATION
GA
联运提单
COMBINED TRANSPORT BILL OF LADING
RECEIVED the goods in apparent good order and condition as specified below unless otherwise stated herein.
1） undertakes to perform or to procure the performance of the entire transport from the place at which the goods are taken in charge to the place designated for deliberation in this document，and
2） assumes liability as prescribed in this document for such transport. One of the Bills of Lading must be surrendered duly indorsed in-exchange for the goods or delivery order.</td></tr>
<tr><td colspan="2">收货人或指示
Consignee or Order</td></tr>
<tr><td colspan="2">通知地址
Notify Address</td></tr>
<tr><td>前段运输
Pre – carriage</td><td>收货地点
Place of Receipt</td></tr>
<tr><td>海运船只
Ocean Vessel</td><td>装货港
Port of Loading</td></tr>
<tr><td>卸货港
Port of Discharge</td><td>交货地点
Place of Delivery</td><td colspan="2">运费支付地
Freight payable at</td><td>正本提单份数
Number of Original B/L</td></tr>
<tr><td>标志和号码
Marks and Nos.</td><td>件数和包装种类
Number and Kind of Packages</td><td>货名
Description of Goods</td><td>毛重（公斤）
Gross Weight （kgs.）</td><td>尺码（立方米）
Measurement（m^3）</td></tr>
</table>

以上各细目由托运人提供

ABOVE PARTICCLARS FURNSHED BY SHIPER

<table>
<tr><td rowspan="3">运费和费用
Freight and Charges</td><td>IN WITNESS where of the number of original Bills of Lading stated above have been signed，one of which being accomplished，the other（s） to be void.</td></tr>
<tr><td>签单地点和日期　Place and Date of Issue</td></tr>
<tr><td>代表承运人签字　Signed for or on Behalf of the Carrier
代理　As Agents</td></tr>
</table>

附录二

集装箱托运单

▽

Shipper (发货人)	D/R No. (编号)
Consignee (收货人)	集装箱货物托运单 货主留底
Notify Party (通知人)	第一联
Pre carriage by (前程运输) Place of Receipt (收货地点)	
Ocean vessel (船名) Voy.No. (航次) Port of Loading (装货港)	

Port of Discharge (卸货港)	Place of Delivery (交货地点)		Final Destination for Merchant's Reference (目的地)	
Container No. (集装箱号)	Seal No. (封志号) Marks & Nos. (标记与号码)	No. of containers or P'kgs. (箱数或件数)	Kind of Packages: Description of Goods (包装种类与货名)	Gross Weight 毛重(公斤)	Measurement 尺码(立方米)
TOTAL NUMBER OF CONTAINERS OR PACKAGES (IN WORDS) 集装箱数或件数合计(大写)					

Particlars Furnished by Merchants

FREIGHT & CHARGES (运费与附加费)	Revenue Tons (运费吨)	Rate (运费率) Per (每)	Prepaid (运费预付)	Collect (到付)

Ex Rate: (兑换率)	Prepaid at (预付地点)	Payable at (到付地点)	Place of Issue (签发地点)
	Total Prepaid (预付总额)	No of Original B(s)/L (正本提单份数)	

Service Type on Receiving ☐-CY, ☐-CFS, ☐-DOOR	Service Type on Delivery ☐-CY, ☐-CFS, ☐-DOOR	Reeter Temperature Required (冷藏温度)	°F	°C
TYPE OF GOODS (种类)	☐ Ordinary, (普通) ☐ Reefer, (冷藏) ☐Dangerous, (危险品) ☐ Auto, (裸装车辆) ☐Liquid, (液体) ☐Live Animal. (活动物) ☐Bulk (散货) ☐_____	危险品	Glass: Property: IMDG Code Page: UN NO.	

可否转船:	可否分批:	
装　期:	效　期:	
金　额:		
制单日期:		

课后思考题

1. 构成国际多式联运必须具备哪些特征？
2. 多式联运下国际多式联运经营人的责任类型。
3. 多式联运单据的特点。
4. 多式联运提单与联运提单的区别。
5. 多式联运提单与海运提单的区别。
6. 国际多式联运业务流程。

章后案例

成都自贸区促跨境电商发展的基本条件

成都是四川省省会，是中西部地区设立外国领事馆数量最多、开通国际航线数量最多的城市。

2014 年末，成都市辖区建成区面积 604.1 平方公里，常住人口 1442.8 万人。福布斯发布的数据显示，成都的奢侈品消费额仅次于北京、上海，居全国第三。近三年来，四川电商交易额年均增长 50% 以上，2014 年突破万亿元规模。

一、政策和措施

1. 国家政策

为支持跨境电商的发展，政府不断出台各项政策。2016 年 1 月 15 日，国务院印发《关于同意在天津等 12 个城市设立跨境电子商务综合试验区的批复》，成都成为 12 个跨境电子商务综合试验区之一。

2. 地方政策

《四川省电子商务发展三年（2015 ~ 2017 年）行动计划》（川办发〔2015〕44 号）和《关于推动跨境电子商务加快发展的实施意见》（川办发〔2015〕97

号)。

二、基本条件

1. 产业集群规模

2014年成都电商交易额实现5248亿元，同比增长31%；网络零售额实现561亿元，同比增长60%，占社会消费品零售总额的13%以上；移动电子商务交易额实现530亿元，同比增长96%；中小企业电子商务应用普及率超过60%。2015年，全省电子商务交易额超过1.7万亿元，同比增长42.1%，交易总额居全国第六，西部第一，网络零售额1298亿元，同比增长35.54%。

2015年，成都海关共监管进出境快件308万件，同比增长了1.2倍。据四川省商务厅统计，2014年前11个月，全省通过跨境电商出口货值达10亿元，进口货值达3亿元。2015年全省跨境电商交易额达2.6亿元。

到2017年，成都电子商务核心产业基本确立，产业集群初步形成，市场辐射能力显著提升，优势产业和传统产业与电子商务深度融合协调发展，安全诚信、物流配送、信息基础设施、金融创新等服务体系进一步完善，支撑能力显著提高。电子商务交易规模将达到8000亿元。成都将成为国家电子商务示范城市、移动金融科技服务试点城市、国家级跨境电商综试区。

2. 平台服务逐渐成熟

2016年1月6日，成都正式获批跨境电子商务综合实验区；2016年2月29日，成都跨境贸易电子商务公共服务平台正式上线。平台的正式成立，大幅推动了成都跨境电商发展，加速传统商贸转型升级，树立成都外贸电商竞争新优势。此外成都青白江跨境电商公共服务平台即将上线。

在政府的指导下，统筹整合“关检税汇”等监管部门的监管要求，以平台运营为主线，为跨境电商企业提供阳光通关绿色通道，为跨境电商企业提供专业的服务，形成产业数据大平台。与电商企业、物流企业，以及海关、检验检疫等监管部门通关申报等全信息化对接；实现“关检互通，全面对接，清关便捷”。

3. 跨境电商贸易中的基本要素

跨境电商贸易的交易渠道——通过网络平台交易；买方身份——主要为个人消费者；进口征税方式——行邮税；进口征税基数——网上平台商品成交价；出口退税——企业可凭汇总报关单办理出口退税。

4. 物流条件

（1）铁路有两大回程班列：中亚班列及蓉欧班列。两大回程班列有极佳的性价比，运输成本仅为空运的1/4。另外，在途的时间短：汉堡、杜伊斯堡—成都回程14～16天，比海运到欧洲节约一个月左右；纽伦堡、罗兹—成都回程12～14天，比海运快2～3倍。采用实时线上追踪系统，全程GPS监控。使用普通集装箱、恒温集装箱运输，还有1.5吨小型集装箱，极大地解决了小型货物的运输。

（2）航空：双港运行，成都国际铁路港毗邻航空港，距离双流航空港40千米。

（3）定线保税货运班车：将在双流航空港到成都铁路港双向开通定线保税货运班车，便于空运保税货物与铁路保税货实现快速转仓。

5. 口岸平台

成都铁路口岸位于青白江区西部铁路物流中心，在2014年4月21日获批国家对外开放口岸。口岸国际业务区占地面积22.9万平方米，包括卡口、堆场、仓库、查验平台、监控中心、实验楼、检验检疫熏蒸场地等配套设施。成都铁路口岸依托建设规模“亚洲第一”的铁路集装箱中心站，已实现进出口集装箱货物和整车货物的申报、监管、查验、放行以及检验检疫等一站式服务。成都铁路口岸承担了成都范围内70%的进出口货运量，是一个国家对外开放指定口岸、肉类进境指定口岸、汽车整车进口口岸、多式联运海关监管中心。围绕铁路口岸而建立的物流园区具有多式联运、城市配送、货运配载、进出口仓储及分拨功能。

6. 仓储平台

青白江国际集装箱物流园区目前已经成长为集聚铁铁联运、公铁联运、铁水联运、集装箱物流四大业态，集运输、中转、仓储、配送为一体的多式联运综合物流区。如海外仓建立了德国仓、意大利仓、西班牙仓等；成都中亚班列拥有保税库2000平方米；成都泛亚国际货代有限公司海关监管掏拼箱仓库8800平方米；位于成都铁路口岸的B型保税物流中心于2016年7月验收并投入使用。

7. 通关平台

在通关通检环节，海关商检实行企业预先备案，进出口商品预先备案；全程无纸化通关；关检合作，实行“一次申报、一次查验、一次放行”；365天无假日，7×24小时预约通关。

8. 配送平台

成都是西部网购消费和配送中转枢纽，国内大型电子商务企业均在蓉设立了物流配送中心。众多国内物流企业入驻青白江物流园区，激烈的行业竞争促使货物派送成本更优，时效更强。市区当天可到，省内次日达，省外3～5日可达。

成都跨境电商已经具备了支持跨境电子商务发展的良好基础，在自贸区建设的进程中，还将集合多种产业和资源优势，让成都在内地和西部焕发生机和活力。

（资料来源：《促进跨境电商集群发展》，http：//mt. sohu. com/20150608/n414643445. shtml；泛亚国际货代公司。）

参考文献

［1］郭萍．国际货运代理法律制度研究［M］．北京：法律出版社，2007.

［2］金明，刘盈丰．国际物流［M］．长沙：湖南师范大学出版社，2013.

［3］李萍．中国自由贸易区发展理论与实践［M］．北京：中国社会科学出版社，2014.

［4］刘小卉．国际货运代理［M］．大连：大连理工出版社，2012.

［5］逯宇铎，李正锋，苏振东．国际物流学（第二版）［M］．北京：北京大学出版社，2012.

［6］孙家庆，姚景芳．国际货运代理实务［M］．北京：中国人民大学出版社，2015.

［7］孙家庆．国际物流运作流程与单证实务［M］．大连：大连海事大学出版社，2007.

［8］孙家庆．集装箱多式联运（第二版）［M］．北京：中国人民大学出版社，2012.

［9］王芬．进出口单证［M］．北京：中国轻工业出版社，2008.

［10］王雪锋．国际货运实务［M］．北京：高等教育出版社，2006.

［11］叶世杰，安小风．保税物流［M］．重庆：重庆大学出版社，2014.

［12］赵加平．国际货运及代理实务［M］．北京：中国海关出版社，2014.

［13］中国船舶代理及无船承运人协会，http：//www.casa.org.cn/.

［14］中国国际货运代理协会网站，http：//www.cifa.org.cn/.

［15］中国航空运输协会，http：//www.cata.org.cn/.